JN269323

釈尊と親鸞

インドから日本への軌跡

ごあいさつ

龍谷大学龍谷ミュージアムは、龍谷大学の三七〇周年記念事業の一環として、「仏教の総合博物館」をコンセプトに、二〇一一年四月に開館しました。その開館記念展として開催する「釈尊と親鸞」展は、親鸞聖人七五〇回大遠忌法要が勤修される年にあたり、改めて仏教の源流をたどり、仏教の開祖である釈尊と浄土真宗の宗祖である親鸞聖人に焦点を当てようという主旨のもとで企画されたものです。この両者の事績を振り返ることは、とりもなおさず、インドから日本へ伝わった仏教全体の歴史を通覧することにもつながるでしょう。本書はこの展覧会図録のダイジェスト版であると同時に、これから仏教を学ぼうとする初学者や、仏教に興味を持ち、その教えや歴史に触れてみたいと考える多くの人達に、気軽に手に取っていただけるような書籍を目指しました。

展覧会の内容に沿い、釈尊と親鸞聖人の事績を「仏」（生涯と足跡）、「法」（教え）、「僧」（教団とその後の展開）の三つの角度から紹介することで、仏教の誕生から日本での展開までを解説しています。また、このような大きな流れの合間には、関連するトピックについてコラム的に解説するコーナーを設け、全体の理解に役立つよう努めました。

しかし、このような遠大で専門的なテーマを、わかりやすく、それでいて十分に伝えることは容易ではありません。そこで、本書の執筆は、龍谷大学が誇る教員陣が行なうことになりました。龍谷大学は、本願寺の学寮として一六三九年に開学し、二〇〇九年には創立三七〇周年を迎えた歴史ある総合大学であり、特に仏教の研究に関しては日本有数の実績を誇ります。さらに、本学のすべての学生は、釈尊と親鸞聖人に焦点を当てた「仏教の思想」を必修科目として学んでおり、その講義の内容にも沿った本書は、まさに龍谷大学の精神を伝えるものともなっています。

価値観が多様化し、先行きが不透明で、不安を感じることの多い現代社会にあって、仏教に対する関心が強まっています。こうした状況の中、いま改めて仏教の本来の思想と歴史に触れることは、重要な意味があるのではないでしょうか。本書が仏教を広く学ぼうとする人達にとって、一つの羅針盤となることを願ってやみません。

本展覧会の開催および本書の出版にあたって、貴重な作品をご出品くださった所蔵者の方々、写真掲載をご許可いただいた方々をはじめ、ご協力、ご尽力を賜った皆様に心から御礼申し上げます。

龍谷ミュージアム館長　宮治　昭

［目　次］

写真提供（五十音順　敬称略）

左記以外の写真は、宮原尚永堂、フォトファクトリーミハラが撮影した。

秋山光文（61）、浅田正博（126）、飛鳥園（118）、安城市歴史博物館（108）、

茨城県立歴史館（133）、茨城町教育委員会（187）、延暦寺（128）、

大阪市立美術館（88・125・139・153・197）、大塚清吾（94・99・105）、

願入寺（168）、堺市博物館（182）、

静岡県立美術館・静岡新聞社（2・7・8・10・11・12・13・40・45・63・80・91）、

小学館（29・77〔撮影：栗原貞雄・安西秀樹／東京、アート光村 24・34・37・44・65・66・69・71・72・73・76・78・81・95〕）、

浄興寺（151）、天満定専坊（198）、菅沼隆二（19・22・33）、専福寺（96）、

津田徹英（110・111）、寺島典人（127）、東京国立博物館（43・83・86）、

同朋舎メディアプラン（179）、敦煌研究院（92）、

長野県立歴史館（194）、奈良国立博物館（129）、

西本願寺（97・第二部扉・106・109・121・131・132・157・171・178・199）、

平山郁夫シルクロード美術館（50）、法住寺（141）、

丸山　勇（17・18・20・25・26・27・28・31・32・38・39・42・67・68）、

宮治　昭（21・23・30・35・60・64・70・74・75・79・89・101・102・103）、

妙源寺（120）、栗東歴史民俗博物館（186）、

龍谷大学大宮図書館（47・48・51・52・53・54・55・57・82・87・145・170・192・203・205）、

若原雄昭（36）、Freer Gallery of Art, Smithsonian Institution（104）、

Kongkarattanaruk Phrapongsak（58・59）、Zemaryalai Tarzi（100）

凡例

一、本書は、龍谷ミュージアムが開催する「釈尊と親鸞」展（二〇一一年四月五日～二〇一二年三月二十五日）にともない企画刊行するものである。

一、掲載図版は「釈尊と親鸞」に展示されるものを中心に選定した。ただし、図版番号は会場の列品番号と一致しない。

一、図版解説の表記は、番号、作品名、出土地等、所有者、材質、法量、時代の順に記した。作品名の前の●印は国宝、◎印は重要文化財を示す。法量の単位はすべてセンチメートルである。書画の法量は縦×横、浮彫の法量は高さ×幅で示した。

第一部　釈尊

仏教は、紀元前五世紀頃にネパール南部からインド北部で興起し、長い時間をかけてアジア全域に広まった。その過程で、仏教者たちは、地域ごとの在来の宗教や信仰に影響を受けながら、あるいはそれらをうまく取り込みながら、その場所に合った新たな教説体系を柔軟に構築していくこととなった。しかし、各地でどのような仏教が実践されようとも、決して変わることのない共通項が存在している。それは、仏教とは釈尊が説いた教えである、という認識である。

釈尊、すなわち仏教の開祖ガウタマ・シッダールタは、シャーキャ（釈迦族）の王子として誕生しながら、裕福な生活を捨てて出家し、ついには悟りを開いてブッダ（目覚めたもの）となった。釈尊とは、「釈迦牟尼世尊」の略称であり、「釈迦族の聖者（牟尼）にして、世の中で尊ばれるもの（世尊）」という意味である。第一部では、この釈尊に焦点を当てることで仏教の原流へと遡り、小規模な一地方宗教が世界的規模に広がる過程を概観する。

仏伝浮彫「出家決意・出城」
図7 部分

第一章　釈尊の生涯と足跡

第一節　仏教以前

仏教誕生の背景となった古代インド文明は、巨視的にみれば、非アーリヤ的（あるいは前アーリヤ的）な基層に、アーリヤ人のもたらした様々な文化的要素が加わった混合物とみることができる。前者を純粋な形で抽出しようとする場合、インダス文明の遺物はそのもっとも重要な手掛かりを提供する。後者はアーリヤ人の残した膨大な宗教文献であるバラモン教の聖典『ヴェーダ』によって知られる。

一　インドの固有信仰
――インダス文明の遺物が語るもの――

インダス河流域に広範に展開したインダス文明（紀元前二四〇〇～一七〇〇頃）の宗教的遺物の重要性は、ヴェーダ聖典およびそれ以後の文献中の記述と対比させることによってアーリヤ化以前のインドの固有信仰（土着信仰）の実態がある程度判明し、アーリヤ的要素と非アーリヤ的要素とを区別するための資料となり得るという点にある。これらの宗教的遺物から判明する多様な土着信仰の中には、はるか後代の仏教やヒンドゥー教と関わりの深いものも見いだされる。

インダス文明の遺構・遺跡自体には宗教的性格のものが乏しい。寺院・神殿や、神像等の典型的崇拝物が見られず、沐浴場や祭火壇らしきものも使途が明瞭でない。またインダス文字は依然未解読である。このためインダス文明の宗教的側面は、豊富に出土する印章・封印・銅製銘板・テラコッタ像・陶片およびわずかな石製彫刻等から推測するほかかない。もっとも注目すべきは樹木崇拝であり、明らかに菩提樹とわかる樹木が聖樹として広く崇拝されていた。崇拝対象は樹木自体もしくは樹木に宿る精霊であり、聖樹への信仰は現代に至るまでインド各地に広く見られる現象である。釈尊誕生の際のエピソード、菩提樹下での釈尊の成道、沙羅双樹の下での入滅など、仏教と樹木は極めて縁が深い。また、初期仏教遺跡の彫刻で好まれた樹霊ヤクシャ（夜叉）やヤクシー（夜叉女）のモティーフとも関連している。

次に動物崇拝も顕著である。ヒンドゥー教では牛をはじめとする動物の神聖視、神々（仏教では仏・菩薩）の乗り物もしくは化身として特定の動物がシンボライズされる、等々の現象が見られる。そうした動物のほとんどがインダス文明ですでに神聖視され崇拝対象となっていたらしい。例えばインドコブラを神格化したナーガ（龍）は、ヴェーダ聖典にはまったく言及されないが、後代の文献では大いに人気のあるテーマとなった。仏教経典には種々の龍王が、釈尊や仏法の守護者として登場する。また、卍（スワスティカ）を印した遺物も多数出土しているが、インダス文明以外の古代遺跡からの出土例も報告されており、この古く重要なシンボルの起源はさらに追究されるべきものである。

二　インド・アーリヤ人の宗教――バラモン教――

インドで今日まで伝承されているバラモン教の聖典ヴェーダは、人類の所有する最古の文献の一つである。ヴェーダは超人間的な起源に由来し、永遠・常住で歴史を超越していると見なされ、それ故に絶対的権威を保証されてきた。ヴェーダの権威を承認するか否かは、インドの諸宗教思想を正統と異端に分かつ主要なメルクマールであった。

インド・アーリヤ人のインド亜大陸への侵入と拡大・定住の過程は広義のヴェーダ文献から知られる。文字の解読されていないインダス文明の特徴がもっぱら考古学的遺物から推測されるのに対して、インド・アーリヤ人の最初期の文化を実証する考古学的遺物はほとんどなく、豊富なヴェーダ文献の記述が資料となる。

古典的インド文明は初期のヴェーダ文明から展開したが、このヴェーダ文明とは侵入者たるアーリヤ人の産物である。彼らの最初の侵入は紀元前一五〇〇年頃と推定される。その後しばらくしてヴェーダ聖典の最古層たる『リグ・ヴェーダ』の原型部分の集成が開始され、紀元前一〇〇〇年頃に最終的な編集をみたと思われる。この聖典から最初期のインド・アーリヤ人に関するかなり明瞭なイメージが得られる――言語と信仰を共有し、血縁的関係にある諸部族が、波状的に長期間にわたってパンジャーブ地方（＝インダス河上流域）を中心とした地域に定住したこと、彼らはアーリヤと自称し、ダーサと呼ばれる先住民と絶えず敵対関係にあったこと、この闘争は最終的にアーリヤ人の勝利に帰したこと、などである。

後期諸ヴェーダおよび『ブラーフマナ（祭儀書）』に示される時代に至ると、彼らは主に東方のガンジス河流域にテリトリーを拡大する。これとともにダーサとの闘争への言及は減り、代わってムレーッチャとかニシャーダといった名称がその地域の非アーリヤ的先住民に対して用いられるようになる。同時にダーサは「奴隷」を意味する普通名詞に変わる（これは先住民がアーリヤ人のカースト的社会の底辺へ組み込まれたことを意味する）。また本来民族的な自称であった「アーリヤ」は、カーストの最下層シュードラに対立する概念となり、必然的に「高貴」あるいは「聖性」を意味する語となる。この二重の意味合いは以後このアーリヤという語に常に伴うこととなる。

アーリヤ人は一連の移住によって外部からインド亜大陸に定住するに至った。しかし、ヴェーダのみならず、いかなる文献資料にも、また考古学的にも、アーリヤ人のインドへの侵入・移住という出来事は確認されていない。にもかかわらずこれが歴史的事実と確定されるのは比較言語学にもとづく。ヴェーダ聖典の言語、すなわちサンスクリット語、が属するインド・ヨーロッパ語族はインド外において発生したものであり、この語族に属するある言語がインドまで伝播する唯一の方法は、それを話す民族の移住以外にない。

ヴェーダ聖典の言語に代表されるサンスクリット語は、古代インド・アーリヤ語あるいは古代インド語とも呼ばれ、同じくインド・ヨーロッパ語に属するイラン語（古代ペルシャ語およびアヴェスター語）に近縁である。両者を合わせてインド・イラン語あるいはアーリヤ語と呼ぶ。

アーリヤ人に共通な本来の文化は、古インド語と古イラン語の最初期の文献、すなわちヴェーダ聖典（特にリグ・ヴェーダ）とアヴェスター聖典から推定される。ただし後者はゾロアスター（紀元前一〇〇〇年頃？）の宗教改革による変容も示す。

こうした共通の文化はアーリヤ人の故地南ロシアですでに発生しており、そこでの定住期間は相当長期にわたったと考えられる。それ以前にはアーリヤ人はさらに西方のヴォルガ・ウラル両河近辺にいたとも推定されている。いずれにせよ、アーリヤ人はインドおよびイランへの侵入以前にすでに人口の増大を伴って広範な地域に拡がっていたと考えなければ、彼らがインド、イランの広大な領域を植民し得た事実を説明できない。

インド・アーリヤ人の生活と文化の根幹をなし、その民族的アイデンティティの拠り所でもあった宗教的体系は、一般に「バラモン教」と呼ばれる。このバラモン教が、アーリヤ人のガンジス河流域定住から全インドへの拡散の過程で様々な土着の文化的諸要素と習合し、また本来相容れないはずの反（または非）バラモン教的諸宗教思想をも取り込んでいった結果、後代のいわゆる「ヒンドゥー教」へと変容していく。

バラモン教もその聖典であるヴェーダと同じく複雑多様な側面を持つが、ここでは以下の諸点を挙げておくにとどめる。

・聖火（アグニ＝火神）と供犠を中心に展開される複雑多様な祭式
・聖典ヴェーダ（の言葉）に潜む呪力（＝ブラフマン）への信仰
・神々と神話の体系（自然神と制度神、天・空・地の三界）
・宇宙論と神秘主義的思弁（梵我一如の思想）
・輪廻思想の発生と定着
・カースト制度の原型をなすヴァルナ制（四姓制度）

ヴェーダ聖典から知られるバラモン教とは、要するに、「ヴェーダの聖句（マントラ）の持つ神秘的な力（ブラフマン）と、厳密な作法に従った祭式の実行との効果によって、（私的・公的な）願望の成就を祈願するもの」である。古代インドにおいては呪術と宗教と学問を分けることはできない。ヴェーダの宗教の本質は呪術なのである。バラモン教とは〈壮大な呪術の体系〉といってもよい。

宗教思想史的観点からみてもっとも重要なのは、各ヴェーダに含まれる『ウパニシャッド（奥義書）』と呼ばれる部分である。その形式は主として自由で簡潔な散文で、反復される同一の形式は記憶と口承による伝承の跡を示す。主題である哲学的・神学的教説が語られる枠組みとしての物語の記述の中に、当時のバラモンたちの生活や環境、知的関心を見いだすことができる。村落を背景とした田園生活が中心で、家畜が主要な財産であり、バラモンたちの関心は家畜を増やすことにあったらしい。しばしば哲学的対話の舞台となっている宮廷も、つつましい地方領主のそれである。王やバラモン学者等の登場人物名が実在の人のそれであり、特定の個性が見られるのもウパニシャッドの特徴の一つである。

特に注目されるのはクシャトリヤの活躍であり、バラモンがクシャトリヤから教えを受けるという場面も多い。元来祭式に関する思弁を本領としてきたバラモンよりも、新興クシャトリヤの方が清新な哲学的思弁にはふさわしい。ウパニシャッドの主要な学説の提唱者がクシャトリヤであったという可能性は充分にある。少し後に同じように輪廻説を前提として自身の教義を説いた釈尊、ジャイナ教の開祖ジナがともにクシャトリヤ出身であることも考慮すべきである。いずれにせよ、インド・アーリヤ人の東進とガンジス河流域への定住が完了して一定期間が経過し、非ヴェーダ的・非バラモン的な土着の諸要素(反祭式主義、瞑想、遍歴修行、等々)が特にクシャトリヤ(この時代のクシャトリヤを、後代の整備された四姓制度の第二階級としてのクシャトリヤと同一視してはならない)を中心として吸収され、更にバラモン層にも取り入れられていったことを示している。

三　仏教成立の時代背景

仏教の生まれた紀元前一千年期中頃のインド社会は、経済・政治・社会のあらゆる面で大きな転換期にあったと推定されている。要点をあげれば、以下のようである。

・アーリヤ人のガンジス河中流域への定着および先住民との混血の進行
・農耕社会の成熟に伴う生産力の増大
・鉄製品の普及
・貨幣経済の急激な発展
・部族社会の解体と国家(共和政／王政)の成立[十六大国]
・都市の出現およびそれに伴う市民層、諸都市を結ぶ流通ネットワークの形成
・バラモンの権威の一時的低下とカースト制度の一時的弛緩
・クシャトリヤ階層および富裕商業者階層の台頭

こうした状況下に、古代インド社会の歴史に一時期を画す新たな思想的潮流が出現する。従来のバラモン教の伝統にとらわれない、清新な宗教者たちの登場である。この革新的な自由思想家たちは「シュラマナ」(漢訳「沙門」「桑門」)と総称されており、おそらくアーリヤ人社会の周縁部から現れた勢力と推測される。彼らの思想的傾向は多様であり例外も多いが、一般に、

①反バラモン教的な姿勢を明確にし
②カースト的身分差別を認めず
③世俗的欲望を断って出家の形態をとり
④苦行や禅定(ヨーガ＝瞑想)を実践し
⑤業(カルマン＝行為)による輪廻およびそこからの解脱の追究

⑥一切の生類に対する慈悲の念（アヒンサー＝不殺生、非暴力）

といった基本観念を共有していた。釈尊もそのひとりとして出発したのである。初期仏教経典には、釈尊と同時代の沙門たちの指導者として著名だったらしい六名の人物が、「六師外道《ろくしげどう》」の名の下に、彼らの教説とともにあげられていて、貴重な手掛かりを提供している。

当時のインドは「十六大国」とも呼ばれる多数の国に分かれ、互いに抗争を繰り返していた。釈尊がその王子として生まれたと伝えられる釈迦族は弱小部族国家で、西隣の強大なコーサラ王国に従属・朝貢する関係にあったと推測される。釈尊の晩年に釈迦族はコーサラに滅ぼされ亡国の民となる。南にはもう一つの大国マガダ国があり、このマガダ国がやがて周辺の国々を吸収・統一していくことになる。悲惨な争いに対する嘆きと平和の希求は釈尊の生涯を一貫しているが、そこにこうした時代背景を読み取ることも可能であろう。

（若原雄昭）

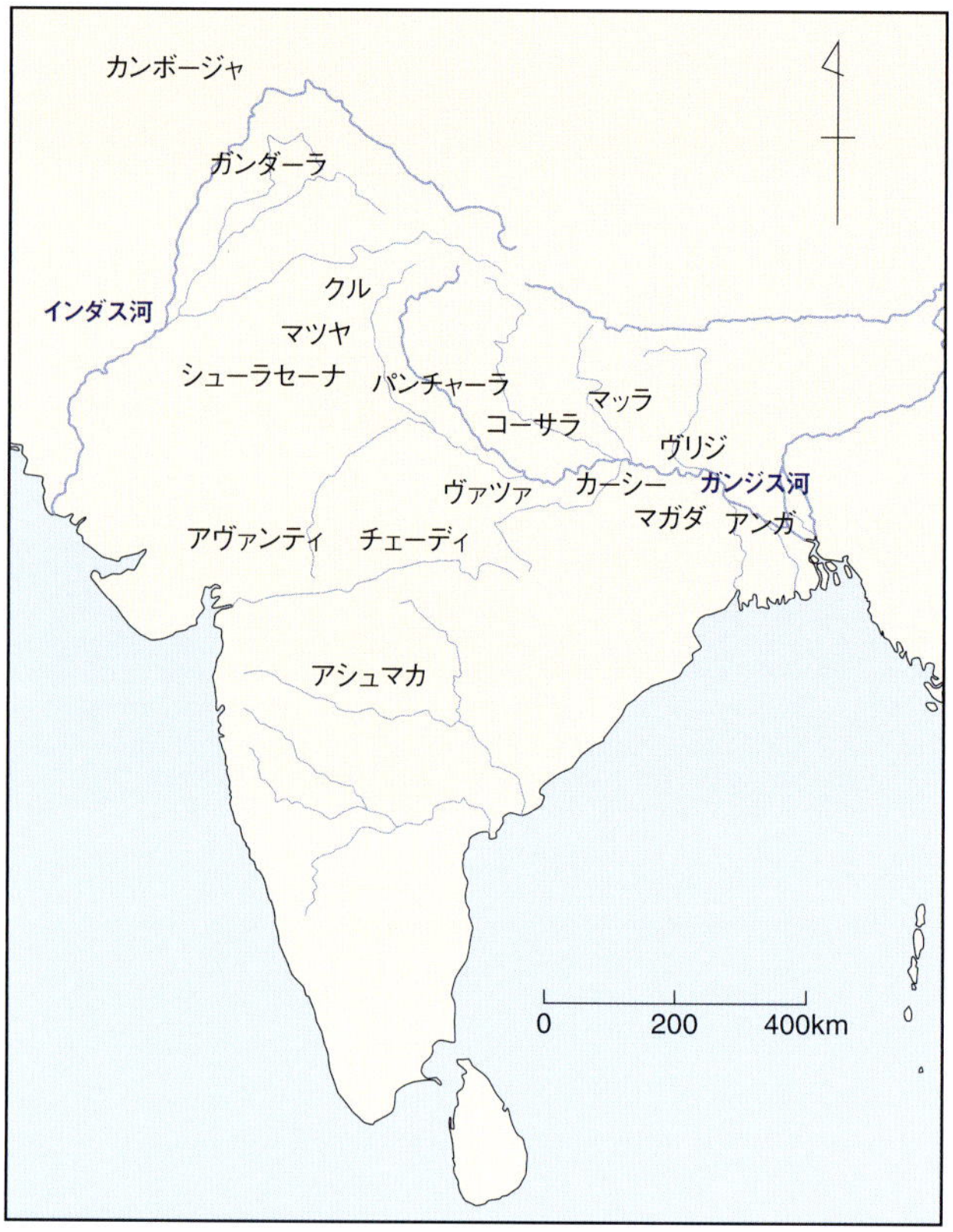

▲図1　仏教成立期のインド

第二節　釈尊の生涯

釈尊は、本名をガウタマ・シッダールタといい、現在のインドとネパールの国境付近にあたるカピラヴァストゥにおいて、釈迦族の王子として誕生した。その生没年は文献資料によって異なり、①紀元前五六六～四八六年、②紀元前四六三～三八三年、などの諸説がある。いずれにしろ、今から約二五〇〇年前に、インド北部およびネパール周辺で活動していたことは確かである。その生涯についても、生没年と同様に不明な点が多いが、いくつかの仏伝テキスト（本章第三節参照）によって、釈尊の生涯に関する様々な伝説的エピソードが伝えられている。ここでは、こうした仏伝をもとに造られたガンダーラ地域出土の片岩浮彫を参照しながら、釈尊の生涯の物語をたどっていきたい。

▲図2　仏伝浮彫「托胎霊夢・占夢」　福岡　伯林寺
ガンダーラ　16.0×55.0　2〜3世紀
向かって右側は、寝台で眠る摩耶夫人の脇腹に向かって空中から白象が入ろうとしている「托胎霊夢」の場面。左側は、国王夫妻が、椅子に腰かけたバラモンに夢の内容を話して占ってもらう「占夢」の場面。

◀図3　仏伝浮彫「誕生」
ガンダーラ　38.8×38.0　2〜3世紀
中央で右手を上げ、樹木の枝をつかむ女性が摩耶夫人。その右脇腹から今まさに釈尊が誕生し、男性（インドラ神）がこれを受け止めている。摩耶夫人を支えているのは、夫人の妹であり、後に釈尊の乳母となるマハープラジャーパティーであろう。

一　誕生

釈迦族の王シュッドーダナ（浄飯王《じょうぼんのう》）の夫人マーヤー（摩耶夫人《まやぶにん》）は、ある晩、六つの牙を持った光輝く白象が右脇から胎内に入るという不思議な夢を見た「托胎霊夢」。これによって懐妊した摩耶夫人は、郊外のルンビニー園に出かけた際に産気づき、そこで太子を産む「誕生」。このとき太子は、夫人の右の脇腹から誕生し、清めの水をかけられると「灌水《かんすい》」、そのまま東西南北に七歩ずつ歩んで天地を指さし、「天上天下唯我独尊」と述べたともいわれる。太子を一目見た高名なバラモンであるアシタ仙人は、「将来、在家であれば世界を支配する王（転輪聖王《てんりんじょうおう》）となり、出家すればブッダとなる」と予言し、その時には高齢の自分はすでに死んでいることを悲しみ、涙を流した「占相」。

二　宮廷での生活と出家の決意

シッダールタと名付けられたこの太子（悉達太子《しっだたいし》）は、生後七日で母の摩耶夫人と死別するものの、宮廷では何不自由なく暮らし、勉学や武芸にも秀でた才能を示すが、物思いにふけることも多かった。ある日、農夫が畑を耕すすがたを見ているとき、土の中の虫が鳥についばまれ、さらにその鳥が鷲に食われるところを目撃し、世の無常を知って深く瞑想した。この際、太子の瞑想を覚まさぬよう、太陽が移動しても木の影は動かず、太子を木陰におおったままだったという「樹下観耕」。太子が出家してしまうのではと恐れた浄

▲図4　仏伝浮彫「灌水」　福岡　伯林寺
ガンダーラ　18.6×28.5　2〜3世紀
中央に生まれたばかりの太子が表され、その向かって左にブラフマー神（梵天）、右にインドラ神（帝釈天）が立って太子に温水・冷水をかけている。

▲図5　仏伝浮彫「宮廷生活」　福岡　伯林寺
スワート　29.2×29.4　1〜2世紀
画面右側に、長椅子状のものに腰かける太子が表され、その周囲では女性たちが太鼓・竪琴・笛などで音楽を奏で、踊っている。華やかな宮廷での生活を表したものだろう。

飯王は、太子に結婚を勧めた。釈迦族のしきたりに従い、他の若者たちとの競技に臨んだ悉達太子は、これに勝利し［競試武芸］、ヤショーダラー姫と結婚する。後代の伝説によればラーフラという子供も授かった。

しかしある日、東の城門から外に出た際に、老人のすがたを見てショックを受ける。それまでは、太子が美しいものしか目にしないよう、浄飯王が遠ざけていたのである。さらに別の日には、西の城門を出て病人を目の当たりにし、南の城門を出た際には死人を見て、老病死という世の中の苦しみを知った。その後、北の城門を出て出会った修行者に感銘を受け、自らも出家する気持ちを強めた［四門出遊《しもんしゅつゆう》］。

太子は、ある夜ベッドで目を覚ますと、侍女たちが醜いすがたで眠りこけるのを見て墓場にいるような気持ちになり、出家を決意する［出家決意］。そして御者のチャンダカを従え、愛馬カンタカに乗り、ついに城を出る［出城］。このとき、馬の足音で城の人々が目を覚まさないように、神々が蹄を支えたという。

三　求道

髪を切り落とし、王子の装身具を最初に出会った猟師に与え、いよいよ悟りを得るための修行を開始する。最初に、多くの仙人たちを訪ねてその教えを聞くが、太子にとってはまったく不十分であった。続いて、独力で悟りを得ようと、修行者たちの間で重要とみなされている苦行を行なった。この苦行は六年間にも及び、断食や呼吸を止める修行、自らの体を痛めつける

▲図6　仏伝浮彫「四門出遊・出家決意」　龍谷大学
ガンダーラ　10.0×35.5　2〜3世紀
馬に乗った太子が、画面右側では病人に、中央では老人に遭遇している。画面左では、出家を決意した太子のもとに馬と御者が迎えに来ている。

修行などを繰り返したが、太子はこの方法では悟りの境地に達することができないと判断する。これはすなわち、それまで伝統的に信じられてきた教えやその実践方法を、ともに否定したことを意味する。事実、一緒に苦行を行なっていた五人の修行者たちは、苦行をやめた太子を軽蔑したという。

苦行林を出て、清らかなナイランジャナー河（尼連《にれん》禅河《ぜんが》）のほとりに至った太子が疲れ切った体を洗い清めると、そこに村の娘スジャータが来て乳粥を献上した。これで体力を取り戻した太子は、禅定を行なうためにボードガヤーの菩提樹《ぼだいじゅ》のもとへと向かう。この途中、神々しく輝く太子のすがたを見た草刈人が、自らが刈った草を布施する［草刈人の布施］。太子は、この草を菩提樹の根元にあった台座（後に金剛宝座と呼ばれる）に敷き詰めて結跏趺坐《けっかふざ》すると、いよいよ成道《じょうどう》への瞑想に入ったのである。

四　降魔成道《ごうまじょうどう》

太子が禅定に入ると、悟りを得るのを妨害するために、マーラ（魔王）が太子のもとを訪れ、甘言を弄し、自らの娘たちに太子を誘惑させる［マーラの誘惑］。誘惑になびかぬ太子に、続いて魔王は軍勢をけしかけて脅迫するが、太子はこれをも退ける［降魔］。このとき太子は、右手を大地に触れて（触地印、または降魔印と呼ぶ）、地神に自らの過去世における善行を尋ね、成道の証にしたという。このようにして、太子はついに悟りを得て、ブッダ（目覚めたもの）となったのである［成道］。

▲図7　仏伝浮彫「出家決意・出城」
ガンダーラ　49.2×42.5　2〜3世紀

上段には、出家を決意して夜半に寝台から起き上がる太子と、それに気付かず眠るヤショーダラー妃が中央に表現され、その右には眠る楽女たち、左に馬を用意した御者が表される。中段では、中央に城を出る太子がいて、蹄の音で城の人々が目覚めないよう神が馬の足を支えている。右には傘蓋をかかげる御者と思案する町の女神、左に弓を持ち先導する毘沙門天、上空には祝福する飛天が表現されている。

▲図8　仏伝浮彫「マーラの誘惑・降魔成道・初転法輪」
龍谷大学　ガンダーラ　35.6×28.8　2〜3世紀

上段右側にマーラ（魔王）と3人の娘がいて、太子の成道を妨げようと企んでいる。菩提座へと向かう太子は、大きく欠損している左側に表現されていたのだろう。下段左側は、降魔印により成道せんとする釈尊、そこに剣を抜いて襲いかかろうとするマーラが表される「降魔成道」の場面。右側は5人の比丘に初めての説法を行なう「初転法輪」で、釈尊は説法印を結び、その台座中央に法輪が表されている。

五　梵天勧請《ぼんてんかんじょう》

悟りを開いた釈尊は、長い瞑想に入って悟りの喜びを堪能する。この際、通りがかった二人の商人が麦こがしと蜂蜜とを献上する「二商人の奉献」が、鉢を持っていない釈尊はこれを受けることができない。それを知った四天王（持国天、増長天、広目天、多聞天）が釈尊のもとを訪れ、それぞれが一つずつ石鉢を献上する。どれか一つだけを取っては、他の三天の顔が立たないと考えた釈尊は、すべての鉢を取った。するとこの四つの鉢が一つに合わさったという「四天王奉鉢《ほうはつ》」。

悟りの喜びから覚めた釈尊は、自らが悟った内容があまりにも深く、世の中の人々にはとても理解できるものではないと考え、教えを伝えることを躊躇した。すると釈尊のもとに梵天（ブラフマー神）が訪れ、衆生のために説法をするよう懇願する「梵天勧請」。釈尊は、これを受け入れ、悟りの内容を説法することを決心したのである。

六　初転法輪《しょてんぼうりん》

最初に説法をする相手として、釈尊はかつてともに苦行を行なった五人の修行者を選ぶことにした。サールナートに釈尊がやってくると聞いた五人は、示し合わせて相手にしないつもりでいたが、その清らかな様子を一見して驚き、台座を準備すると、釈尊の説法に聞き入った。この最初の説法は、釈尊の教え（法）を車輪に譬え、その「法輪」が初めて転じられた（説法され

▲図9　苦行像　　福岡　伯林寺
ガンダーラ　22.1×16.4　3世紀頃
苦行によってやせ衰えた太子のすがた。落ち窪んだ眼窩や浮き出た肋骨が生々しく表現されている。

▲図10　仏伝浮彫「梵天勧請・婚約」　　福岡　伯林寺
スワート　1～2世紀
上段には、中央に禅定印を結ぶ釈尊、その向かって左に梵天、右に帝釈天が表され、「梵天勧請」の場面を示している。下段は中央にシッダールタ太子、周囲に女性やバラモンが描かれ、太子とヤショーダラー妃の婚約の場面とみられている。

た）ことから、「初転法輪」と呼ばれる。このとき釈尊は、仏教の基本原理である「四諦八正道《したいはっしょうどう》」について語ったとされるが、これは世の中が苦であることを示し、その原因とそこから脱するための実践方法を説いたものと考えられている。

七　教化の旅と様々な奇蹟

その後、釈尊は北インドの各地をめぐって説法を続けた。その旅は、四十五年にも及んだと考えられる。しかし、この期間のことについて仏伝テキストに伝えられる内容は、いずれも伝説的な奇蹟譚となっており、具体的な教化活動の内容や、それがいつ行なわれたかといったことまではわからない。ただ、仏法に帰依して出家した人々の集団（僧団）があって、在家信者によって布施された精舎などで生活していたこと、そうした精舎のあるコーサラ国やマガダ国が釈尊の活動の中心であったことは確実と考えられる。これらの場所を舞台として、釈尊にまつわる様々な物語が語られていく。ここでは、そうした物語のいくつかを紹介したい。

舎衛城《しゃえいじょう》の神変《じんぺん》

様々なヴァリエーションが伝えられているが、もっとも一般的なものは次のような話である。

コーサラ国のプラセーナジット（波斯匿《はしのく》）王は仏教に帰依したが、他の宗教も平等に認めていた。そのため、六師外道と呼ばれる六人の異教の指導者たちが、勢力の大きかった釈尊に対し、神通力の勝負を挑むことにしたのである。首都のシュラーヴァスティー（舎衛城）

▲図11　仏伝浮彫「毒龍の提示・双神変」　福岡　伯林寺
ガンダーラ　15.5×28.0　2～3世紀

双神変の奇蹟は、「舎衛城の神変」以外の場面でも登場することが知られている。ここでは、向かって左側に両肩から火を発し、両足から水を発する「双神変」の場面が表され、右側には3人のカーシャパ兄弟（三迦葉）を仏教に帰依させる「毒龍調伏」と思われる場面がある。

▲図12　仏伝浮彫「三道宝階降下」　龍谷大学
ガンダーラ　36.0×34.0　2～3世紀

アーチ形区画の中央に「三道宝階降下」の場面が表現されている。釈尊が、合掌する梵天（向かって左）と帝釈天（右）とともに階段を伝って忉利天から下りようとしている。階段下に、それを待ち構えるウトパラヴァルナーがおり、階段左右には馬車に乗った王者（ウダヤナ王か?）が表されている。

の郊外において、王の御前で神通力合戦が行なわれ、釈尊は肩から火を、足下から水を発する「双神変《そうじんぺん》」や、無数の化仏を出現させる「千仏化現《せんぶつけげん》」といった奇蹟を行なった。その結果、六師外道を圧倒し、多くの人が仏教に帰依したという。

三道宝階降下《さんどうほうかいこうげ》

釈尊は、弟子達が自らの力で悟りへの修行を行なうよう、忉利天《とうりてん》へ昇って地上からすがたを隠した。このとき、生後七日で死別した母の摩耶夫人に忉利天で説法を行なったという。地上では、釈尊が不在となって多くの人々が悲しみ、特にカウシャーンビーのウダヤナ（優塡）王は釈尊に会えないことがつらく、病気になるほどであった。このため、臣下たちが栴檀木で仏像を造って王に献上し、これが最初の仏像となったという後世の伝説もある。

三か月の後、釈尊は梵天・帝釈天とともに金・銀・瑠璃の階段でサンカーシャの地へと降下する。このとき女性の仏弟子（比丘尼）であるウトパラヴァルナーが、いち早く説法を聞くため、転輪聖王のすがたに身を変えてやってきたという。

帝釈窟説法

帝釈天は、釈尊の説法を聞こうと多くの神々を引き連れてマガダ国のラージャグリハ（王舎城）にある山中の洞窟へと赴いた。しかし、釈尊は深い禅定に入っていたため、帝釈天はまず楽天《がくてん》のパンチャシカを派遣してハープを奏でさせたのである。この妙なる音楽を聴いた釈尊は、禅定から目覚め、帝釈天らが説法を聞く

▲図13　仏伝浮彫「帝釈窟説法」　福岡　伯林寺
ガンダーラ　24.5×57.2　2〜3世紀
向かって左側の場面が「帝釈窟説法」である。洞窟内で禅定印を結ぶ釈尊と、洞窟の外でハープを奏でるパンチャシカ、合掌して釈尊の説法を聞かんとする帝釈天が表現されている。画面の右は、夫婦と思われる男女が釈尊に帰依する場面と思われる。

◀図14　仏伝浮彫「涅槃」　龍谷大学
カーピシー　30.3×51.3　3世紀頃
坐仏像の台座に浮彫りされた涅槃図である。右側を下にして寝台に横になる釈尊が中央に大きく表され、周辺には嘆き悲しむ供養者たちが並ぶ。画面左には金剛杵を持って悲しむ執金剛神、寝台の手前には禅定する最後の仏弟子スバドラ、足もとには合掌する大迦葉が表現されている。

ことを許したという。

酔象調伏

釈尊の従兄弟であったデーヴァダッタは、仏弟子となりながらも釈尊を嫉妬し、しばしば釈尊に危害を加えようとしたり、教団を分裂させようと試みた。あるとき、王舎城に入った釈尊を亡きものにしようと、凶暴な象を街中に放って釈尊の一行を襲わせたのである。しかし、この暴れ象は釈尊の前に出ると急におとなしくなり、デーヴァダッタの作戦は失敗に終わった。

八　涅槃

八十歳になってもなお教化の旅を続ける釈尊であったが、鍛冶工のチュンダが布施した料理にあたり、クシナガラにおいて死の床に就く。このとき、遊行者のスバドラが釈尊のもとにやってくると、釈尊の最後の説法を聞いてたちまちに悟りの境地に至り、釈尊の涅槃を見るに忍びず、先に自ら入定したという。釈尊はアーナンダ(阿難)をはじめとする弟子たちに囲まれて、沙羅双樹の下でついに入滅した［涅槃］。

クシナガラに住むマッラ族の人々が、釈尊の死を嘆いて葬送の儀式を執り行ない、その遺体を荼毘に付そうとしたが、一向に火がつかない。そこへ、臨終の際には間に合わなかった十大弟子のひとり、長老のマハーカーシャパ(大迦葉)が遠方から駆け付けると、釈尊は棺の中から両足を出し、大迦葉はこれを礼拝した［大迦葉の双足礼拝］。すると、たちまちに荼毘の火が燃え上がったという。

▲図15　仏伝浮彫「舎利八分・起塔」　福岡　伯林寺
ガンダーラ　16.2×53.6　2～3世紀
向かって右側が「舎利八分」の場面。壇上に八つに分けられた舎利が置かれており、中心にいるドローナがこれを各国の王に分配している。中央では分配にあずかった人たちが自国に持ち帰り、左側では舎利を収めたストゥーパ（仏塔）が建造され、人々がこれを礼拝している。

九　舎利争奪と分配

釈尊の入滅を知った周辺七か国の王達は、持つと福徳があるとされる釈尊の舎利（遺骨）を求めて軍勢を派遣し、それを奪おうと試みる［舎利争奪］。しかし、ここでドローナというひとりのバラモンが仲裁に入り、舎利を八つに分けて各国に配った［舎利八分］。国王たちはこれを自国に持ち帰り、ストゥーパ（仏塔）を建立して供養を行なったのである［起塔］。

（岩井俊平）

第三節　仏伝テキストの形成

仏伝とは「仏陀の伝記」の略称である。この「仏伝」という言葉の指す対象はかなり広範囲に及び、それは大きく二つに分類できる。一つは、ある仏典中の一部分を構成する「釈尊の生涯を物語る記事」を指す場合である。それらは、例えば、義浄訳「根本説一切有部《こんぽんせついっさいうぶ》毘奈耶《びなや》」などの律文献群や鳩摩羅什《くまらじゅう》訳『大智度論』などに含まれている。もう一つは、独立した形で編纂された「釈尊の生涯を物語る仏典」である。アシュヴァゴーシャ作『ブッダチャリタ』や『ラリタヴィスタラ』などが好例であろう。ここでは、前者を便宜的に「仏伝テキスト」と呼び、後者と区別しよう。この「仏伝テキスト」は、概して、釈尊の「生涯」自体を描こうとするテキストであるといえる。

ところで、これら「仏伝テキスト」は、いかにして形成されてきたのか。この問いに対する答えについては複数の説が存在する。その内の一つの説を紹介しよう。まず、多くの研究者が認めることは、阿含・ニカーヤ（阿含とニカーヤは、いずれも、大乗仏教の興起以前から仏教徒が「仏の教え」（経）として伝えてきた一群の仏典である。「阿含」はそれらを翻訳僧たちが漢訳したものであり、「ニカーヤ」は主にスリランカや東南アジアの教団がそれらをパーリ語で伝えたものである。）あるいは律文献などの内、比較的成立の古いものに散在する釈尊の生涯を物語る断片的「記事」が、後の「仏伝テキスト」の基礎資料となったということである。こうした基礎資料が「断片的」であるのは、阿含・ニカーヤ中の「釈尊の事績」が、主に、修行者に対して、教化方法を説示し、修道実践の手本を提示することを目的としたものだからであろう。つまり、釈尊の「生涯」を時間軸に沿って綴ろうという姿勢は見いだせないのである。また、律文献の中の「釈尊の事績」も、各々の律条項を制定するに至った「いきさつ」を示すために記され、断片的であることが多い。

それでは、これら基礎資料をもとに、どのようにして「仏伝テキスト」が形成されていくのか。そもそも「仏伝テキスト」は一つ一つのエピソードの結合によって成立している。すなわち、様々な仏典に散在する「釈尊の事績」（エピソード）を編集し、つなぎ合わせると完成するのである。実際、『仏本行集経《ぶつほんぎょうじゅっきょう》』（五八七～五九一年頃漢訳）は、先行する複数の仏典中にみられる「釈尊の事績」の集成である。このようなプロセスを経て「仏伝テキスト」が形成されたと考えられる。とはいえ、「仏伝テキスト」は、おそらく、最初から現在のような独立した仏典として編集されたのではないだろう。基礎資料が徐々にまとまった分量の「釈尊の事績」を形成するようになり、それが、最終的に「仏伝テキスト」という形を取るに至ったのではなかろうか。事実、特に律文献の中に、しばしば「釈尊の事績」がまとまった形で見いだされる。

仏伝は「本来律蔵に由来する」との指摘がある通り、仏伝テキストの原初的形態として、律の中にまとまった形で「釈尊の事績」が記される部分（パーリ語『律蔵』のマハーヴァッガ（他の律の受戒篇に相当する）や『五分律』の第三受戒法、そして『四分律』の受戒揵度（律の中で比丘たちの出家・受戒作法を説明する章のこと）など）があげられる。これら律文献中の「釈尊の事績」は、当該箇所だけを取り出してみると、ここでいう「仏伝テキスト」と見なすことができる。しかしながら、これら律の受戒篇の中の「釈尊の事績」も、出家修行者の戒が制定された経緯を述べる目的で語られるにすぎない。「釈尊の生涯」を述べる目的で編纂されたとはいえないのである。もちろん、この「釈尊の事績」は、その半生における事績の数々を編年史的にまとめている点で、仏伝テキストに等しい意義と内容を有する。律文献の中には「釈尊の事績」のみならず、ジャータカ（釈尊の過去世物語）やアヴァダーナ（釈尊を含めた仏教徒に関する三世物語）が多く挿入され、後にはその部分があまりに肥大化し、これらを抄出して律蔵の簡易化をはかる必要が生じたと考えられる。その結果、律文献に含まれる「釈尊の事績」部分が取り出され「仏伝と過去世物語の集成」となったのであろう。仏伝テキスト『マハーヴァストゥ』はその一例であり、もともと大衆部《だいしゅぶ》系の説出世部の律に属するものであることを自ら表明している。「仏伝テキスト」が律の中に胚胎した証であろう。先にあげた『仏本行集経《ぶつほんぎょうじゅっきょう》』は、『マハーヴァストゥ』と内容・構成は似ているが、その名の通り、「釈尊の事績」を集成した仏伝テキストである。その経の末尾には、仏教部派の各々が、個別の仏伝テキストを有したことを示唆する記述がある。そこには、律を保持していた主要部派（摩訶僧祇《まかそうぎ》・薩婆多《さつばた》・迦葉維《かしょうい》・曇無徳《どんむとく》・尼沙塞《にしゃそく》）が各々、『大事』『大荘厳』『仏生因縁』『釈迦牟尼仏本行』『毘尼蔵根本』という名の仏伝を伝えていたと記されている（『大正蔵』第三巻、九三二頁上。以下、本書では『大正新脩大蔵経』を『大正蔵』と略す）。もちろん「釈尊の事績」をほとんど含まない律も存在する。『十誦律《じゅうじゅりつ》』や『摩訶僧祇律』の受戒篇の中には、後の「仏伝テキスト」の原型と認められるような記述はほとんど無い。このようなタイプの律文献が存在する理由も仏伝を削除されたタイプの律文献と考えれば理解できる。

　律の肥大化を回避するため、「釈尊の事績」だけが取り出されることで、「仏伝テキスト」が成立した可能性が認められるのである。しかし、それらは律文献の立場からみた消極的動因にすぎない。つまり、「仏伝テキスト」編纂者の主体的動機を説明したことにはならないのである。「仏伝テキスト」が成立するためには、阿含・ニカーヤならびに律文献に散在する「釈尊の事績」を積極的にまとめ上げようとする動機が必要となる。これに関しては、釈尊への尊崇にもとづく讃歎が「仏伝テキスト」編纂の動機だとする指摘がある。特に、釈尊の入胎から誕生までの様々な奇瑞を「如来未曾有法」と讃歎する『希有未曾有法経《けうみぞうほうきょう》』や「釈尊は永遠に存在し得るにもかかわらず自らの決意をもって入滅された」と考え、釈尊の入滅を一般人の死亡とは異なるものと見なすパーリ語『大般涅槃経《だいはつねはんぎょう》』などは、釈尊に対する驚異や思慕の念と、それにもとづく釈尊の神格化の産物とも見なし得るのである。

　ここまで、釈尊の事績を記した仏伝および仏伝テキストについて解説を加えてきた。しかし、ここでは諸説ある内の一部を紹介したにすぎない。仏伝および仏伝テキストに関しては未だ多くの謎が残ったままである。これらの謎は仏伝が多様な仏教徒の思いを受け止めてきたことの所産なのであろう。ぜひ実際の仏伝に触れて、様々な時代、様々な地域において、仏教徒が伝えてきた釈尊像に思いを馳せていただければ幸いである。

（岡本健資）

写真で見る　釈尊の旅路

釈尊は、入滅までの八十年間の生涯を、説法と伝道の旅の中で過ごした。ここでは、そうした釈尊ゆかりの地の中から、特に「八大聖地」として知られている仏蹟を中心に紹介し、釈尊の旅路をたどっていく。

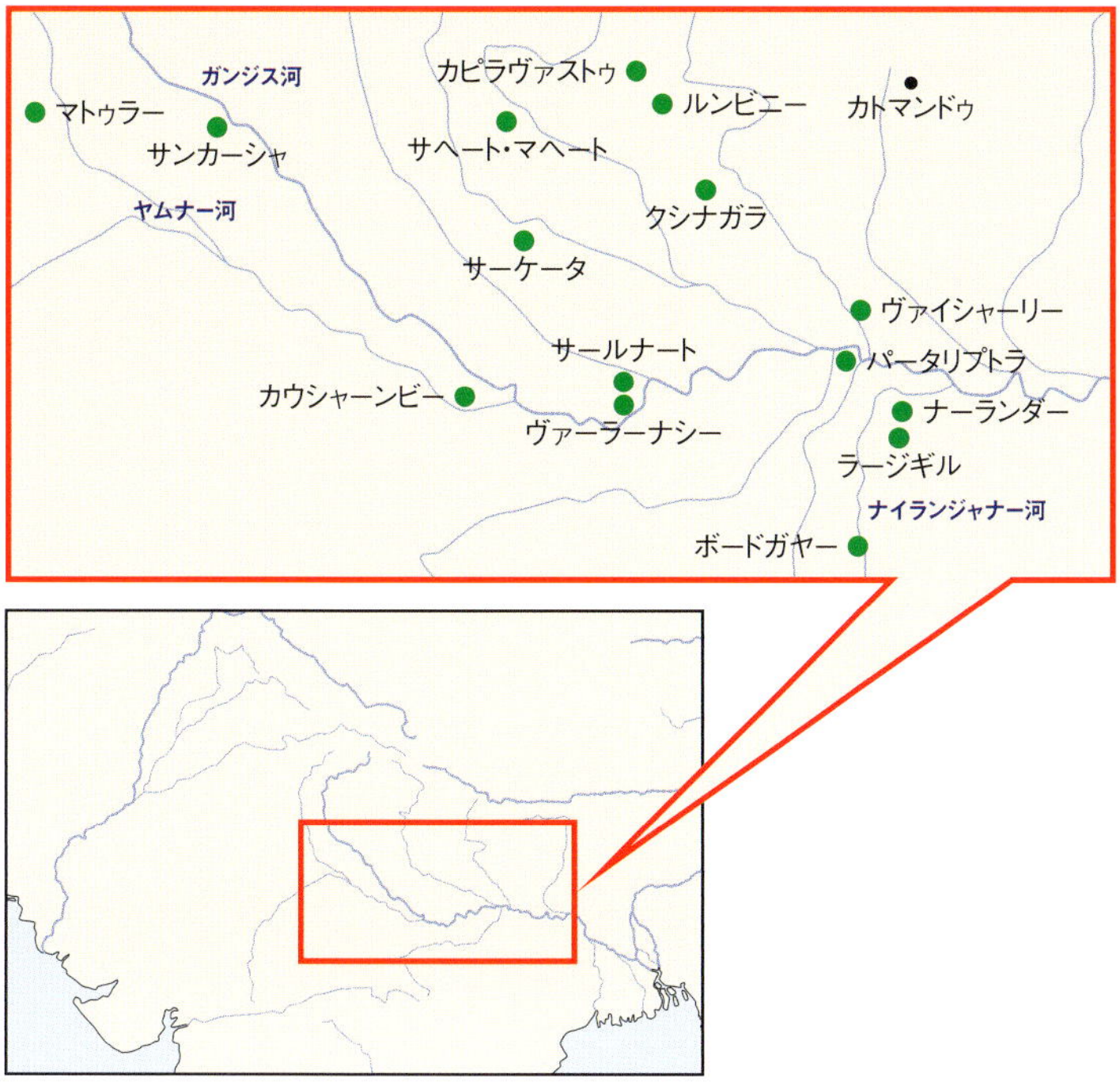

▲図16　釈尊が活動した地域

一　ルンビニー

釈尊生誕の地。ネパール南部のインド国境付近に位置する。アショーカ王（第三章を参照）が紀元前三世紀に建てた石柱が今も残り、ここが釈尊の生地であることを示している。現在も、マーヤー堂がおかれ、多くの巡礼者が訪れている。なお、釈迦族の都城・カピラヴァストゥはこの近辺にあり、現在のピプラーワー（インド）あるいはティラウラコート（ネパール）がその遺跡であると考えられている。

▶図17　ルンビニー風景
（撮影：丸山勇）
遠方の建物がマーヤー堂。現在はより大きな建物に改築されている。

▼図18　ピプラーワーの遺跡
（撮影：丸山勇）
カピラヴァストゥの候補地の一つ。遺跡は紀元前3世紀頃のものと考えられ、ストゥーパからは「釈迦族の尊きブッダ」に言及する銘文が刻まれた石製舎利容器が出土した。

二　ボードガヤー

釈尊成道の地。インド東北部のビハール州にある。現在は、釈尊が悟りを得る際に禅定に入ったとされる金剛宝座（現在の台座は紀元前三世紀頃のもの）と、そこに大きな影を作りだす菩提樹があって、往時を偲ばせる。また、高さ約五十二メートルの大菩提寺（マハーボーディ・テンプル）は、七世紀頃の建築様式を残しており、周辺には、各国の仏教徒が建立した寺院が立ち並ぶ。なお、大菩提寺は、二〇〇二年に世界遺産に登録された。

▲図19　ナイランジャナー河　（撮影:菅沼隆二）
苦行をやめ、悟りを開く禅定に入る前に、釈尊はこの河で身を浄めた。

▲図20　ボードガヤー風景　（撮影:丸山勇）
遠方に大菩提寺が見える。

▲図21　大菩提寺と菩提樹
壮大な寺院と菩提樹のもとに、多くの巡礼者が訪れている。

▲図22　金剛宝座　（撮影:菅沼隆二）
菩提樹のたもとに石製の台座があり、現在も美しく荘厳されている。

三　サールナート

成道後、初めて説法を行なった初転法輪の地。ボードガヤーから西北西に向かい、ガンジス河を渡った先、現ウッタル・プラデーシュ州にある。現在は、紀元前三世紀のアショーカ王柱（法輪を頂き、四頭の背中合わせの獅子を柱頭とする）と、六世紀頃に建立されたと考えられるダメーク・ストゥーパ、および発掘された多くの寺院の遺構が残り、巡礼者のすがたが絶えない。グプタ朝時代には、マトゥラーと並んで優れた仏像が多く造られた（サールナート仏）。

▲図23　ダメーク・ストゥーパ
現在も残る仏塔は6世紀頃に建てられたと考えられる。

▲図24　初転法輪仏坐像　サールナート考古博物館
サールナート　高160.0　5世紀末
グプタ朝時代以降、この地では多くの仏像が制作された。

▲図25　サールナート遺跡　（撮影：丸山勇）

四　ラージギル

当時の大国、マガダ国の首都・王舎城（ラージャグリハ）があった場所。現ビハール州にある。この都市の郊外には、釈尊の活動拠点の一つである竹林精舎や霊鷲山《りょうじゅせん》があり、今も巡礼地となっている。釈尊入滅後、最初の結集《けつじゅう》（第二章第二節参照）が行なわれたという洞窟も残っている。

▲図26　ラージギル風景　（撮影:丸山勇）
王舎城の遺跡を望む。

▲図27　霊鷲山への道　（撮影:丸山勇）
釈尊は、この道を通って何度も説法を行なった。

◀図28　霊鷲山の香堂址　（撮影:丸山勇）
崖の突端にあり、当時の説法場面を彷彿とさせる。

五　サヘート・マヘート

現ウッタル・プラデーシュ州に残る遺跡。教団の最大の拠点で、『平家物語』冒頭部分でもよく知られる「祇園精舎」の跡がサヘート遺跡、当時の強国コーサラ国の首都・舎衛城（シュラーヴァスティー）の跡と考えられているのがマヘート遺跡である。この二つの場所にかかわる釈尊の物語は非常に多い。なお、関西大学が両遺跡の発掘調査を行ない、多くの成果をあげている。

▲図29　仏伝浮彫「祇園布施」
コルカタ・インド博物館
バールフット　前2世紀末

大富豪であったスダッタ（給孤独）長者は、釈尊と弟子たちが滞在する精舎を建設するため、コーサラ国の太子が所有していた土地を購入しようとする。太子は、その土地すべてに金貨を敷き詰めれば譲ってやろうと無理な条件を出すが、長者は財産のすべてを投げ打って実行しようとする。これを見た太子は、自らも長者とともに土地を寄進し、ここに祇園精舎が建てられたのである。

▲図30　仏伝浮彫「千仏化現」
サールナート考古博物館
サールナート　6世紀

釈尊が行なった舎衛城の神変（17頁参照）の中でも、無数の化仏を現出させたという「千仏化現」がよく知られている。

▲図31　舎衛城と祇園精舎　（撮影：丸山勇）

手前にマヘート遺跡（舎衛城）、奥にサヘート遺跡（祇園精舎）が見える。

▲図32　祇園精舎の様子　（撮影：丸山勇）

比丘たちが滞在した僧房と、その奥には瞑想を行なうための林があった。

六　サンカーシャ

釈尊が、亡き母・摩耶夫人に説法をするために忉利天へ昇り、三か月後に梵天・帝釈天とともに階段で天より降下したとされる場所。現ウッタル・プラデーシュ州にあって、これを記念するストゥーパも建てられているほか、アショーカ王柱も発掘されているが、釈尊が実際にこの地を訪れていたかどうかは判然としない。

七　ヴァイシャーリー

釈尊の伝道に関する、多くのエピソードが伝えられる場所。通商で栄えたヴァッジ国の首都で、周辺の国が王制だった中で、この国は共和制的な体制を敷いていた。現ビハール州にあり、八十歳の釈尊が自らの死期を悟った場所でもある。ストゥーパが遺跡として残るほか、原形をよく残したアショーカ王柱が今も立っている（ただし、この柱はアショーカ王以後に建てられたとする説もある）。

▲図33　サンカーシャ風景
（撮影：菅沼隆二）
アショーカ王柱の柱頭が見える。

◀図34　仏伝浮彫「三道宝階降下」
コルカタ・インド博物館
バールフット　前2世紀末
釈尊が梵天と帝釈天を従えてサンカーシャの地へ降り立つ場面。この彫刻が造られた当時は、釈尊を象徴的に表現するのが通例で、ここでは仏足石で表されている。18頁も参照。

▲図35　ヴァイシャーリー風景
現在も仏教寺院址とアショーカ王柱が残る。

八　クシナガラ（クシナーラー）

釈尊入滅の地。現ウッタル・プラデーシュ州にあり、当時はマッラ国の都市であった。現在は、涅槃堂と呼ばれる建物の中に大きな砂岩製の涅槃像（長さ六・一メートル、五世紀）が安置されており、多くの人々が巡礼に訪れる。外には、釈尊を荼毘に付した場所と伝えられる荼毘塚も残っている。

（岩井俊平）

▲図36　ガンジス河の「ゴータマ渡し」
釈尊は、この場所でガンジス河を渡りクシナガラへと向かった。

◀図37　仏伝浮彫「涅槃への旅」
アマラーヴァティー考古博物館
アマラーヴァティー　前1世紀後半
釈尊の最後の旅にかかわる様々なエピソードが描かれている。

▲図38　荼毘塚遠景　（撮影：丸山勇）
釈尊を荼毘に付した場所とされる。

◀図39　クシナガラの涅槃堂　（撮影：丸山勇）
涅槃堂では、今も多くの人が礼拝（らいはい）をする。

第二章　釈尊の教えと経典

第一節　釈尊の思想

釈尊（ガウタマ・ブッダ）が歴史上の実在の人物であることについては疑いの余地がない。しかし、彼が実際どのような教えを説いたのかについては、残念ながら正確なことを知ることができない。我々が知りうるのは、釈尊の滅後、弟子達が「私はこのように聞いた」（如是我聞）と言って、言い伝えてきた「伝承」（アーガマ／阿含）としての「釈尊の教え」である。

仏滅後しばらく経つと、仏教徒の間に見解を異にする複数のグループ（部派）が登場し、異なる伝承を保持するようになるが、彼らが等しく認める伝承がある。それは、菩提樹の下で悟りを開いた釈尊が、一旦は自分が悟った真理（法）はあまりにも深遠であり、余人には理解しがたいと思って、それを公開することをためらうが、梵天の勧めに従って、かつての修行仲間である五人の出家修行者にヴァーラナシーの鹿野苑《ろくやおん》で初めて教えを説く（初転法輪）というエピソードである。この教えを聞いて、五人の修行者達は次々と悟りを開いたと伝えられているから、ここには釈尊の悟りの内容のエッセンスが含まれていると考えられていたのであろう。以下、上座部の伝承する『初転法輪経』（『南伝大蔵経』相応部五十六・十一）にもとづいてその内容を紹介しよう。

五人の昔の仲間に近づいた釈尊は、最初に「出家者は二つの極端な道に近づいてはならない」と説く。二つの極端とは「五欲の対象において快楽を追求すること」と「自らの肉体的疲労困憊《こんぱい》を追求すること」である。出家者である五人は、当然第一の極端を捨て去っているはずであるが、苦行という第二の極端をまさに実行している。釈尊もまた少し前までは彼らと同じように苦行を実践していた。それが当時も今もインドの出家修行者の伝統である。釈尊は、このようなインド的常識を否定して、苦行の無意味さを五人に説いたのであった。彼は「如来（つまり私）は二つの極端な道に近づかずに〈中道〉こそが悟りへの道であると悟った」と宣言する。

中道とは、①正しい見解（正見）・②正しい思考（正思惟）・③正しいことば（正語）・④正しい行為（正業）・⑤正しい暮らしぶり（正命）・⑥正しい努力（正精進）・⑦正しい注意集中（正念）・⑧正しい瞑想（正定）からなり、「八正道」と総称される。後に、①②は「智慧」（慧）、③〜⑥は「正しい生活習慣」（戒）、⑦⑧は「瞑想」（定）の「三つの修行法」（三学処）にまとめられるようになる。釈尊が説いた修行法は、決して自身を肉体的に痛めつける苦行ではなくて、出家修行者は（1）戒律を守る正しい生活を送り、（2）真実を知るために学習し、智慧を磨く、と同時に（3）静かに精神集中して、瞑想

▲図40　仏立像
ガンダーラ　片岩　像高78.0　2〜3世紀
人間のすがたで釈尊を表現した「仏像」は、1世紀頃から造られるようになり、釈尊に思いをいたす信者たちに欠かせないものとなった。

するならば、やがて悟りに至るというものである。

次に、釈尊は聖者のための「四つの真実」(四聖諦《ししょうたい》)とその観察法(三転十二行相)を詳細に説く。まず、四つの真実とは、「苦諦・集諦《じったい》・滅諦・道諦」である。苦諦というのは、一言でいえば、「我々の人生は苦である」ということに尽きる。生まれることも苦であり、老いることも苦であり、病むことも苦であり、死ぬことも苦である。また、憎いものに会うのも苦であり(怨憎会苦)、愛しいものと別れるのも苦であり(愛別離苦)、欲しいものが得られないのも苦である(求不得苦)。そもそも我々の人間存在そのものが苦である(五盛蘊苦)。これらは後に「四苦八苦」と総称される。

集諦とは、以上のような「苦が生じてくるのには原因がある」ということである。それはこの世に再び生まれてくる(再生)原因となる「渇愛」であり、五欲の対象に対する渇愛、生に対する渇愛、不生(すなわち、再生の終結)に対する渇愛の三種があげられる。

滅諦とは、「苦は消滅する」ということである。それは渇愛から離れ、渇愛を捨て去り、渇愛から解放されることである。道諦とは、「苦の消滅に導く道がある」ということである。それはすでに述べた八正道にほかならない。

四諦の教えを一つにまとめると、「人生は苦であり、その原因は渇愛である。渇愛から離れれば苦は消滅し、それに至る方法がある」ということになる。これはしばしば「病気には原因があり、それを除去すれば、病

▲図41　仏伝浮彫「初転法輪」　福岡　伯林寺
ガンダーラ　片岩　44.3×37.1　2〜3世紀
向かって右下に鹿が表現されていることから、悟りを得た釈尊が初めて説法を行なった初転法輪の場面であることがわかる。「釈尊の教え」が、柱上に表現された法輪によって象徴的に示されている。

人は治癒する」という医者の原因療法と比べられる。「アタルヴァ・ヴェーダ」の呪術的な治療法に対して「アーユル・ヴェーダ」の合理的な医学がインドで形成される背後に釈尊の教えがあったと想定する学者は、律蔵の中に当時の膨大な医学知識が含まれていることをその根拠として指摘している。

苦という結果には渇愛という原因があり、苦の消滅という結果には渇愛の消滅という原因がある、という四諦の教えを敷衍《ふえん》すると、すべてのこの世の事象には原因があるという「縁起」の教えになる。一方、『初転法輪経』をほとんどそのまま採録する、律蔵の『大品』は、その冒頭で、釈尊は菩提樹の下で「十二の支分からなる縁起」（十二支縁起）を悟ったと伝承しているが、四諦の教えの根底に「此あれば彼あり。此なければ彼なし」（此縁性《しえんしょう》）という縁起の教えがあったと想定しても間違いではないだろう。縁起については、後に触れるとして、『初転法輪経』をもう少したどることにする。

釈尊は四諦を「未だかつて聞いたことのない法」と呼んでいるが、このことは縁起の道理が彼の発見した真理であることを示唆している。釈尊自身は古《いにしえ》の聖者達が踏みしめた道を再発見しただけだと言ったという伝承もあるが、それは縁起の道理が万古不易の真理であると仏教徒達が意識していたことを意味しているのであろう。

釈尊は、四諦のそれぞれに対して順次三種のアプローチを行なったことを告げる。すなわち、①「これが苦である」という理解・洞察・直観がまず生じ、②「これらの苦は知り尽くされねばならない」という理解・洞察・直観が生じ、③「苦をすでに知り尽くした」という理解・洞察・直観が生じたと報告している。

同様に集諦についても、①「これが苦の原因である」という理解・洞察・直観が生じ、②「これらの苦の原因は断ち切られねばならない」という理解・洞察・直観が生じ、③「苦の原因をすでに断ち切った」という理解・洞察・直観が生じたと釈尊は言う。

滅諦については、①「これが苦の消滅である」という理解・洞察・直観が生じ、②「これらの苦の消滅が直証されなければならない」という理解・洞察・直観が生じ、③「苦の消滅をすでに直証した」という理解・洞察・直観が生じたと言う。

最後に、道諦についても①「これが苦の消滅に導く道である」という理解・洞察・直観が生じ、②「このような苦の消滅に導く道を実修しなければならない」という理解・洞察・直観が生じ、③「苦の消滅に導く道をすでに実修した」という理解・洞察・直観が生じたという。

以上をまとめれば、「すべての苦を遍知し、その原因を断滅し、苦の消滅を直証する。そのために、苦の消滅に導く道を修習する」ということになるが、その一々に対して事実認識・当為意思・実践体験という三つの視点からアプローチしている。これは単に四諦の知識だけでは不十分であり、四諦の実践がなければならないという点を強調しているのである。

釈尊は、四諦について、このようにそれぞれ三度、合わせて十二の視点（三転十二行相）から観察したとき、清らかな真実を如実に知り、最高の正しい悟りを開いた、もはや再び迷いの生存に入ることはない、と五人の修行者達に宣言する。それを聞いて、かれらは歓喜するが、なかでもコンダンニャと呼ばれる修行者には「およそ生起するものは、すべて滅する」という真理（法）を見る眼が生じる。それを受けて、釈尊は「コンダンニャは理解した。コンダンニャは理解した」と言って、喜んだとされる。ここには自分の見いだした真実を伝えようとする師が、それを理解してくれる弟子に出会った喜びが如実に表現されている。

コンダンニャの理解した「およそ生起するものは、すべて滅する」という真理は、釈尊の最後の日々を伝える『大般涅槃経《だいはつねはんぎょう》』の末尾に記録されている「もろもろの作られたものは滅する。怠ることなく修行しなさい」という釈尊最後の言葉を思い起こさせる。両者に通じるのは、「諸行無常」の思想である。『初転法輪経』の記述に従えば、釈尊の菩提樹下での悟りの内容は「四つの真実」（四諦）であるということになるが、すでに述べたように、その根底には縁起の道理があると考えられる。そして、この縁起の道理を突き詰めれば、「すべての作られたものは無常である」という理解に到達することを『初転法輪経』は示唆しているといえる。

律蔵の『大品』も、すでに述べたように以上のような初転法輪のエピソードを導入する前に、その冒頭部分で、釈尊は十二支縁起を肯定的な仕方（順観）と否定的な仕方（逆観）という二つの視点から観察し、悟りを開いたとする。すなわち、無明（根源的な欲望）を縁として行（業）が生じ、行を縁として識が生じ、識を縁として名色（心身からなる個体存在）が生じ、名色を縁として六処（眼耳鼻舌身意の六感官）が生じ、六処を縁として触（感官と対象の接触）が生じ、触を縁として受（知覚）が生じ、受を縁として愛（渇愛）が生じ、愛を縁として取（執着）が生じ、取を縁として有（生存）が生じ、有を縁として生（誕生）が生じ、生を縁として老病死などのすべての苦が生じる、というのが縁起の順観である。一方、逆観とは、無明がすべて滅すれば行も滅し、行が滅すれば識も滅し、識が滅すれば名色も滅し、名色が滅すれば六処も滅し、六処が滅すれば触も滅し、触が滅すれば受も滅し、受が滅すれば愛も滅し、愛が滅すれば取も滅し、取が滅すれば有も滅し、有が滅すれば生も滅し、生が滅すれば老病死などのすべての苦も滅するというものである。

後に十二支縁起は「三世両重の因果」と呼ばれ、過去・現在・未来の三世にわたる輪廻転生の様相を解き明かしたものと解釈されるようになるが、『大品』の記述を素直に読めば、順観は無明を根源的な原因として生死輪廻の世界が展開するという観察であり、逆観は無明を残りなく消滅すれば、最終的に苦に満ちた生死輪廻の世界から解放されるという観察である。

最古の仏典とされる『スッタニパータ』に登場する釈尊は、あくまでも現世において悟りを開くために修行することを重視し、輪廻転生に言及することもなく、縁起の思想もその萌芽が見られるだけであり、後に仏教思想のメルクマールとなる「無我／非我」の思想はまだみられないとされる。したがって、十二支縁起による生死輪廻の世界の分析は釈尊の悟りの内容としては不適切であると考えられるかもしれないが、冒頭に述べたように「伝承」にもとづいて釈尊の教えを再構築するとすれば、彼が菩提樹の下で十二支縁起を肯定的・否定的に観察することにより悟りを開いたといっても構わないであろう。

十二支縁起の順観の背後に「此れあれば彼あり。此れ生じるが故に彼生ず」という肯定的随伴関係、逆観の背後に「此れなければ彼なし。此れ滅するが故に彼滅す」という否定的随伴関係を容易に読み取ることができる。二つ合わせて、後に「此縁性」と呼ばれるこの定型句は、二項間の「因果関係」を確定するための帰納法的原理を表している。インドの仏教徒達は、事の真偽は別として、釈尊の悟りの内容は「すべての事象には必ず原因がある」という「因果律」の発見であると考えている。これに従えば、圧倒的に呪術的な当時のインドの思想界に合理的思弁を導入したのが釈尊

▲図42　ガンジス河の流れ　（撮影:丸山勇）
釈尊の思想は、このガンジス河流域の環境・風土の中で醸成された。

の最大の貢献であったといえる。

最後に「無我／非我説」について一言述べておく。人格主体／輪廻の主体としての「我（アートマン）」を一切認めないというのが仏教の伝統的な考えであるが、現代の研究者のあいだでは、釈尊はウパニシャッドに説くようなアートマンや仏教的な心身論に登場する「五蘊」の各要素（色・受・想・行・識）を「真実のアートマンに非ず」（非我）として斥けたが、「真実の自己」（アートマン）の追求を勧めたという理解がみられる。さらに釈尊はウパニシャッドのアートマンを否定しなかったという見解もみられる。筆者は、釈尊は仏弟子達が有無の極論に陥るのを恐れて、「アートマンがある」とも「アートマンがない」とも説かなかった、すなわち「無記」の立場を取ったと考える。それ故に、仏滅後しばらく経つと、一種の人格主体として「ひと」（プドガラ）の存在を想定する仏教徒が現れると、これを厳しく否定する「無我」の思想が登場したのである。釈尊の「無記」の立場は、このように相対立する思想の登場を可能にしたのである。ちなみに、「真実の自己」を追求する流れは、大乗仏教の「仏性」や「如来蔵」の思想に継承されていった。

釈尊の教えの根幹は、因果律の発見により、この世の苦の根源的な原因を究明し、それを除去することにより苦からの解放を目指すことである。しかし、これはあくまで出家修行者に対して説かれた教えであることを我々は忘れてはならない。伝承によると、在家信者に対しては、僧団に布施することにより功徳を積み（施論）、不殺生・不偸盗・不邪淫・不妄語・不飲酒《ふおんじゅ》の五戒を守り（戒論）、死後は天国に生まれる（生天論）という三論を説いたとされる。

（桂　紹隆）

第二節　教えの継承

釈尊入滅後、クシナガラに住むマッラ族によって、釈尊の遺体は葬られた。それは、パーリ語『大般涅槃経』によれば、以下のような釈尊の指示によっている（以下、この経典の引用は、中村元訳『ブッダ最後の旅　大パリニッバーナ経』〈岩波書店、一九八〇年〉による）。

> アーナンダよ。お前たちは修行完成者の遺骨の供養（崇拝）にかかずらうな。どうか、お前たちは、正しい目的のために努力せよ。正しい目的を実行せよ。正しい目的に向かって怠らず、勤め、専念しておれ。アーナンダよ。王族の賢者たち、バラモンの賢者たち、資産家の賢者たちで、修行完成者（如来）に対して浄らかな信をいだいている人々がいる。かれらが修行完成者の遺骨の崇拝をなすであろう。

火葬された遺骨（舎利）は、ドローナ・バラモンの調停により、マガダ国のアジャータシャトル、ヴァイシャーリーのリッチャヴィ族、カピラヴァストゥのシャーキャ族、アッラカッパのブリ族、ラーマ村のコー

Image:TNM Image Archives Source:http://TnmArchives.jp/

◀図43　ドローナ像壁画　　東京国立博物館
キジル石窟第224窟　40.5×28.0　7世紀頃
大谷探検隊がもたらした中国新疆クチャのキジル石窟の壁画。舎利壺を持つドローナのすがたが描かれている。舎利を奪おうとやってきた周辺7か国の王や軍隊が描かれた部分は、ドイツのベルリン国立アジア美術館が所蔵していたが、空襲によって焼失した。

リャ族、ヴェータディーパのあるバラモン、パーヴァーのマッラ族、およびクシナガラのマッラ族に均等に分配され（舎利八分）、ストゥーパ（塔）がつくられたという。また釈尊は、花輪または香料または顔料をささげて礼拝し、心を浄らかにして礼拝する人々に、長い間利益と幸せとが起こるであろうことを告げており、ストゥーパについては、

アーナンダよ。どのような道理によって、修行完成者・真人・正しくさとりを開いた人については、人々がかれのストゥーパをつくってこれを拝むべきであるのか？　アーナンダよ。〈これは、かの修行完成者・真人・正しくさとりを開いた人のストゥーパである〉と思って、多くの人は心が浄まる。かれらはそこで心が浄まって、死後に、身体が壊れてのちに、善いところ・天の世界に生まれる。アーナンダよ。この道理によって、修行完成者・真人・正しくさとりを開いた人については、人々がかれのストゥーパをつくってこれを拝むべきである。

同様に、独りで悟りを開いた人（独覚）、修行完成者（如来）の教えを聞いて実行する人、世界を支配する帝王（転輪聖王《てんりんじょうおう》）の、四人について、ストゥーパをつくって拝むべきであることを告げられている。

これらのストゥーパは、多人数の集まる四つ辻に建てられ、信者によって自主的に管理され、信仰・護持されていったのである。後のアショーカ王（紀元前二六八～二三二在位）は、先の八分の塔を開いて、全土に分骨して多数の塔を建てたという。

アショーカ王の時代に、仏教はインド全土に伝播したが、仏塔は、特に在家者にとって信仰の拠り所となっていった。サーンチーの仏塔の欄楯《らんじゅん》や塔門に見られるような、釈尊の伝記（仏伝）等の彫刻も、信仰を醸成するのに大きな役割を果たしていたと考えられる。

結集《けつじゅう》

一方釈尊は、生前、出家者に対しては、入滅後の教団の拠り所として「法」を示した。すなわち、

アーナンダよ。このようにして、修行僧は自らを島とし、自らをたよりとして、他人をたよりとせず、法を島とし、法をよりどころとして、他のものをよりどころとしないでいるのである。

▲図44　サーンチー第1塔　1世紀初
鉢を伏せたような円形のストゥーパで、古代インドで造られた典型的な形。周囲に浮彫をほどこした欄楯（垣根）がめぐっている。

アーナンダよ。いまでも、またわたくしの死後にでも、だれでも自らを島とし、自らをたよりとして、他人をたよりとせず、法を島とし、法をよりどころとして、他のものをよりどころとしないでいる人々がいるならば、かれらはわが修行者として最高の境地にあるであろう、だれでも学ぼうと望む人々は――。

アーナンダよ。あるいはおまえたちはこのように思うかもしれない、『教えを説かれた師はましまさぬ。もはやわれらの師はおられないのだ』と。しかしそのように見なしてはならない。おまえたちのためにわたくしが説いた教え（法）とわたくしの制定した戒律とが、わたくしの死後におまえたちの師となるのである。

として、自己をたよりとし、法をたよりとすべきことを説き、教団の後継者を指定するようなことはしなかった。仏伝によると、仏滅直後、スバッダなる人物が、

われらはかの偉大な修行者からうまく解放された。〈このことはしてもよい。このことはしてはならない〉といって、われわれは悩まされていたが、いまこれからは、われわれはなんでもやりたいことをしよう。またやりたくないことをしないようにしよう。

との暴言を吐き、マハーカーシャパは、これをよろこばなかった。

そこで彼がリーダーとなり、五〇〇人の阿羅漢が集まり、王舎城において、第一回目の結集《けつじゅう》が行なわれた。結集とは、「ともにとなえること（合誦）」を意味する。釈尊入滅後最初の雨安居《うあんご》の時であった。そのとき、ウパーリに律を、アーナンダに法を問い、出席者全員が確認し、承認して結集を終わったという。ただ文字として記録されたのではなく、それは第二結集・第三結集の場合も同様であり、仏の教えはしばらくの間は口承によって伝えられたのである。

（三谷真澄）

コラム　釈尊のことば

仏教といえば、仏像を崇めつつ、数多の尊格に救済を祈願する宗教だ、と信じておられる方が多いのではないだろうか。そもそもの仏教はそうしたイメージと大きく異なる。

後に釈尊と呼ばれることとなるシッダールタ王子は、二十九歳で出家し、六年の間続けてきた苦行を捨て、三十五歳でブッダ（目覚めたもの）となった。その後、八十歳で入滅するまでの四十五年間は、布教伝道の日々を過ごしたとされる。

現在、私たちが目にする仏典は、二五〇〇年にわたって仏教徒たちが伝えてきた「釈尊のことば」の集成にほかならない。そこには、釈尊がシャーリプトラ（舎利弗）やアーナンダ（阿難）をはじめとする出家者に向けた「ことば」や、当時の社会を懸命に生きた在家者に対する「ことば」などをみることができる。ここでは、釈尊が様々に説示した「ことば」の一端をみていくことにしよう。そこには、かつての仏教徒たちを取り巻く困難な状況や、彼らの抱えていた苦悩が投影されているはずである。

仏典の古い層に位置づけられる『スッタニパータ』と『ダンマパダ』から「釈尊のことば」をみていこう。

戦場において百万人に勝つということより、たったひとりの自己に勝つべきことこそが最上の勝者である。

（『ダンマパダ』第一〇三偈）

この偈《げ》は、絶えず「自己」を見つめよと提示し続け、「ありのままのすがたを見なさい」（如実知見）と語った釈尊の姿勢をよく表している。そして、如実知見によって浮かび上がる人間のすがたを次のように釈尊は語る。

貪り（貪欲《とんよく》）と怒り（瞋恚《しんに》）とは自己から生ずる。楽であるものと、楽でないものと、身の毛のよだつものとは自己から生ずる。諸々の誤った考えはこの心から生ずる。……

（『スッタニパータ』第二七一偈）

「あのひとは私を悩ませた。あのひとは私をひどいめにあわせた。あのひとは私を圧倒した。あのひとは私から奪った」というように不平を抱くそのようなひとは、怨みが落ち着くことはない。

（『ダンマパダ』第三偈）

自分を攻撃していると思っていたものは、ほかならぬ自分自身であると釈尊は語る。また、自己を見つめることの大切さを説く一方で、釈尊はその困難さを指摘することを忘れない。

他人の諸々の過ちを[見る]ではない。他人の為したことと為さなかったことを[見るべき]ではない。自分の諸々の為したことと諸々の為さなかったことこそ見るべきである。

（『ダンマパダ』第五〇偈）

他の人々の罪は見やすい。また自分の[罪は]見ることが難しい。実に人は他者の諸々の罪をまるで籾殻を選り分けるようにさらす。狡猾な賭博師が自分のサイコロの目を隠すように。

（『ダンマパダ』第二五二偈）

自己を見つめない者は、他者からの評価に対して立腹するものである。次のような言葉も残っている。

他者からことばによって叱責されたときには、心を落ち着けるべきである。ともに清浄なる修行をするものに対するとらわれの心を断つべきである。善いことばを話すべきである。いつでも[相応しくないことばを話すべきで]ない。人々の噂話のような事柄を考えるべきではない。

（『スッタニパータ』第九七三偈）

このように、自己を見つめるとは、自己の行動を省みることである。「身を慎むこと」と「言葉を慎むこと」とが合わせて強く要請されている。

ひとは他の人を欺いてはならない。どこであっても誰かを軽くみてはならない。悩まそうと互いに怒りをもって他人の苦しみを望むべきではない。

（『スッタニパータ』第一四八偈）

そして、次のようにも語られる。

生まれによって賤しいものとなるのではない。生まれによってバラモンとなるのではない。行為によって賤しいものとなるのである。行為によってバラモンとなるのである。

（『スッタニパータ』第一三六偈）

バラモンとは、当時のインド伝統宗教教団の聖職者である。彼らは、インドの階級社会制度（ヴァルナ制度）の頂点に立ち、独占的地位を確保し、支配者とも深く結びついていた。しかし、この偈にみられる通り、釈尊はこの階級社会制度を教団内のルールとして採用せず、あらゆる階層からの入団を原則として拒むことはなかった。釈尊は、「生まれ」ではなく「行為」を重視した。

道徳と見識を備えており、法（道理）に従っており、真実を語っており、自分のすべきことを行うもの、そういう人は、人々から敬われる。

（『ダンマパダ』第二一七偈）

めざましい技術の進歩により、外界の情報は瞬時に、そして大量に入手することが可能となった。それに比べて、自己と向き合う技術は進んだといえるであろうか。いまや人間の行動は現代社会の病巣ともいえる。仏典が伝える「釈尊のことば」は、一人一人が自分自身について、そして、各自の行為について、じっくりと考える契機となろう。

（岩田朋子・入澤　崇）

▲図45　仏倚像　　龍谷大学　ガンダーラ
44.8×19.8　3〜4世紀
両手を胸の前で組み合わせる「説法印」（転法輪印とも呼ぶ）を結び、まさに説法を行なっている釈尊のすがたを表している。

▲図46　法輪礼拝図浮彫　　龍谷大学
ガンダーラ　24.4×24.6　3〜4世紀
車輪は釈尊の教えの象徴であり、「法輪」と呼ばれる。法輪の台座には仏足の跡が彫り出され、釈尊の存在を暗示している。

第三節　経典の成立と展開

初期仏教教団の分裂

第三章でも述べるように、仏滅後一〇〇年後頃、仏教教団は保守派の上座部《じょうざぶ》と改革派の大衆部《だいしゅぶ》に分裂するに至る。これを根本分裂という。

根本分裂後およそ二、三世紀の間に仏教教団は分派を繰り返して、十八部または二十部に及ぶ部派を形成した。これを枝末分裂という。まずはじめに大衆部が内部分裂を起こした。大衆部系は人数も多かったが、自由思想家が多く、内部の統制が強固でなかったのであろう。こうした分裂について後世に書かれた文献によると、大衆部から四回分裂があり、八部が分出したので、九部となる。それは仏滅一〇〇年から二〇〇年までの間であったという。つぎに、上座部は二〇〇年以後三〇〇年過ぎ頃までの間に、七回の分裂で十一部に分かれたという。各部派はそれぞれが経蔵や律蔵を持っていた。

さらに、各部派では経典研究が盛んに行なわれた。その集大成を「アビダルマ（阿毘達磨）」という。アビダルマとは「法の研究」という意味である。経蔵（釈尊の教えを説いた「経」の集まり）が確定した後、経蔵とは別に、アビダルマ文献がまとめられ、「論蔵」といわれ、経蔵・律蔵（戒と律とを示した「律」の集まり）とならんで、「三蔵」と称される。経蔵と律蔵は、原始仏教教団時代に成立したが、論蔵が確定したのは部派仏教時代になってからで、紀元前二五〇年頃から始まり、紀元前後頃までに完成したとみられている。

仏典翻訳事業

中国では、二世紀中頃から経典の中国語への翻訳を始めているが、インドのように記憶によって伝承された経典ではなく、その最初期から訳出文字化した経典に根拠を置いていた点で、インド仏教と異なる。中国における仏教は後世、インド仏教の教義から離れ、訳出経典の文や字に依って独特の教義を発展させていった。経典の訳出は、文字への崇信の趣向を持つ中国人に「書写の功徳」の勧奨をうながしたことは想像に難くない。

また、仏教経典は中国語以外にも様々な言語に翻訳された。これらは、サンスクリット語やパーリ語などの原典から翻訳される場合と、いったん中国語などに翻訳されたものを原典としそこから別の言語に翻訳される場合とがあった。仏教経典に使用された言語については、本章の「様々な経典写本」を参照してほしい。

大蔵経の成立

大蔵経とは、仏典の一大叢書のことで、元来は古典中国語で翻訳され漢字で記録された仏典を集大成したものを意味している。古くは「衆経」とか「一切経」などと呼ばれていた。中国では、二世紀以来多数の仏典が将来漢訳されるに至り、その典籍の大乗・小乗、

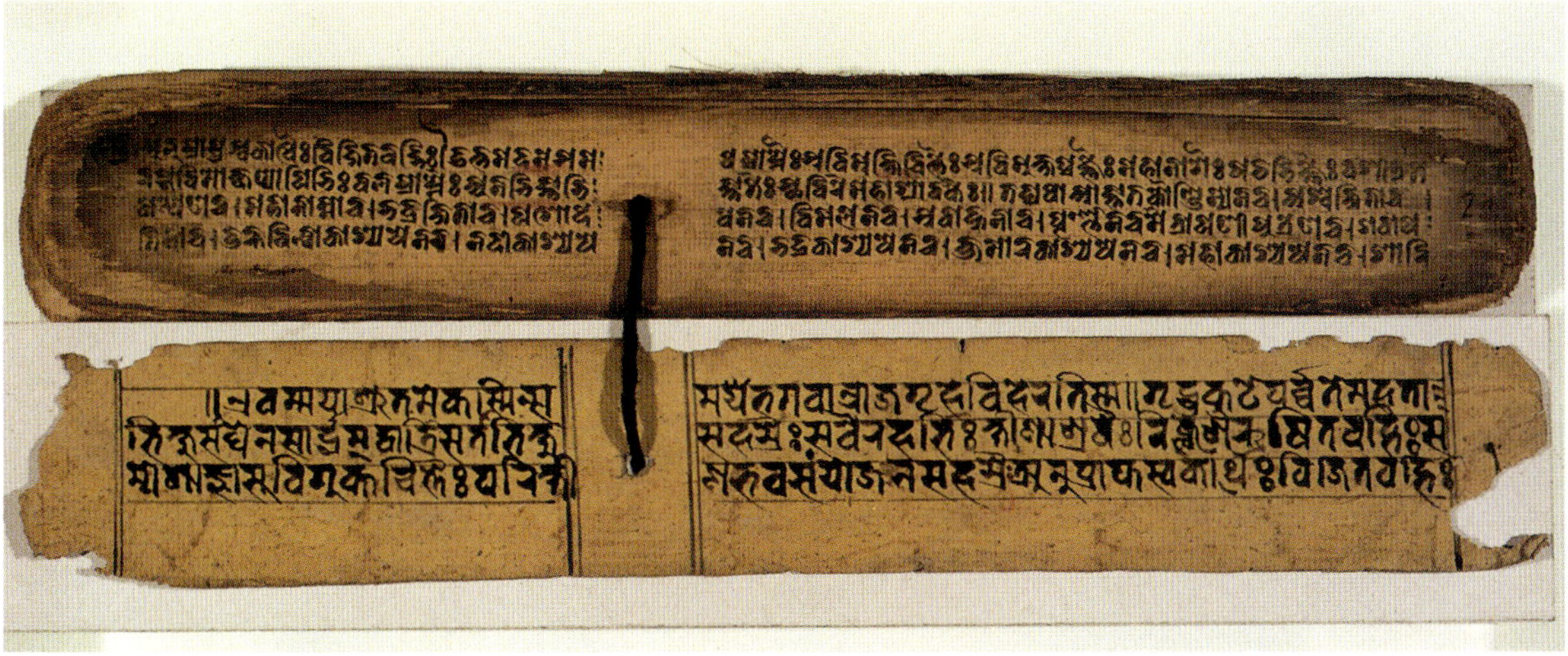

▲図47　ネパール梵本無量寿経　榊本　　龍谷大学
貝葉墨書　4.3×29.4　12世紀頃
この写本は榊亮三郎博士が、大谷光瑞師の意向を受けて、ネパールからもたらしたものである。この写本は、サンスクリット語の無量寿経写本の中でも現存する最古のほぼ完全な写本であり、非常に貴重である。

あるいは仏典か非仏典かが吟味され、経録編纂者によって偽経・疑経と認定されたものは、大蔵経に編入されなかった。

一方、広義の大蔵経としては、パーリ語の経・律・論の三蔵のほかに、チベット語チベット文字によるカンギュル（仏説の翻訳）・テンギュル（論の翻訳）の「二蔵」、後代に日本で刊行された諸種の大蔵経などがある。モンゴル語やほかの言語・文字の大蔵経もかつては存在した。

中国の大蔵経成立史を三期に分ければ、

第一期……開皇年間（隋代：法経録）
第二期……開元年間（唐代：開元録）
第三期……開宝年間（北宋：大蔵経雕造）

となる。第一、二期は、諸経の集成と総括事業であるが、第二期をもって、中国大蔵経成立といってよい。現存最古の仏教写本は「敦煌出土譬喩経一巻」で、「曹魏甘露元年」（二五六）の紀年があるものである。トルファン出土写本では、大谷探検隊収集の元康六年（二九六）書写の『諸仏要集経』が最古の紀年を有する仏教写本である。一九〇〇年、敦煌莫高窟が発見されて以来、古経が大量に発現し、現在は、スタイン、ペリオ、大谷探検隊等の収集品を通してこれらを見ることができる。

第三期になって、大蔵経刊行（文字を筆写した「写本」ではなく、木版などで印刷した「版本」が作られた）がなされた。これは、晩唐以来発達した蜀の印刷技術を利用して行なわれ、太宗（九七六〜九七在位）の太平興国八年(九八三)に雕造印板は完成し、総数十三万余枚の板木が首都開封へ送られてきたのである。

日本の大蔵経

日本では、中国や朝鮮半島で刊行された輸入本の将来が主体であったが、慶安元年(一六四八)、天海僧正による天海版一切経(寛永寺版〈天海版〉)が徳川幕府の支援をうけて完成し、これが国内で刊行された最初の大蔵経である。天和元年(一六八一)、黄檗宗・鉄眼禅師の発願によって完成した黄檗版(鉄眼版)も有名である。

一方、大正十三年(一九二四)から昭和九年(一九三四)にかけて、高麗海印寺本を底本として刊行された『大正新脩大蔵経』一〇〇巻は、現在、漢訳大蔵経として世界でもっとも流布し、もっとも信頼される「大蔵経」として知られている。ただし、日本語に翻訳し日本の文字で記録した大蔵経は、現在に至るまで刊行されていない。東アジア仏教文化圏、それは漢字文化圏と重なるが、まさに漢訳大蔵経を生み出した文化圏の中に、日本仏教が位置づけられていることを示している。

メディアの変遷

先述したように仏典は、口承に始まり、写本、版本と、その形態を変えてきた。その背景には、仏典を伝承する担い手の問題や、記録方法、記録媒体の変化と発達なども考慮しなければならない。出家者の間でのみ伝承されていたものが、ある時代に文字に記録され、さらにそれが一大叢書として集成され、筆写による記録から版木を用いて紙等に印刷するという画期的方法が採用されていったのである。これによって仏典は各地に伝播するルートを切り開き、さらに現代では、新たな記録媒体としてデジタルデータが登場し、仏教徒のみならず世界中のだれでも閲覧可能となっている。

(三谷真澄)

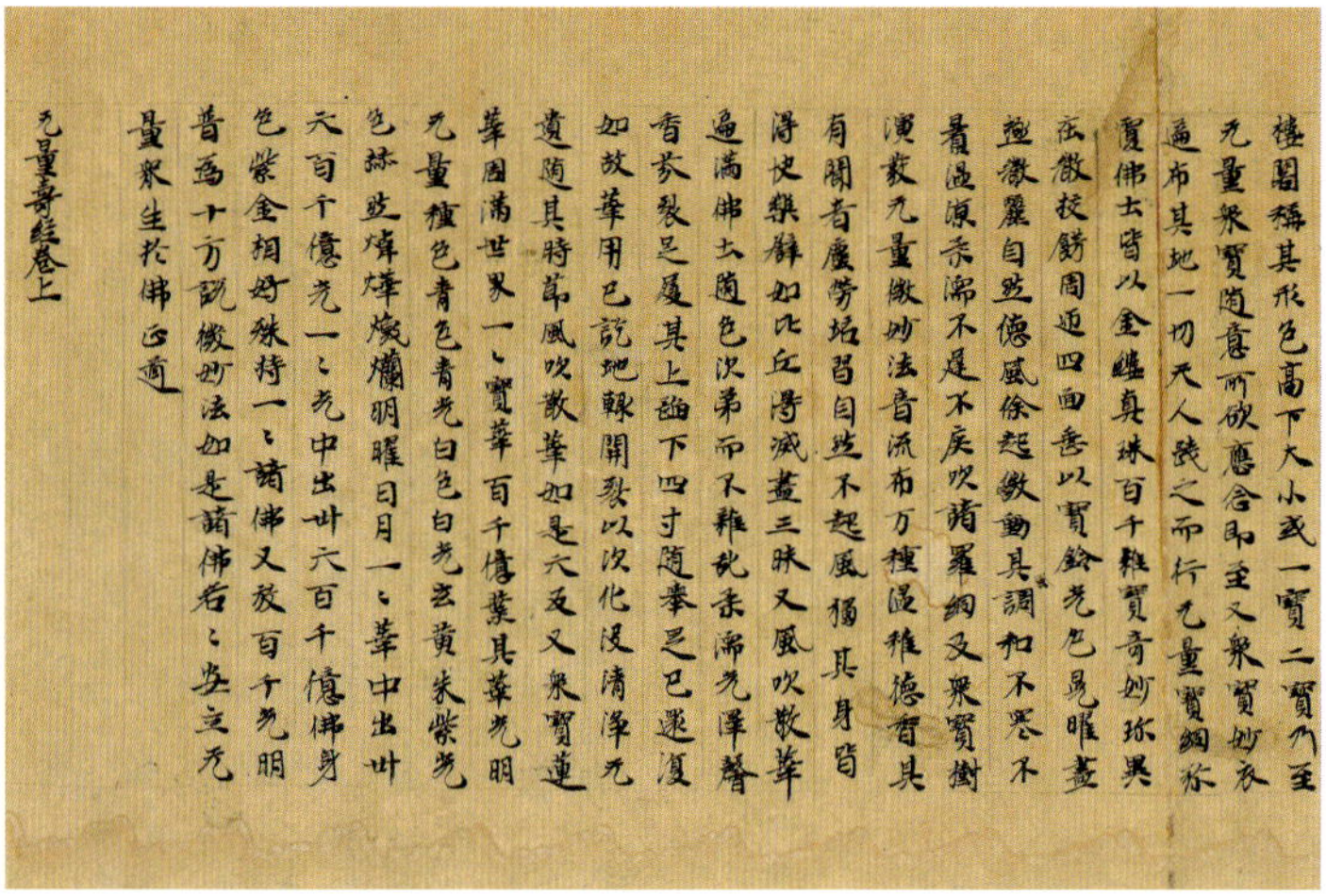

▲図48　無量寿経　巻上　　龍谷大学
紙本墨書　縦26.3　6世紀
大谷探検隊が敦煌からもたらした経典の一つ。早い段階で古典中国語に翻訳され書写された経典であり、現在広く読誦されている『無量寿経』と比べて多くの違いがある。

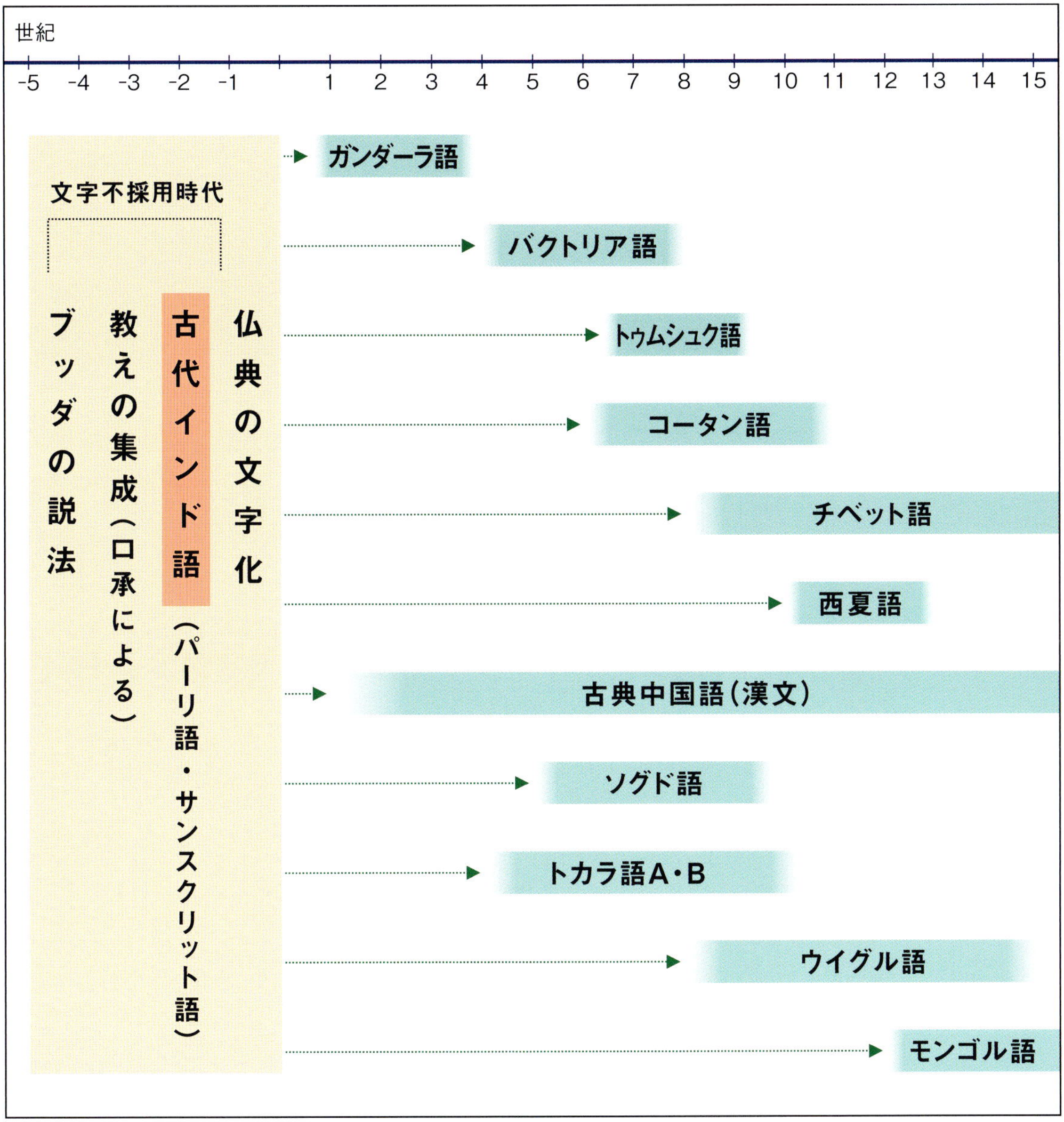

▲図49　仏典に使用される様々な言語
百済康義氏作成図にもとづき、橘堂晃一氏が改変。ここでは北伝仏教で使用された言語を掲げる。

コラム　様々な経典写本

経典は、仏教が伝えられた各地で翻訳され、それぞれの言語・文字を用い、様々な材料に書かれてきた。ここでは、そうした多様な経典写本の一部を紹介する。

一　サンスクリット語

サンスクリット語は、インド文化圏における古代以来の公用語であり、仏教の経典では、ブラーフミー系統の文字（日本で「梵字」と呼ばれるものの原形）で書かれている場合が多い。現在も、インドの二十二の公用語の一つとされているが、あくまで文章語であり、日常的に話されることはない。北伝の部派仏教や大乗仏教の経典はこの言語で書かれたものが原典であり、法顕や玄奘が遠くインドの地に求めたものはこの「サンスクリット原典」であった。

二　パーリ語

パーリ語はインド系言語の諸方言（プラークリットと呼ぶ）の一つ。釈尊が話していた「マガダ語」が起源だという伝承があるものの、どの地域で話されていた方言なのかは実際には不明である。南伝（上座部）仏教の経典はこの言語で書かれており、地域ごとに異なる文字を用いている（シンハラ文字、タイ文字、ビルマ文字など）。現在、仏典の中でもっとも古いと考えられている経典は、この言語で書かれている。

三　ガンダーラ語

ガンダーラ語はプラークリットの一つ。紀元前三世紀頃から後四世紀頃まで、現在のパキスタン周辺を含むインド北西地域から中国の西域南道まで、広く使用されていた言語。カローシュティー文字、ブラーフミー文字などで書かれてきた。近年、この言語で書かれた大乗仏教の古い経典が発見され、大乗仏教が、ガンダーラ周辺で誕生した可能性が高まっている。日本にも伝わった北伝仏教が広がる際に、非常に重要な役割を果たしたと考えられる。

四　コータン（ホータン）・サカ語

中国の西域南道、コータン（ホータン）を中心に、五世紀頃（？）から十一世紀頃まで使用されていた言語。中期イラン語に属するが、表記にはインド系のブラーフミー系統の文字が使用されていた。敦煌からもコータン語の経典が発見されている。

なお、このコータン・サカ語よりもやや古風を残すトゥムシュク・サカ語の仏教写本も、少量ながら発見されている。

五　トカラ語

中国の西域北道で広く使用されていた言語で、インド・ヨーロッパ語の中でもっとも東で用いられた。東方のトルファン周辺で使用されたトカラ語A（アグニ語）と、クチャ周辺で使用されたトカラ語B（クチャ語）がある。いずれも、ブラーフミー系統の文字で書かれた。遅くとも七世紀には話されていたらしく、その後、ウイグル族がこの地に進出するまで使用されたと考えられるが、不明な点も多い。『弥勒会見記』という戯曲の台本もみつかっている。

六　バクトリア語

現在のアフガニスタン北部を中心に、ウズベキスタン南部・タジキスタン南部といった地域（古代に「バクトリア」と呼ばれた地域）で、紀元前二世紀頃から紀元後九世紀頃まで使用されていたイラン語系の言語。当初はブロック体のギリシア文字で書かれ、次第に崩れた筆記体となった。この言語で書かれた経典は非常に少ないが、仏教が大いに広まったクシャーン朝の領域内で公用語として使用された言語であるため、中央アジアの仏教史においては非常に重要な意味を持つ。

七　ソグド語

現在のサマルカンドを中心とした、ウズベキスタン、タジキスタンにまたがるソグド地域で使用されていたイラン語系の言語。国際商人として活躍したソグド人が用いたため、七～八世紀以降は中央アジア全体での共通語となった。ソグド文字・ソグド語の仏教経典は、このソグド地域ではまったく発見されず、中国トルファン周辺や敦煌などで多く見つかっている。これは、商人として東方に移住したソグド人が仏教に改宗し、経典を自らの言語に翻訳したためであると考えられている。

▲図50　サンスクリット長阿含経　　平山郁夫シルクロード美術館
ギルギット?　横約50.0　8世紀前半

『長阿含経』は、初期仏教の経典群の一つで、数十編の経典で構成されている。本経典は、ブラーフミー文字（ここではギルギット・バーミヤーン第2型）を用いて、サンスクリット語を樺皮の表面に書写されている。

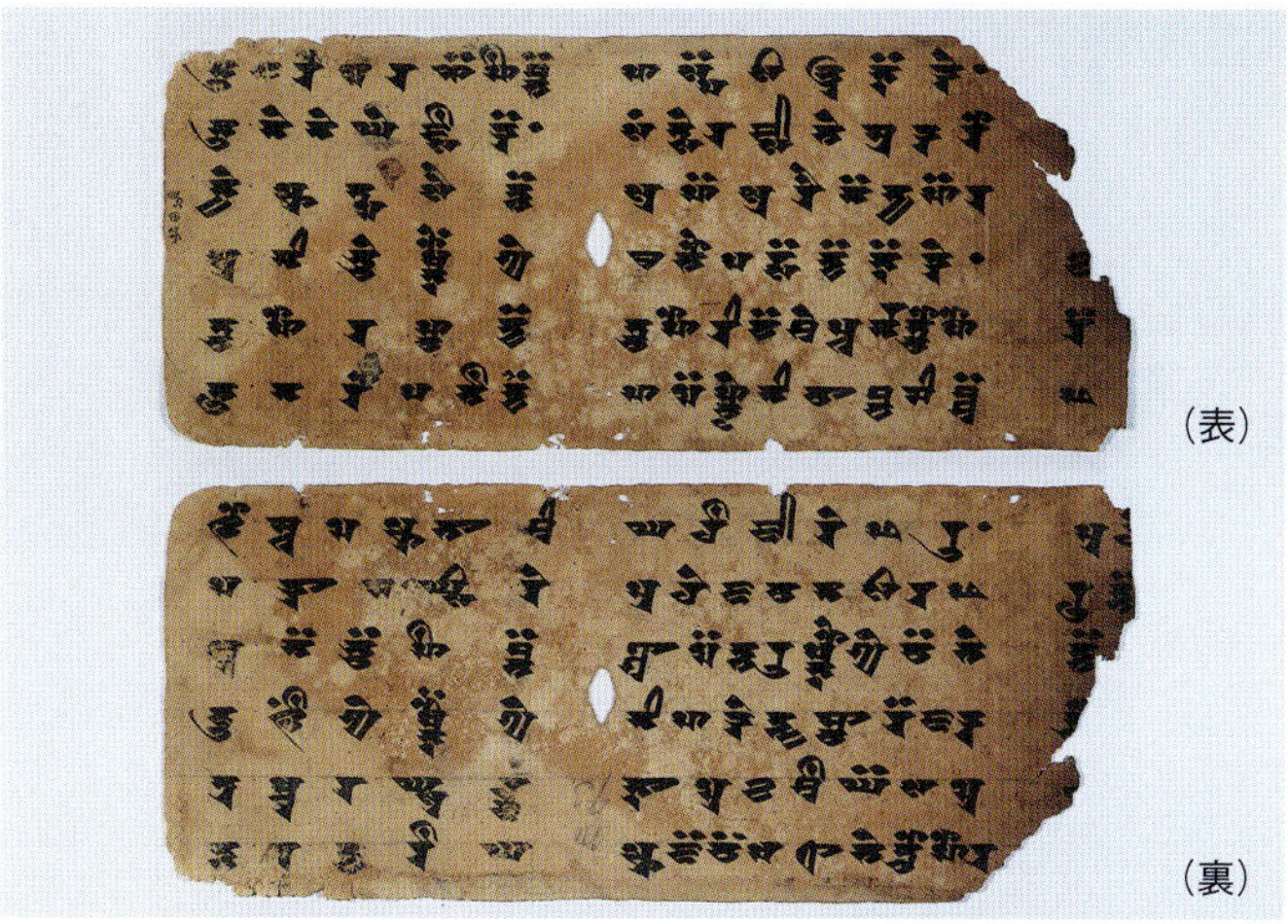

▲図51　コータン語ザンバスタの書　　龍谷大学
コータン地域出土　11.9×28.5　8～9世紀

様々な経典や仏教文献を集め、解説をほどこした綱要書のような内容を持つ。ザンバスタという名の人物が編纂させたことから、ザンバスタの書と呼ばれている。本写本は、直立体の中央アジア・ブラーフミー文字を用いて、紙にコータン語で書写されている。

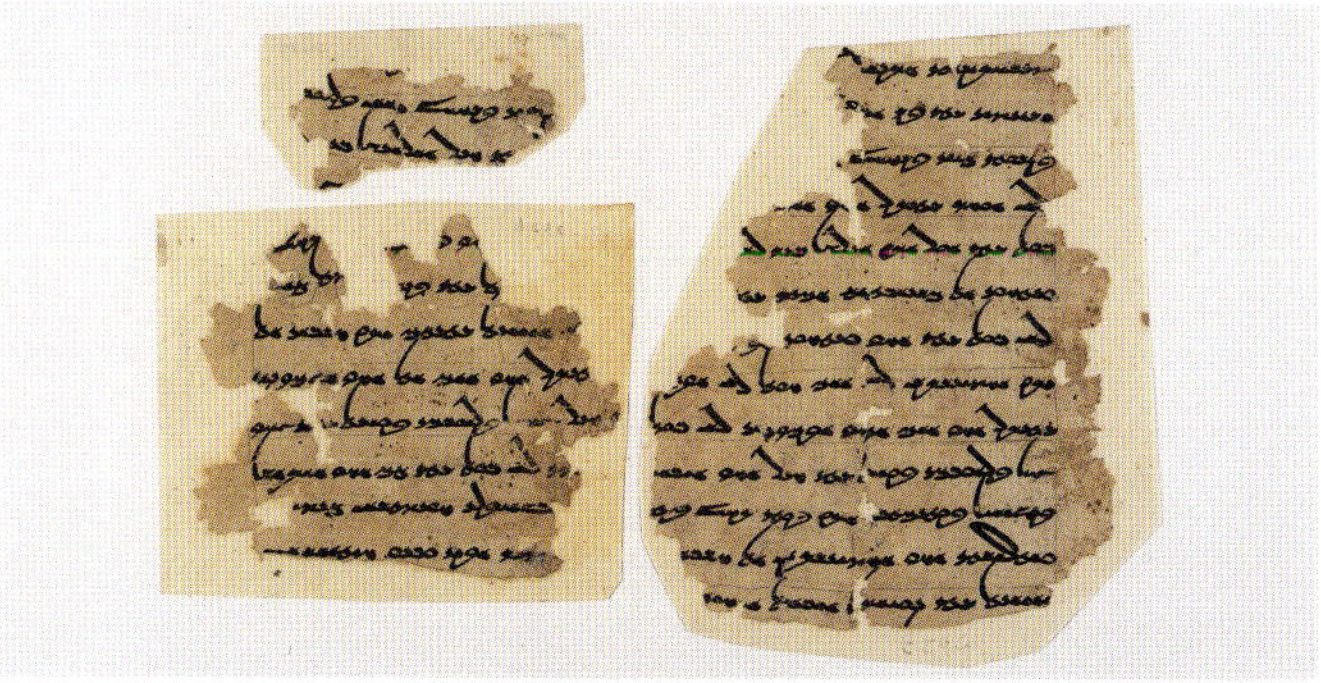

▲図52　ソグド語法王経　　龍谷大学
トルファン出土　右の断片　14.0×11.5　8～10世紀

禅宗文献で引用される『法王経』は、中国で作られたいわゆる「偽経」であるが、ソグド語やチベット語などに盛んに翻訳された。本経典は、紙にソグド文字を用いて、ソグド語で書写されている。

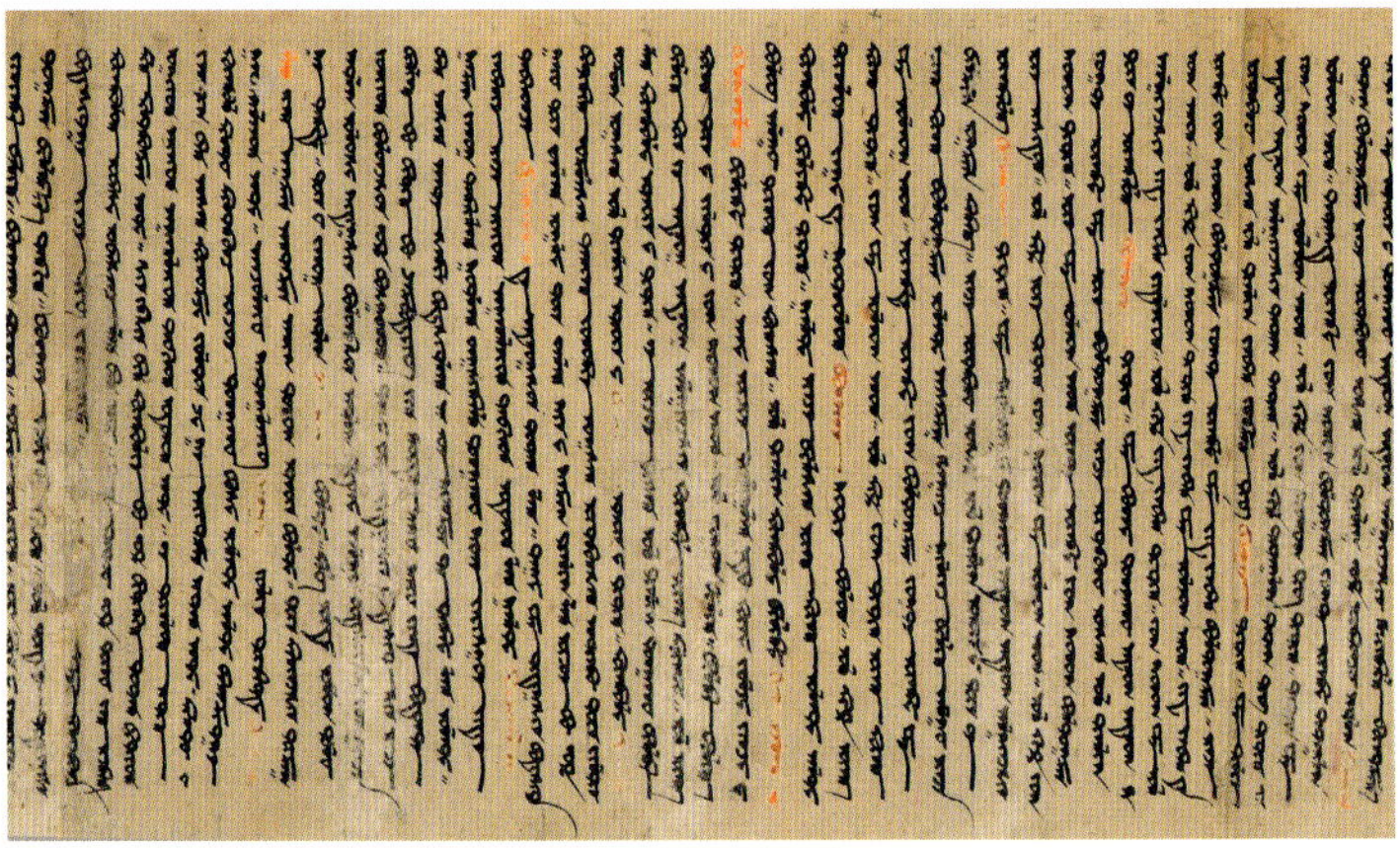

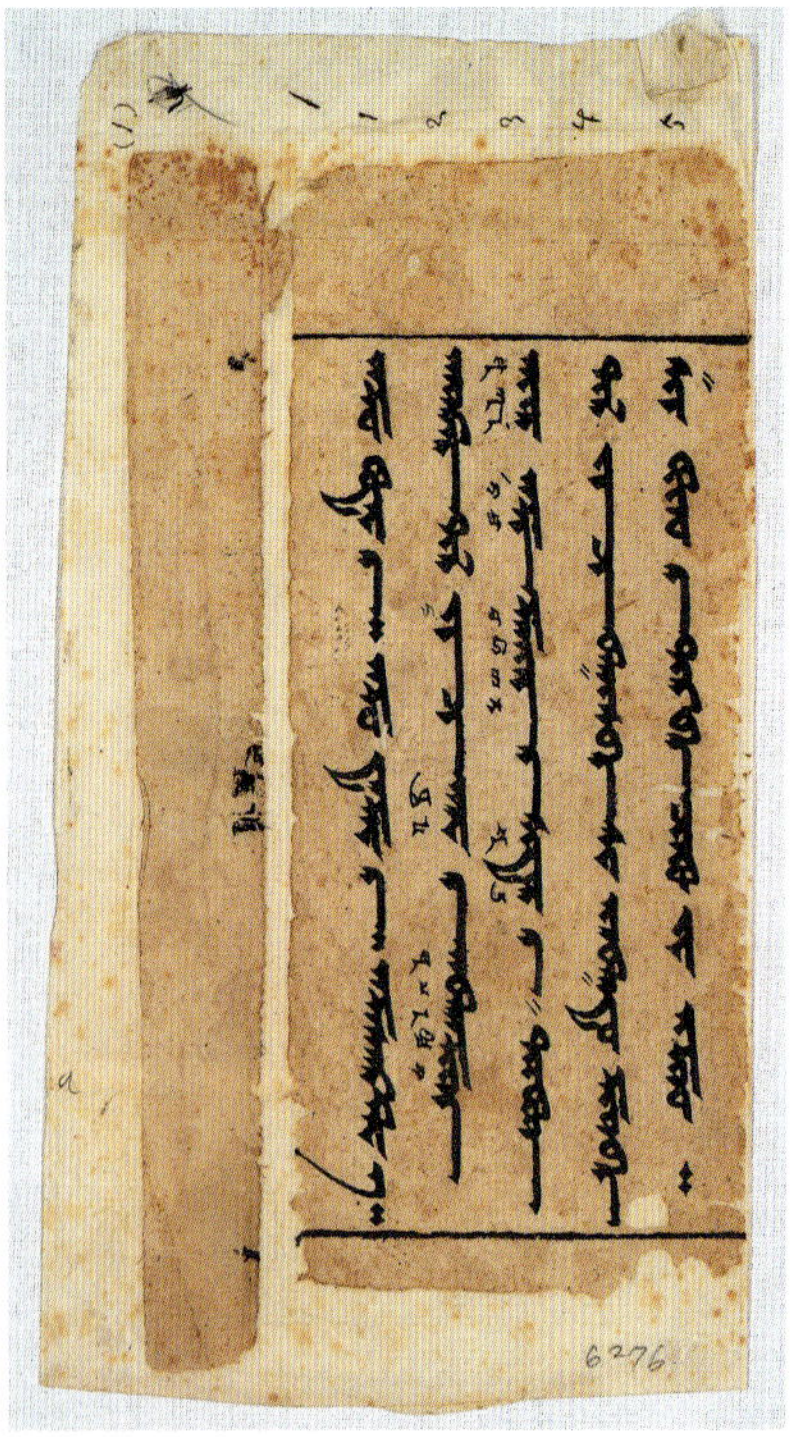

▲図53　ウイグル語天地八陽神呪経　　龍谷大学
トルファン出土　縦29.3　10世紀
中国で7世紀後半から8世紀前半にかけて成立したいわゆる「偽経」で、日常生活における招福除禍や読誦・書写による効能を説いたことから、広く民衆に広まった。ウイグル文字を用いてウイグル語で紙に書写されている。

◀図54　ウイグル語大乗無量寿経　　龍谷大学
トルファン出土　27.7×14.5　13〜14世紀
阿弥陀浄土の様子を具体的に描写する経典。ウイグル文字を彫った版木を用いて、紙に印刷されている。

八　ウイグル語

九世紀にモンゴリア高原から天山山脈東麓に移住したウイグル族が使用していたテュルク語系の言語で、ソグド文字を改変したウイグル文字で書かれた。トルファン周辺、敦煌莫高窟などから非常に多くの仏典が発見されており、ウイグル族がいかに仏教を信仰していたかがわかる。

九　西夏語

中国北西部に、十一〜十三世紀に栄えた西夏王国で使用された言語。チベット・ビルマ語派に属する。漢字をもとに、非常に複雑な西夏文字を作って、その表記に用いた。漢訳経典やチベット語経典から西夏語に翻訳された仏典が多く知られている。王国滅亡後も、西夏語の経典はしばらく作られ続けていたらしい。

十　モンゴル語

モンゴル国および中国の内蒙古自治区などで現在も使用されている言語で、古くはウイグル文字、モンゴル文字、パスパ文字など、様々な文字で表記された。十二〜十三世紀、モンゴル帝国拡大の過程で、チベット仏教がモンゴルに広く浸透し、十六世紀以降は大量のチベット語経典がモンゴル語に翻訳された。

十一　チベット語

中国のチベット自治区を中心に、甘粛や四川、ブータンやネパールの一部など、広い範囲で現在も使用されている言語。七世紀頃に成立したチベット文字を使用して書かれる。チベット語を話す人々に仏教が伝わったのも七世紀頃と考えられ、特に八世紀以後

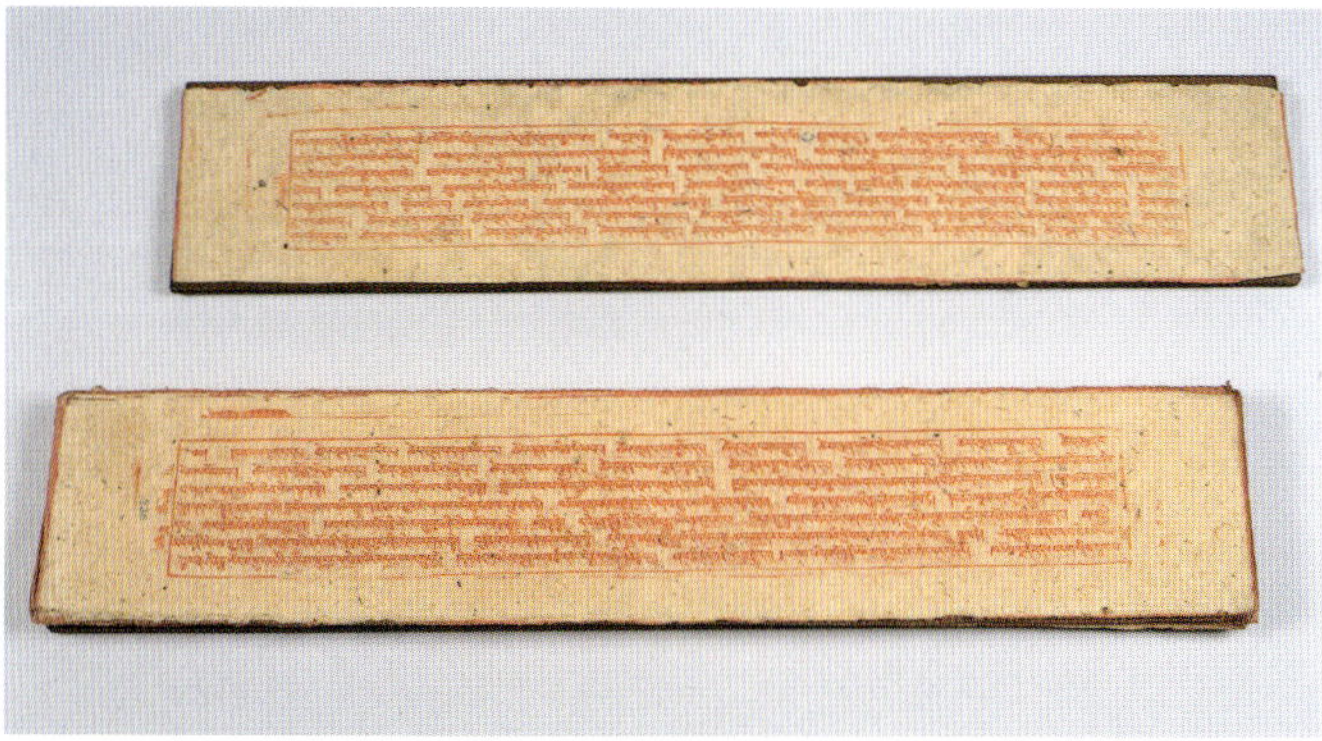

▲図56　チベット語無量寿経　　龍谷大学
12.3×63.6　19〜20世紀
チベットでは多くの経典が翻訳され、大蔵経も編纂されている。ここで示したのは「デルゲ版」と呼ばれるもので、阿弥陀仏の誓願について説かれた『無量寿経』の冒頭部分である。チベット文字を用いてチベット語で紙に摺られている。

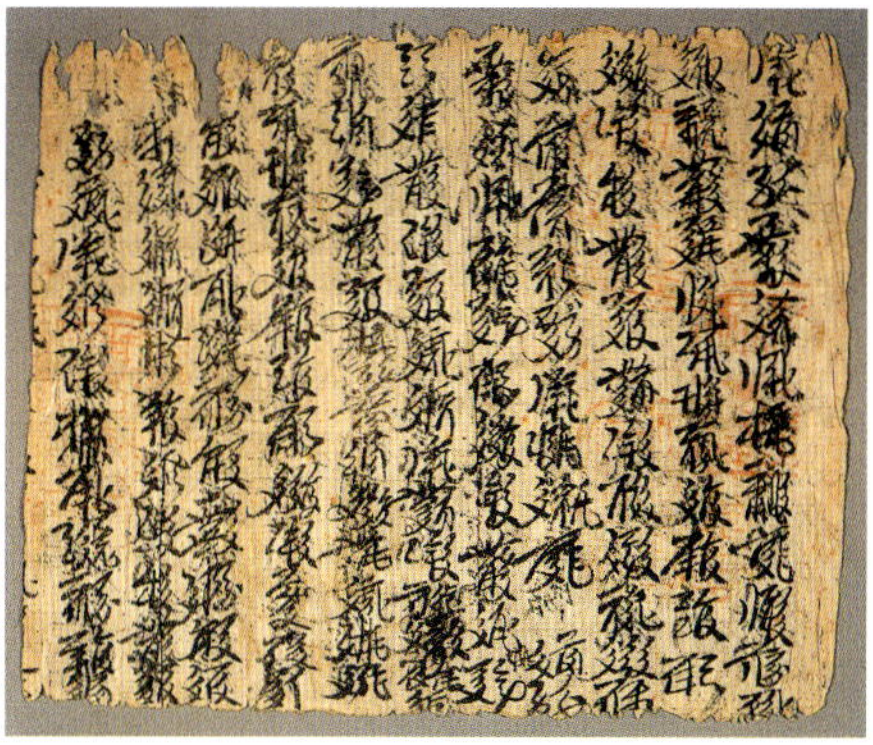

▲図55　西夏語六祖壇経　　龍谷大学
24.0×29.5　13〜14世紀
禅宗第六祖の慧能が自らの思想を説いた内容で、北宋禅に対する南宋禅の優位が述べられている。西夏文字を用いて西夏語で紙に書写されている。

は、国家事業としてサンスクリット、あるいは漢文の経典がチベット語に翻訳されてきた。さらに、十五世紀には大蔵経も編纂され、その中にはすでに原典が失われている経典も多い。

十二　中国語

いわゆる「漢文経典」「漢訳経典」で、北伝仏教および大乗仏教の発展に計り知れない貢献をなした。「漢字」で書かれた仏教経典は、漢字文化圏の多くの国（朝鮮、日本、ベトナムなど）でそのまま使用された。これはすなわち、仏教経典が「日本語」に翻訳されることはなかったということである。

（岩井俊平）

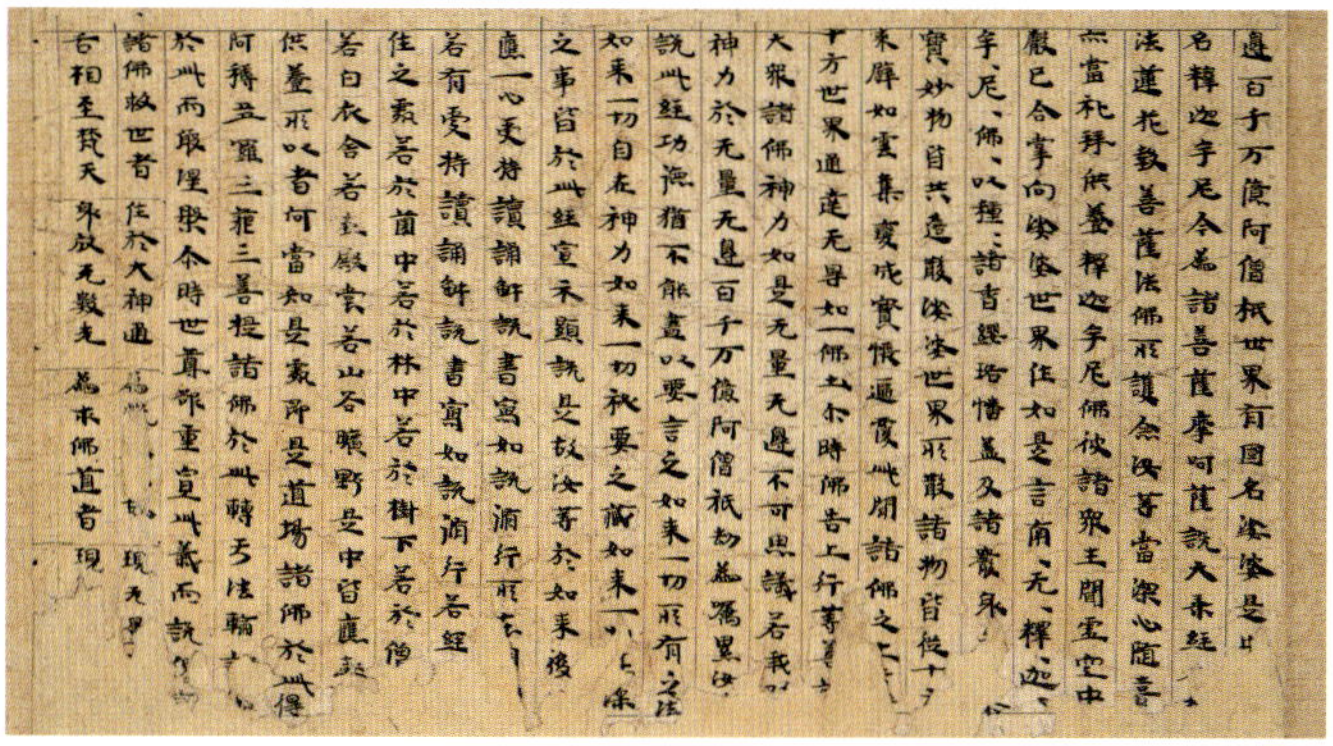

▲図57　漢訳妙法蓮華経　如来神力品　　龍谷大学
敦煌　24.9×42.9　5世紀
鳩摩羅什が漢訳した『妙法蓮華経』（法華経）の写本断片で、現行の第二十一品（品は「章」のような区分）の「如来神力品」部分にあたる。隋代以降、写経の文字は1行17字に統一されていくが、ここでは19〜22字であり、それ以前の書写であることがわかる。漢字を用いて古典中国語で紙に書写されている。

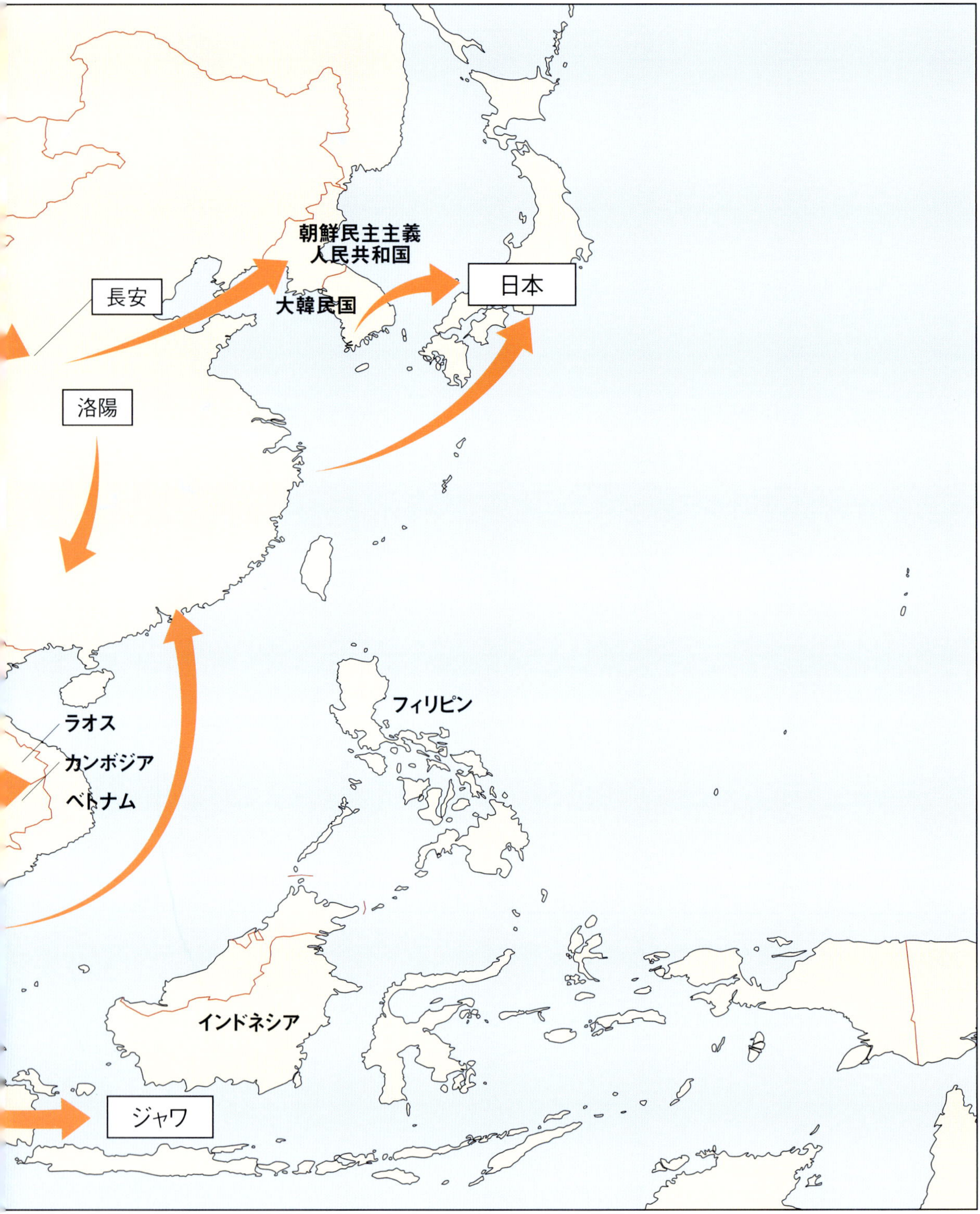
朝鮮民主主義
人民共和国
長安
大韓民国
日本
洛陽
ラオス
カンボジア
ベトナム
フィリピン
インドネシア
ジャワ

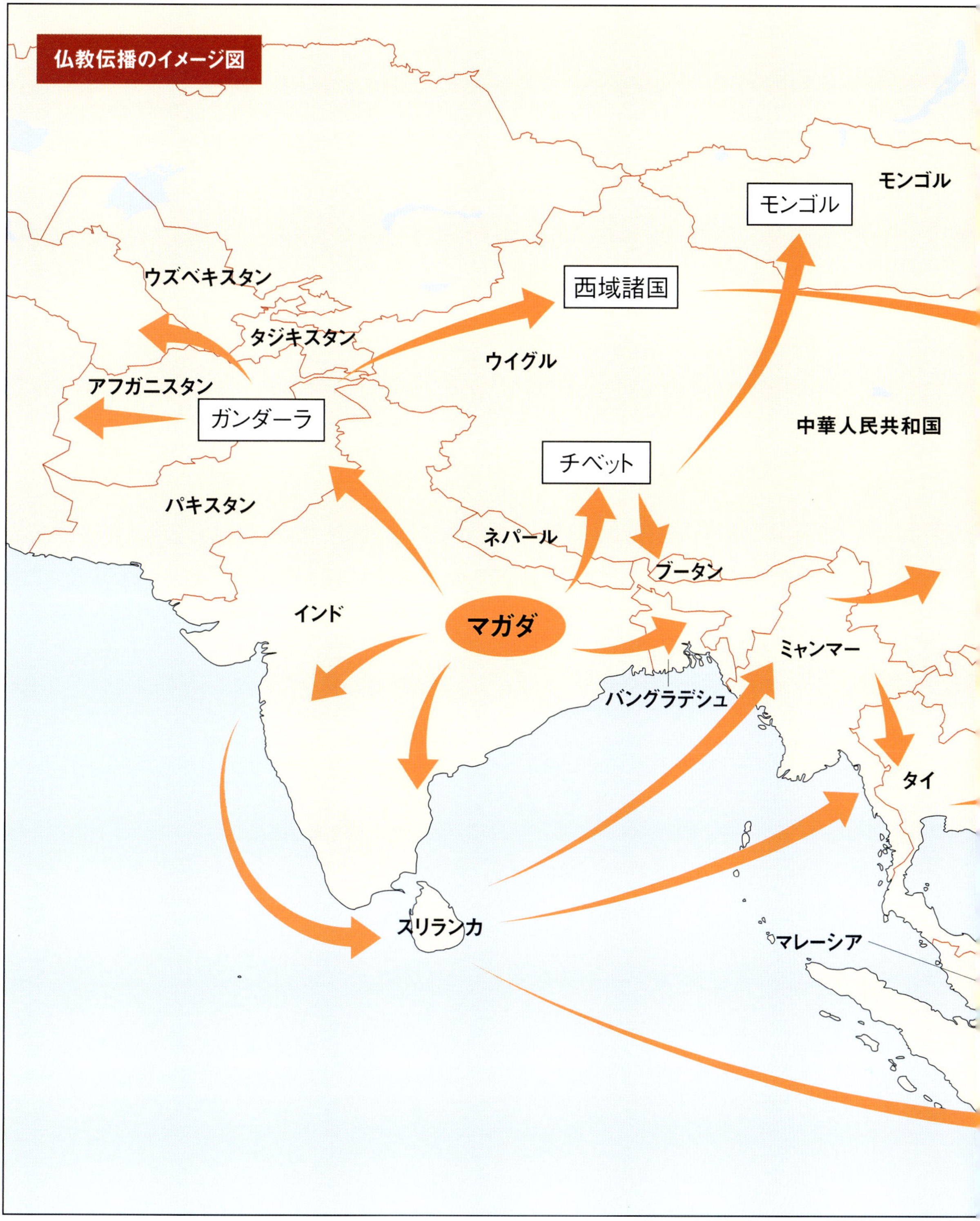
仏教伝播のイメージ図
モンゴル
モンゴル
ウズベキスタン
西域諸国
タジキスタン
ウイグル
アフガニスタン
ガンダーラ
中華人民共和国
チベット
パキスタン
ネパール
ブータン
インド
マガダ
ミャンマー
バングラデシュ
タイ
スリランカ
マレーシア

第三章　仏教の広がり

第一節　仏教の拡大と僧団

釈尊の教え（思想）の広がりとは、まさに仏教の伝道の歴史である。仏教の教えを社会に伝えるのは、出家者集団（僧団）である。そして、その教えを受け取るのが、在家信者（男性信者…優婆塞《うばそく》、女性信者…優婆夷《うばい》）や一般の在家者であり、さらには異教徒もいた。出家修行者は、智慧を獲得し悟りを目標とし、教団規則に則った修行生活を送った。一方、在家信者達は世俗の生活を送りながら僧団を支え、善い行ない（善業《ぜんごう》）をなして功徳を積み重ねた。このように生活形態を異にする者が仏教教団を構成しており、仏教教団は重層構造をなしていた。仏教は、出家修行者と在家信者とが相互に影響を与えあいながら発展してきたのである。

一　仏滅直後の仏教徒の動き

第一、二章でも触れたようにインドにおける仏教の普及は、まず釈尊在世時に釈尊の活動範囲、つまりインド北東部のガンジス河中流域が中心であった。その河沿いにあったマッラ族の村クシナガラで釈尊が入滅した後、在家信者や仏弟子達の様子は次のようであった。

パーリ語で伝えられている『大般涅槃経《だいはつねはんぎょう》』によれば、在家信者は釈尊の遺骨を分配され（舎利八分）、それを安置するストゥーパ（仏塔）を建立し供養した。それ以降、仏塔供養は今日まで続いている。出家者は「法を拠り所とせよ」との釈尊による遺言を守り、その教えを実践し伝えることに専念した。具体的にいえば、マガダ国のアジャセ（阿闍世）王の支援のもとに、王舎城において仏滅後最初の雨安居《うあんご》（遊行生活を行なえない雨期の三か月間、屋根のある場所で一時的に行なう集団修行生活）の際に五〇〇人の比丘達が集会を開催した。釈尊が四十五年間にわたり説いた教えの内容を確認すべく、各自が記憶していた教えを口頭で示しあう「結集《けつじゅう》」が行なわれたのである。この結集では、マハーカーシャパ（大迦葉）が主宰兼司会者となり、ウパーリ（優波離）が教団規則（戒と律）を誦出し、アーナンダ（阿難）が教説（法）を誦出した。これは、第一結集といわれ、ここで後の経典・律典の原型となるものが成立したとされる。しかし、仏教教団は、ガンジス河中流域に広まっていた一宗教集団にすぎなかった。

そして仏滅から約一〇〇年後頃、ヴァッジ族出身の比丘達が、教団規則の一部について新しい解釈を唱えたことに端を発し、第二回目の結集が開催されることとなった。この集会は、毘舎離（ヴァイシャーリー）において、ヤサ（耶舎）を主宰とし比丘七〇〇人で審議が行なわれ、結果、従来の教団規則とは相容れない意見も完全に排斥されることなく残った。これは第二結集といわれ、南方伝承ではこの結集が同時に根本分裂（一つであった仏教僧団が二つに分かれた事件)の契機となった。

この分裂の一要因としては、新しく解釈された十項目の規定内容を巡って主張が大きく二分されたことがあげられる。この十項目を従来の教団規則に抵触する(十事の非法)と主張した保守派は「上座部《じょうざぶ》」と呼ばれた。他方、十項目は僧団ごとの活動環境や情況に適うものであるとして、従来の規定を流動的に解釈すべきであると主張する改革派は「大衆部《だいしゅぶ》」と呼ばれた。上座部の伝承では、①塩の貯蔵。②正午以降に食事をとること。③すでに食事を済ませたものが村に入って新しく用意された食事をとること。④同一の境界内の住処で別々に集会(布薩《ふさつ》)を行なうこと。⑤一部の比丘のみで集会を行ない、ほかの比丘には事後承諾で済ませること。⑥和尚や阿闍梨の習慣に従うこと。⑦食後にヨーグルト状になっていない乳を飲むこと。⑧発酵した樹液などを飲むこと。⑨装飾のある坐具を使用すること。⑩金銀を受け取ること、という十項目となっている。

北方伝承では、仏滅一〇〇年後のアショーカ王の時代に、首都パータリプトラにおいて大天《だいてん》(マハーデーヴァ/マトゥラー出身の比丘)が五つの新説を主張した。この主張は、阿羅漢の清浄性や完全性について異を唱えたことが発端とされ、「大天の五事」といわれている。

五つの新説とは、①阿羅漢であっても「本人はそのことを認識しておらず」他者から「あなたは阿羅漢である」と教えられることもある。②阿羅漢であっても汚れのない無知を有していること。③阿羅漢であっても世間的な疑いの心があること。④阿羅漢であっても聖慧眼をもたない者がいること。⑤「苦しい」と言葉に出すことによって聖道が生じることがあげられる(『異部宗輪論』より)。審議の結果、意見が分かれ、その結果、僧団は二部(「上座部」「大衆部」)に分裂したと伝えられている。ただ結集が行なわれたとは述べられていない。

二　僧団の分裂と教団規則

続いて「部派」についてふれておきたい。一般に「部派」とは、各々の三蔵(経蔵・律蔵・論蔵)を伝え保有している僧団の集まりのことである。この「部派」は、僧団(サンガ)が分裂したことによって生じた。サンガには二つの意味がある。一つは、比丘サンガの場合、五人以上の比丘が集まり実際に活動している集団一つ一つのことであり、十五日ごとに決められた住処に集合して集会や儀式(布薩や羯磨)を行なう。これを「現前サンガ」という。もう一つは、仏教僧団全体のことであり「四方サンガ」といわれる。ここでいう僧団(サンガ)が分裂するとは、前者の現前サンガが分裂することを指す。同じ部派に所属する現前サンガがインド各地で活動していたのである。後に示すように、現在残っている主な六種の律蔵は各々所属する部派が異なる。このことからも、仏教僧団がいくつかのグループ(部派)に分かれていたことは確かである。

北方伝承を紹介すれば、僧団の分裂は、仏滅一〇〇年後の根本分裂から始まり、このとき保守派とされた長老達の集団である①上座部と大勢を占めたとされる改革派の②大衆部とに分かれた。それからおよそ三〇〇年間に約二十部に分裂し、改革派の大衆部からさきに分裂が起こったとされる。

大衆部から③一説部・④説出世部・⑤雞胤部《けいいんぶ》、続いて⑥多聞部《たもんぶ》・⑦説仮部《せっけぶ》が、その後、⑧制多山部《せいたさんぶ》・⑨西山住部・⑩北山住部が分かれた。

保守派の上座部は⑪説一切有部《せついっさいうぶ》・，①雪山部《せっせんぶ》（本上座部）に分かれ、説一切有部から⑫犢子部《とくしぶ》が、犢子部から⑬法上部《ほうじょうぶ》・⑭賢冑部《けんちゅうぶ》・⑮正量部《しょうりょうぶ》・⑯密林山住部が分かれた。さらに説一切有部からは⑰化地部《けじぶ》が、化地部から⑱法蔵部《ほうぞうぶ》が、仏滅後三〇〇年後には説一切有部から⑲飲光部《おんこうぶ》が、その一〇〇年後には説一切有部から⑳経量部《きょうりょうぶ》が分かれた。これを枝末分裂という。

この枝末分裂を描写する伝承は種々あり、部派分裂の資料については、主として、説一切有部所属の『異部宗輪論』、スリランカ上座部所属の『島史（ディーパヴァンサ）』と『大史（マハーヴァンサ）』、そしてブッダゴーサの『論事註（カターヴァットゥ・アッタカター）』（五世紀）などがあげられる。しかし、それぞれの部派の正統性を示す意図のもとに改変されてきた可能性があり、部派分裂の歴史的過程はいまもってよくわかっていない。

これら約二十の部派は、各々の主張する教説やその解釈をまとめており、部派ごとに三蔵（経蔵・律蔵・論蔵）を持っていた。中でも、律蔵は生活規則の集成であるため、活動地域の自然環境に直接的な影響を受けている。このことを踏まえて、最後に、仏教僧団の運営について律蔵を中心に確認しておきたい。

律蔵とは仏教教団の規則集成である。その構造が完全な形で伝えられているのは、次の六種である。

一、『パーリ律』（上座部所属）
二、『四分律《しぶんりつ》』（法蔵部所属）
三、『五分律《ごぶんりつ》』（化地部所属）
四、『十誦律《じゅうじゅりつ》』（説一切有部所属）
五、『根本説一切有部律《こんぽんせついっさいうぶりつ》』（説一切有部系部派所属）
六、『摩訶僧祇律《まかそうぎりつ》』（大衆部所属）

所属部派が異なるとはいえ、これらの律蔵の共通した目的は、僧団の統制と維持、つまり出家修行者が修行生活を円滑に送るための共通のルールと環境作りといえる。仏教の出家修行者は、衣食住に関するあらゆる生産的活動を放棄する。そのため、出家修行者は自分達の衣食住について、在家者から「布施（ダーナ）」という形で支えられて修行生活を送るのである。したがって、僧団は原則として仏教僧団特有の規則でもって活動しながらも、一般社会の価値観や意向を無視することはできないのである。

例えば、個人の生活規則（戒）としては、比丘（具足戒を受けた二十歳以上の男性出家修行者）が約二五〇項目、比丘尼（具足戒を受けた二十歳以上の女性出家修行者）が約三五〇項目を遵守しなければならない。このほかに正式な比丘・比丘尼になるための受戒作法など集団に関する規定（律）が含まれる。これらの教団規則は、問題の発生ごとに条項が制定され、制定の理由・過程が

▲図59　比丘の生活（タイ）
比丘達が、園林において阿闍梨（新人比丘の教育担当者）から説法を聞いている。仏典にも比丘達が野外で説法を聞く様子はよく語られる。比丘達は正午までに食事をとり、午後からは説法を聞き、瞑想するなどして修行の日々を過ごす。彼らの修行生活は、教団規則によって厳格に規程されている。

▲図58　タイの出家受戒式
現在のタイ仏教は上座部所伝の『パーリ律』に則っている。写真は出家受戒式の様子で、これより受戒して正式に比丘となる人々が、戒師達に敬礼している。

まとめられたものである（随犯随制）。

　これらの教団規則「戒と律」にもとづいて、実際の僧団（現前サンガ）に各僧団の運営が委ねられていた。原則的には共通した内容が多いのであるが、各部派の主張や活動地域などの事情によって改定や増広の必要があった。一例をあげれば、『五分律』には修行施設の建築材について次のように説かれている。ある僧団が海岸近くで生活しようとしたが、木材を入手することが困難であるため、建築材料として大魚の骨の使用が認められている。そして、魚の臭いの処理に香を使用してもよいとする（『大正蔵』第二十二巻、一六九頁上）。このような規定は、ほかの律文献にはみられない。また、水害対策に関する記述も散見できることから、『五分律』を伝えていた化地部の活動地域に海辺が含まれていたこともわかる。

　このように、共通項目に列挙されない記述には、それぞれの律を伝持した部派ごとの特徴や活動地域の特色を示唆する重要な手掛かりを確認できるのである。

三　アショーカ王の仏教保護

　釈尊の入滅後、西方や南方へと仏教の伝道がすすめられていった。釈尊在世中に仏弟子のアヴァンティ国出身のマハーカトヤーヤナ（大迦延／マトゥラーへも伝道に赴いたとされている）やスッパーラカ出身のプールナ（富楼那）がおり、彼らが釈尊のもとを離れて故郷で伝道活動に励んだという話が経典中に伝えられている。このように仏教教団がインド北東部のガンジス河中流域から各方面に勢力を拡大していった様子がうかがえる。

インド全域への仏教の伝道には出家者の貢献が大きかったが、それにも増して貢献したのはマウリヤ王朝第三代 アショーカ王（紀元前二六八〜二三二頃在位）である。

南方伝承では、アショーカ王の即位は仏滅から二一八年後のこととされ、北方伝承では仏滅から即位まで約一〇〇年とされる。仏滅からアショーカ王の即位までの仏教教団の動きを正確に伝える決定的な資料をあげることは現在のところ困難であるが、彼自身の業績については領土各地に建立した摩崖法勅や石柱法勅をあげることができる（以下、碑文の翻訳には、塚本啓祥『アショーカ王碑文』〈第三文明社、一九七六年〉を引用し説明を加えた）。

▲図60　アショーカ王摩崖法勅
シャーバーズ・ガリ　前3世紀
ガンダーラ地域で発見されたアショーカ王碑文の断片。中インドの碑文と異なり、この地域の人々に合わせてカローシュティー文字を使用し、ガンダーラ語で刻まれている。

アショーカが即位後八年にデカン東北部の強国カリンガを征服し、半島の南部を除くインド亜大陸を統一した後、仏教徒となったことを宣布する。「小摩崖法勅」の碑文をみると、「第一章」には

天愛はこのように告げる。二年半余りわたしはウパーサカ（優婆塞）であったが、「一年間は」熱心に努力しなかった。しかし、わたしがサンガ（僧団）に近づき熱心に努力するようになってから一年あまりたっている。……（後略）

とある。「第三章」には

わたしは多くの比丘衆と比丘尼らが「仏陀・世尊の説かれた」法門を聴聞して思念するようにと願う。優婆塞や優婆夷もまたかように「なすことを願う」。……（後略）

とある。ここでは、アショーカが仏教僧団に布施をなし、比丘・比丘尼、そして自らをはじめ在家信者が仏教の教説を積極的に聴聞することを願っている。

『島史』では、アショーカ王が王子の時に赴任地のウッジャイニーでもうけた兄妹（マヒンダとサンガミッター）を出家させてスリランカに派遣し、そのことがこの地域への仏教初伝と伝えられるなど、アショーカ自身が深く仏教教団に寄与していたことがうかがえる。

このようなアショーカ王の事績は、ヒンドゥー教やジャイナ教などの文献にはほとんど伝えられていない。したがって、それだけアショーカ王と仏教教団と

▲図61　アショーカ王柱
ラウリヤー・ナンダンガリ
前3世紀
法による統治を実践するため、アショーカ王がインド世界の各地に建てた「アショーカ王柱」の一つ。柱身にはブラーフミー文字で碑文が刻まれている。図62はその一部の拓本。

▲図62　アショーカ王碑文拓本　龍谷大学
ラウリヤー・ナンダンガリ　59.9×113.3
図61の柱身に刻まれた法勅第6章の拓本。第1次大谷探検隊が採拓し、持ち帰ったものと思われる。アショーカ王即位後26年に刻まれたもので、「世間の利益と安楽」のために法を守ることが述べられている。

が密な関係を持っていたと考えられる。しかし、アショーカは仏教のみを優遇して他宗教を排斥したわけではない。以下の法勅碑文の中では、宗教全般に対する保護を述べ、バラモン教やジャイナ教などの宗教も仏教と対等に扱われている。「石柱法勅第七章」には、

（前略）……天愛喜見王はかように告げる。またこれらのわたしの法大官は出家と在家に利益を与える種々のことに従事する。またすべての宗派に関しても従事する。サンガのことに関しても、これらは従事するように、とわたしによって命じられた。同様にして、婆羅門やアージーヴィカに関してもまたこれらは従事するように、とわたしによって命じられた。ニガンタ（ジャイナ教）に関してもまたこれらは従事するように、とわたしによって命じられた。種々の宗派に関してもまたこれらは従事するように、とわたしによって命じられた。それぞれの大官は、それぞれ「の宗派」に関して、別に「従事するように、と命じられた」。しかし法大官は、これらならびにほかのすべての宗派に関して従事する。……（後略）

さきの碑文のようにアショーカは仏教教団との密接な関係を示す一方、他宗教への配慮も忘れてはいない。多くの民族を抱え、宗教的にも文化的にも複雑で多様な国家を安定統治しようとしたアショーカの政策意図をうかがうことができる。このアショーカ王の政策が、後の仏教保護をなした権力者達に多大な影響を与えたのである。

（岩田朋子・入澤　崇）

第二節　大乗仏教

キリスト教の『聖書』やイスラーム教の『クルアーン』と比べるとき、膨大な量の経典が伝えられていることが仏教の特徴であろう。しかもその大部分は「私はこのように聞いた」(如是我聞)という言葉で始まり、仏弟子が釈尊から直接聞いた教えを記録したという形式をとっている。この膨大な経典がすべて仏語であると考える現代人はいないであろうが、当事者達は「仏語」であると主張しているのである。

仏滅後ただちに仏弟子達が集まって、それぞれが聞いた釈尊の教えを唱え上げ、経蔵が形成された(第一結集)と伝えられる。しかし、このとき現在あるすべての初期経典が集められたとは考えられない。第一結集のあとも、仏弟子達、孫弟子達、ひ孫弟子達によって次々と新しい経典が作成されていったというのが実情であろう。これら新しい経典群も釈尊の教えから逸脱しない限りは仏語と見なされ、記憶されたのである。仏滅後一〇〇年以上も経ち、アショーカ王の時代になると、インド各地に一斉に多数の部派が登場し、それぞれ独自の経・律・論の三蔵を備えるようになるが、「四諦《したい》」「八正道《はっしょうどう》」「十二縁起」「五蘊《ごうん》」「十二処」「十八界」などの基本的教義と瞑想を主体とする修行法に関しては、大きな違いはない。

しかし、さらに一〇〇年以上も経つと、伝統的な教義や修行法と明らかに異なるものを説く新たな経典群が、やはり「如是我聞」された仏語として登場する。やがて自らの教えを「大いなる道」(大乗)と呼んで、伝統的な部派仏教を「劣った道」(小乗)と蔑むようになる。大乗経典・大乗仏教の誕生である。伝統的な仏教徒からは、大乗経典は三蔵の何処にも見いだされないから仏語ではないと非難されるが、大乗仏教徒は、真理(法性)を説く大乗経典は、釈尊の教えから逸脱せず、仏語であると反論する。大乗経典の作成は、釈尊の教えから逸脱しなければ新しい経典を作成しうるという仏教の伝統の上に立ったものである、と彼らは考えていたに違いない。

大乗仏教の発生については、かつて仏塔(ストゥーパ)を中心とする在家信者の信仰運動として始まったというのが定説であったが、今ではそれを支持する人はほとんどいないであろう。インドの古典語である梵語と俗語の混淆した言語で記録されている大乗経典を作り上げたのは、伝統仏教を熟知した、いずれかの部派に所属する出家者であったと考えられる。施論・戒論・生天論しか説かれなかった在家信者達が、出家者にのみ説かれた仏教教義に習熟していたとは考えられないからである。

現在我々の手元には、多様にして大量の大乗経典があるが、その出発点は、出家修行者の「苦からの解放」(解脱)しか視野にない伝統仏教の教義と修行法に疑問を抱いた出家者達が、在家信者にも救いの可能性があることを提示する新しい仏語を作成していったのであろう。それを可能にしたのは、伝統仏教の枠を超えた独自の瞑想体験であり、時にはインドの伝統思想であった。

大乗経典にはしばしば「この経典のなかのたとえ一句でも書写するならば、その功徳は絶大である」という記述が見られる。これはとりもなおさず、個々の大乗経典を支持し、保持したグループに、当初は少数のメンバーしかいなかったことを示唆している。インドの伝統では、聖なるテキストは筆写すべきではなく、口承伝承すべきであるとされた。そのことは、バラモン教のように父親から息子へという家系による伝承の手段を持たない、出家者の集団であった初期仏教教団においても、ある時期までは可能な限り守られていたはずである。書写の功徳の強調は、大乗仏教を標榜する各グループの基盤の脆弱さを露呈するものにほかならない。おそらく大乗仏教は当初から在家信者の支持を集めたであろうが、在家信者達は出家集団とは違って経典を保存する記憶装置とはなり得なかったのである。

おそらく西暦紀元前一世紀ころから大量の「大乗経典」が登場するようになり、それを受け入れた中国文化圏では、いち早く大乗仏教が「主流仏教」となったが、インド本土における事情は異なっていた。

イスラーム勢力の侵入によりインド本土から仏教がすがたを消し、ヴィシュヌ教に吸収されていく十二〜十三世紀頃まで、インド仏教の主流は一貫していわゆる「小乗仏教」、つまり部派仏教であった。それは何よりも彼らが戒律を授けて、出家者を養成するという役割を担っていたからである。「大乗」を標榜する出家者達も、元来いずれかの部派の小乗戒を授与されて、仏教教団への入門を許可されたはずである。そして入門後、思想的、あるいは実践的に大乗仏教へと移っていく者がいたのであろう。大乗仏教の存在が確認される碑文が残るのは、紀元後四〜五世紀以降のこととされる。もちろんもっと古い碑文が発見される可能性はあるが、注意しなければならないことは、大量の大乗経典の登場により、部派仏教は圧倒され、大乗仏教が主流となったなどと考えないことである。七世紀前半にインドを訪れた玄奘は『大唐西域記』の中で行く先々の僧院の構成メンバーを丹念に記録しており、そこからは大乗僧院と拮抗する数多くの小乗僧院が存在したことがわかるのである。

それでは大乗経典を初期経典から区別するメルクマールは何だろうか。それは悟り（菩提）を求めて命がけで修行する「菩薩」の存在である。初期仏教で菩薩と言えば、悟りを開く以前の釈尊の呼称である。インド説話の宝庫である「ジャータカ」（本生譚）文献によれば、釈尊は、悟りを開くまでに限りない生死を繰り返し、それぞれの境涯で様々な境遇の菩薩として、命あるもの（衆生《しゅじょう》）を救ってきたのである。その結果蓄積された功徳により、人間として生まれ、悟りを開くに至ったという。

一方、大乗経典では、菩薩は単に釈尊に限定されず、すべての悟りを求める修行者が「菩薩」と呼ばれるようになる。そして、自らの悟りのために修行する自利

◀図63　菩薩立像　　龍谷大学
ガンダーラ　高73.1　2〜3世紀
1世紀頃から仏像の制作が開始されたと考えられるガンダーラ地域では、仏像とともに、多くの菩薩像が造られた。頭髪を結いあげてヘアバンドを巻く本像は、弥勒菩薩であった可能性が高い。

の菩薩と区別して、衆生済度のため菩提心を起こし、修行する大乗の利他の菩薩は「菩薩大士《ぼさつだいじ》」と呼ばれる。彼らの修行法は初期仏教の「八正道」とは異なり、「六つの完成」(六波羅蜜)と呼ばれ、①布施、②持戒、③忍辱《にんにく》(寛容)、④精進《しょうじん》(努力)、⑤禅定《ぜんじょう》(瞑想)、⑥智慧という六つの徳目を完成することである。中でももっとも重要なのが、最後の「智慧の完成」(般若波羅蜜《はんにゃはらみつ》)である。

おそらく最初に登場した大乗経典は『八千頌般若経《はっせんじゅはんにゃきょう》』の原形となったものであろうと言われる。そして『十万頌般若経《じゅうまんじゅはんにゃきょう》』から『般若心経』に至るまで膨大な分量の「智慧の完成」を説く経典(般若経)が「仏語」として作成されるのである。『八千頌般若経』には、この「智慧の完成」を誹謗する菩薩、「智慧の完成」を恐れる菩薩という二種の菩薩が登場する。般若経自身は、釈尊が「智慧の完成」の教えを説いたのは、「初転法輪」に続く「第二の転法輪」であると主張するが、伝統的な仏教徒からは般若経の教えは仏語ではないと非難されたことが容易に想像される。

それではなぜ「智慧の完成」は誹謗され、恐れられたのであろうか。それは部派仏教が釈尊の教えを構成する最重要項目として取り出した「五蘊」「十二処」「十八界」などの「法数」の一々を「空」であると否定したからである。部派仏教の思想的営為の中心は、釈尊の言説を分析して、世間の常識的な日常語と釈尊独自の教えの言葉、つまり仏教語とを区別し、後者にもとづいて釈尊の教えを体系的に再構築することであった。その結果、我執や所有欲の根源にある、行為や輪廻の主体としての「わたし」や「ひと」は観念にすぎないと否定し(人無我)、すべての経験世界の事象を一定数の構成要素(法)の間の因果関係(縁起)によって説明しようとしたのである。これに対して、般若経の作成者達は、すべての執着を断ち切るためには、部派仏教が抽出した「法」もまた単なる観念にすぎず、実在ではないと主張したのであった。大乗仏教は「人無我」に加えて「法無我」を説いたと言われる所以である。かくして、「智慧の完成」あるいは「完成された智慧」とはこのような「一切法は空」という智慧のことである。徹底した空思想は、後の大乗仏教徒によっても回避されたほどであるから、伝統的な仏教徒がこれに恐怖を抱き、排除したのは当然のことであろう。

「空の智慧」とならんで、大乗の菩薩の重要な徳目とされるのは、一切衆生を済度しようという大慈悲心にもとづき、「巧みな手段」(善巧方便《ぜんぎょうほうべん》)を駆使することである。例えば、般若経と思想的に近い大乗経典『維摩経《ゆいまきょう》』

は、主人公である維摩居士《ゆいまこじ》の病気見舞いがそのメインストーリーであるが、維摩の病気は実は仮病であり、舎利弗《しゃりほつ》・目連《もくれん》をはじめとする仏弟子達、文殊・弥勒をはじめとする菩薩達を病気見舞いという口実で招き寄せ、逆説をちりばめて「空の智慧」を説くための「方便」であった。やって来た菩薩達の「不二の法門」に関する様々な言説の最後に、文殊菩薩に自説を問いただされて、ただ沈黙をまもって答えなかったのは「維摩の一黙」と呼ばれ空思想の真髄を示すものとして有名である。大乗経典には珍しくストーリー性が強い『維摩経』は東アジアの仏教世界の芸術や文学に影響を与えたとされる。

維摩居士は阿閦仏《あしゅくぶつ》の妙喜世界から来た人とされる。大乗経典が前提とする宇宙観によると、この娑婆世界において釈尊が教えを説いているように、十方世界に無数の仏国土が存在し、無数の仏・菩薩が衆生済度を行なっているのである。初期経典が説くように、過去世や未来世に多数の仏が登場するばかりでなく、今現在諸方に多数の仏が我々を救うために存在しているのである。東方の阿閦仏のためには『阿閦仏国経《あしゅくぶっこくきょう》』という大乗経典が作成され、西方極楽世界の阿弥陀仏のためには『大無量寿経』などの浄土三部経が作成された。後者によると、「法蔵」と呼ばれる菩薩が菩提心を起こし、自分を信じる衆生が仏国土に往生できないなら仏にはならないという誓願を立て、幾生涯にもわたる長く厳しい修行の後に阿弥陀仏となり極楽世界を建立する。善行功徳を積まない衆生がどうして救われるのかというと、法蔵菩薩が修行中に蓄積した膨大な功徳が信者達に振り向けられる（廻向《えこう》）からである。菩薩が誓願を立てて、仏となり、仏国土を建立し、それを信じる衆生は仏国土に生まれるという考えは『阿閦仏国経』にも見られ、在家信者への救済の拡大を可能にする大乗仏教の原理となっていった。

浄土三部経の一つ『観無量寿経』は、ほかの「観経」類とともにインド本国よりも西域で作成された可能性が高いが、その内容は釈尊伝を下敷きとするものである。そのクライマックスは、息子の阿闍世王に夫を殺された韋提希夫人に釈尊が阿弥陀仏の極楽浄土を目の当たりに見せるところである。同経には「仏を見る」ための観法も説かれている。「見仏」の観法については、インドにおける作成が疑いない『般舟三昧経《はんじゅざんまいきょう》』にも詳しく説かれている。

初期経典やほかの大乗経典に対する絶対的優位性を主張するのが『法華経』である。同経は釈尊が入滅される直前に説かれたという設定になっており、冒頭で釈尊はそれまで説いてきたことはすべて真実の教えではなく、これから説くことこそが真実であると宣言する。『法華経』には「火宅三車」をはじめとする多くの巧みな説話が挿入されているが、そのクライマックスは地中から巨大なストゥーパが現れ、空中に静止し、その中に限りない昔に入滅した多宝如来が完全無欠のすがたで結跏趺坐して登場するシーンである。これは、仏は永遠不滅であるという「久遠成仏」の思想を視覚的に表したものにほかならない。

一方、同経の「普門品《ふもんぼん》」は、いかなる困難に陥った衆生でも救済する観音菩薩を描いている。他経でも観音は、たとえ地獄に落ちた衆生でも、そこまで降りていって救出する菩薩として描かれており、究極の救済者として大乗仏教の世界で絶大な人気を博したのであった。

『法華経』の特徴の一つは、必ずしも「空の智慧」を全面的に押し出さない点にある。すでに述べたように、「一切は空」という非常にラディカルな思想に必ずしも共鳴しない大乗仏教徒達もいたはずである。釈尊の入滅をテーマとする大乗の『涅槃経』は、入滅したはずの釈尊の「仏身」は常住であると主張する。さらに進んで、すべての衆生には自らが仏となる原因である「仏性」あるいは「如来蔵」が備わっていると説く。ここに至って、すべての衆生に仏となる道が開かれたのである。一方、仏性や如来蔵の思想は、初期仏教が強く否定した、永遠不滅の「自己」(アートマン)の思想と相通じるものである。『涅槃経』は仏性・如来蔵こそ「真実のアートマン」であると主張している。

最後に、『華厳経』に触れておく。現存する同経は、多くの単独経典をある意図で集めたものであり、その作業が西域で行なわれた可能性も示唆されている。現実世界への影響という意味で重要な役割を果たしたのは、最終章の「入法界品《にゅうほっかいぼん》」である。そのメインストーリーは、「善財」という若者が文殊菩薩の説法を聞いて、菩提心を起こし、インド各地に散在する五十人以上の師匠(善知識)を訪ね歩いて、毎回なんらかの瞑想法を習得するというものである。最終的に、善財は弥勒菩薩の「毘盧遮那荘厳蔵《びるしゃなしょうごんぞう》」という大楼閣にたどり着き、建物の中に無数の建物が「相即相入」の状態にあるのを目の当たりにする。その後、はるか彼方から手を伸ばした文殊菩薩によって普賢菩薩の「普賢行願輪」の中に送り込まれ、そこで様々な神変を経験するのであった。「入法界品」は、全体として「普賢行」という名の菩薩行を行なうことをすすめる経典であるが、特にその末尾にある「普賢行願讃《ふげんぎょうがんさん》」は、普賢行を廻向して得られる功徳によって阿弥陀仏の仏国土へ行けというメッセージで終わっており、単独経典としても広く流布している。

インド仏教徒の経典作成意欲は衰えることがなかった。中観や唯識という大乗仏教の論書が登場すると、その内容を受けた経典が「仏語」として作成される。さらに、七世紀ころになると、インド宗教の正統派であるバラモン教の儀礼をも取り入れ、新しくおこりつつあったヒンドゥー教とも共通点が多い「密教」が登場してくる。密教経典は『理趣経《りしゅきょう》』のように般若経から発展したものもあるが、『大日経』のように新たに作成されたものも多数存在する。実に仏の力は無尽である。

(桂　紹隆)

コラム　インドの仏教遺跡

アショーカ王の時代に仏教が広く伝播すると、釈尊が実際に活動した場所以外にも多くの仏教寺院が建立された。ここでは、釈尊の旅路では登場しなかった著名な遺跡を簡単に紹介しておきたい。

一　バールフット

インド中部、マディヤ・プラデーシュ州サトナー県にあるストゥーパ（仏塔）址。石造りの門と欄楯《らんじゅん》（ストゥーパの周囲を円形に囲む石の垣根）の一部が残っており、そこには、最古級の仏教美術である仏教説話図（本生譚《ほんじょうたん》や仏伝）の浮彫が施されている（現在、大半がコルカタ・インド博物館に移されている）。その年代は、刻まれた銘文からシュンガ朝期（紀元前二世紀～前一世紀）であることがわかる。こうした仏教彫刻とともに、古くから信仰の対象となっていたヤクシャ・ヤクシーなどの守護神がともに彫り出されているのが興味深い。

二　サーンチー

インド中部、マディヤ・プラデーシュ州南西部のマールワー地域にある仏教遺跡群。アショーカ王柱のほか、三つのストゥーパと多くの祠堂《しどう》と僧院が残っており、シュンガ朝からサータヴァーハナ朝（前一世紀～後一世紀頃）にかけての遺構と、グプタ朝（後四世紀～六世紀）期から十一世紀頃までの遺構とがある。特にストゥーパの石造りの門と欄楯はインド古代の仏教美術を代表する作品で

▲図64　バールフット遺跡

▲図65　バールフットから移築、復原した欄楯
コルカタ・インド博物館

あり、第二塔の欄楯には動植物の文様表現が豊かで（特に蓮の文様）、シュンガ朝の作。第一塔の東西南北の四つの門は本生譚と仏伝の説話表現が優れ、サータヴァーハナ朝に属する。この時代にはまだ仏像は刻まれず、釈尊は菩提樹や聖壇、法輪などで象徴的に表されている。ユネスコの世界文化遺産に登録。

三　マトゥラー

インド北部、ウッタル・プラデーシュ州にあり、ヤムナー河の西岸に位置する地域一帯の名称。交通の要衝として栄えた場所で、ヒンドゥー教やジャイナ教とともに仏教も古くから有力であった。紀元後一世紀にクシャーン朝の支配下に入ると、仏教美術が大いに繁栄し、それまでの釈尊の象徴表現から、釈尊を人間のすがたに表す「仏像」の制作が行なわれるようになった。現在のパキスタンにあるガンダーラ地域とともに、最初に仏像を制作した地域である。クシャーン朝期のマトゥラーの仏像は赤色砂岩を用い、その顔や人体の表現が若々しく、生命感に溢れる。マトゥラーではグプタ朝時代にも優れた仏像が造られた。

四　アマラーヴァティー

インド南部、アーンドラ・プラデーシュ州のクリシュナー川下流右岸にあるストゥーパ址。ほとんど崩壊していたが、十九世紀以来の発掘によって多くの石灰岩の彫刻が出土した。北インドから伝わった仏教美術が、南部において独自に発展した様式を示しており、その年代は紀元前一世紀から三世紀頃と考えられる。様々な仏伝・本生譚には、釈尊を法輪や仏足跡などで表現し、人間のすがたには描かない象徴表現のものが見られる一方、仏像もしばしば浮彫や丸彫で表されている。

▲図66　サーンチー第1塔東門の彫刻
1世紀初
釈尊の出城を表した仏伝浮彫である。向かって左から物語が進み、いずれの場面でも釈尊は御者が差し出す傘や仏足跡によって象徴的に表現されている。

◀図67　サーンチーのストゥーパ　（撮影：丸山勇）
奥が第1塔、手前が第3塔。

五　ナーガールジュナコンダ

アーンドラ・プラデーシュ州にあり、アマラーヴァティーととともに南インドを代表する仏教遺跡である。ダムの建設によって水没することとなったため、本格的な調査と遺跡の移築が行なわれた。イクシュヴァーク朝のヴィーラプルシャダッタ王によって三

▲図68　マトゥラー周辺の様子　（撮影:丸山勇）

▲図69　仏坐像　　マトゥラー博物館
カトラー（マトゥラー）　高72.0
1世紀後半
左右対称の力強い構図で、釈尊と飛天、供養者が表現されている。ただし、銘文には「菩薩」と刻されている。

▲図70　アマラーヴァティー遺跡

◀図71　仏伝浮彫「成道・初転法輪・涅槃」　アマラーヴァティー考古博物館
アマラーヴァティー　高228.0　2世紀頃
各場面で、釈尊は象徴的に表現されている。下段の成道では菩提樹、中段の初転法輪では法輪、上段の涅槃ではストゥーパが、それぞれ釈尊の存在を暗示している。

▲図72　ナーガールジュナコンダ第3址遺跡

◀図73　仏伝浮彫「降魔成道」ほか　　ナーガールジュナコンダ考古博物館
ナーガールジュナコンダ　高108.0　3世紀後半
下段はスジャータの供養と龍王の供養、中段が降魔成道、上段が神々の讃嘆を表す。ここでは、釈尊はいずれも人間のすがたで明確に表現されている。

世紀に建造された直径二七・七メートルのストゥーパを中心に、三十以上の寺院遺構が発見されている。出土した石灰岩の彫刻には、仏伝図・本生図・説話図などが多く、アマラーヴァティー出土彫刻との共通性が認められる一方で、その優美さがやや失われている面もある。

六　バージャー

インド西部のマハーラーシュトラ州にある紀元前二〜前一世紀頃に造られた初期の仏教石窟。馬蹄形で、奥にストゥーパを祀る「チャイティヤ窟」と、多くの房室を持ち僧侶が生活をする「ヴィハーラ窟」がある。チャイティヤ窟の入口は尖頭形アーチで、内部はそのままヴォールト（かまぼこ型）天井となっており、装飾は簡素で、木造建築の特徴を強く残している。

七　アジャンター

インド西部のマハーラーシュトラ州北部にあり、ワゴーラー川に臨む崖を掘って造られた石窟寺院。チャイティヤ窟とヴィハーラ窟からなる。アジャンターでは、紀元前一世紀から後二世紀頃までに造られた前期窟と、紀元後五世紀後半から六世紀にかけて開削された後期窟があって、いずれも壁画や彫刻で荘厳された。特に後期窟の極彩色の壁画は絢爛で、本生図や仏伝図のほか、多くの仏・菩薩像で飾られ、アジア全体の仏教美術とも深く関連している。ユネスコの世界文化遺産に登録。

八　エローラ

インド西部、マハーラーシュトラ州アウランガーバードから三十キロほど北西の位置にある、仏教、ヒンドゥー教、ジャイナ

▲図75　アジャンター石窟遠景
前1～後6世紀

▲図74　バージャー石窟第12窟
前2～前1世紀

▲図76　アジャンター石窟第1窟内部
5世紀後半

▲図78　エローラ石窟第10窟の内部
8世紀

▲図77　守門神壁画
アジャンター石窟第1窟　5世紀後半
アジャンター壁画の中でも、その美しさからもっとも有名な作品の一つ。日本の法隆寺金堂の壁画に描かれた菩薩像に対比される。

教の石窟寺院。このうち、ヒンドゥー教窟が六世紀後半に開窟され始め、その後七世紀には仏教窟も開削され始めたと考えられる。石窟内は多くの彫刻で飾られ、特に曼荼羅的な構成の彫刻などから、初期の密教美術の様相がうかがえる点が興味深い。ユネスコの世界文化遺産に登録。

（岩井俊平）

第三節　北伝仏教

アショーカ王

ガンジス河中流域で生まれた仏教は、紀元前三世紀、アショーカ王のとき飛躍的に拡大していく。非インドの異民族が釈尊について知り始めるようになるのもおそらくこの時期からであったろう。

インドを初めて統一したアショーカ王が政策理念を仏教に求めたことは、領土内に宣布した詔勅から知られる。この詔勅は「アショーカ法勅」と呼ばれ、インド各地の摩崖や石柱に刻まれている（本章第一節参照）。アショーカ法勅はいまのパキスタン北部やアフガニスタン東部にまで及んでおり、インド・マウリヤ朝の勢力範囲ばかりか、異民族統治の実態をも知らせてくれる。その地域の法勅文にはアラム文字、カローシュティー文字、さらにはギリシア文字といった非インド系の文字が用いられている。そこに居住していたイラン人やギリシア人に向けて記されたものである。異民族を統治して社会の安定を築くことは異文化を排除しては始まらない。アショーカ王はあらゆる命あるものを大切にすることを仏教から学んだ。

アショーカ王以降、仏教は南と北の二つのルートを通じて広がっていく。南のルートはインドからスリランカを経由して東南アジアへと向かう道で、このルートを通じて広まった仏教を南伝仏教と呼ぶ。北のルートはインドから中央アジアを経て中国へと至る道で、こちらのルートで広まった仏教は北伝仏教と呼ばれる。北伝ルートでは仏教の「視覚化」と「国際化」が強まった。北伝仏教をみるうえでまず重要となるのはガンダーラである。

ガンダーラ

いにしえのガンダーラはいまのパキスタン北西辺境州、インダス川上流に位置する。古代インドではインドの辺境にありながらも、この地はインドから中央アジアへの出入り口にあたり、インド文化と異文化が遭遇しあう特異な環境であった。

前四世紀のアレクサンドロス王による東征、前三世紀のバクトリア王国の成立はアフガニスタン北部にギリシア文化をもたらし、インド文化にも影響を与えた。ガンダーラ周辺には紀元前よりギリシア文化の香りが濃厚にたちこめていたのである。前二世紀、パンジャーブ地方をギリシア人王メナンドロスが統治した。バクトリア王国の末裔に連なるメナンドロス（インド名ミリンダ）は仏教僧ナーガセーナと対論したという。その模様を語るパーリ語の『ミリンダ王の問い』ではメナンドロスが仏教徒となったと伝えられる。ギリシア系商人達がインドで仏塔や石窟寺院の寄進に関わったことは碑文資料からもうかがえ、ギリシア人による仏教帰依も実際にあり得た話である。

パンジャーブとガンダーラの間に位置するマニキアーラ大塔にみられるように、ガンダーラ周辺には実に多くの仏塔が建立された。ガンダーラの東にある交易都市タキシラにはアショーカ王の創建とされるダルマラージカー大塔が現存しているし、同じくタキシラのシルカップ都市遺跡にも小ぶりの仏塔が見つかっている。そうした仏塔が異民族を仏教に引き寄せた。とりわけガンダーラでイラン系のクシャーン民族が大きな反応を示した。

▲図79　マニキアーラ大塔
アショーカ王が建立したとの伝説がある仏塔。低い円形の基壇を持ち、インドのバールフットやサーンチーの仏塔と共通する古い形式を残している。

クシャーン民族

ガンダーラで仏教が盛んになるのはクシャーン民族が統治したときである。バクトリア地方から興ったクシャーン朝（一世紀から三世紀末）は一世紀、いまのウズベキスタン南部からアフガニスタン北部を経てガンダーラに入り、インドへ進出した。彼らが拠点としたのがガンダーラのプルシャプラ、いまのペシャーワルである。クシャーンはガンジス河中流域まで版図を広げ、中インドのマトゥラーも重要拠点の一つにした。そのクシャーンが仏教を保護し、仏塔信仰を推進した。クシャーン朝は漢とローマとの中継貿易で栄え、空前の大帝国を築いた。アフガニスタンのベグラムから出土したローマンガラス製品はクシャーンとローマとの交渉を証拠立てる。クシャーン朝の時代、仏教が隆盛したことはガンダーラに残る数多くの仏教寺院が証明する。中国新疆の地へ広く仏教が行きわたるのもクシャーン朝の時期である。近年の調査によれば、クシャーン朝が興ったいまのウズベキスタン南部からもクシャーン時代の仏教寺院が見つかっている。

マウリヤ王朝と同様にクシャーン朝も多くの異民族を抱え込んだ。仏教を受容した理由の一つには領内の安定に仏教が効果的とする判断が働いたと考えられる。中でも、インドのアショーカ王に比されるクシャーン王としてカニシカの名が知られる。カニシカ王のとき、仏教は大きく拡大する。今では考えにくいことではあるが、イラン人が仏教に関心を抱き、仏教徒にな

◀右図80　仏立像　　龍谷大学
ガンダーラ　片岩
高119.4　2〜3世紀
ギリシア・ローマ的と表現されることの多い典型的なガンダーラの仏像。

◀左図81　仏立像
サールナート考古博物館
サールナート出土　砂岩
高289.5　130年頃
インドの伝統的なスタイルを継承するマトゥラーで造られた仏像で、初転法輪の地サールナートへ運ばれた。造形的には仏陀像でありながら「菩薩」の銘があり、「カニシカ3年」の銘があることから、制作時期を限定できる。

る者まで現れた。このことは、仏教の国際化を語るうえで特筆すべきことである。もとはゾロアスター教を奉じていたイラン系のクシャーンが仏教を受容したことは、光明ないし火を奉じるクシャーンの宗教の土壌に仏教が根付いたということである。北伝仏教の広がりはイラン系民族に多くを負っている。

仏像の誕生

遊牧や交易を生業とする移動の民は、おのずと定着農耕民とは思考を異にする。移動民は抽象よりも具象を好む。具体的モノやかたちで物事を理解する傾向が極めて強い。サカ、パルティア、そしてクシャーンといったガンダーラに流入した移動遊牧民が彼らにとっては不可思議な仏塔（ストゥーパ）を偏愛したのも故なきことではない。クシャーン朝のもと、さらに仏教のヴィジュアル化が進む。仏像の誕生である。仏塔信仰の中、釈尊が人間のすがたで表現された。これは仏教史のうえで実に画期的出来事であった。

中インドのバールフットやサーンチーの仏塔（前二世紀末から後一世紀初め）には釈尊の前世の物語や釈尊の伝記のひとこまを表現することが行なわれてはいたが、釈尊はけっして人間像で表されることはなかった。インドに入った異民族の移動民は姿形のある具象を通じて仏教を受容したため、仏像制作になんら抵抗はなかったと考えられる。ガンダーラ仏の多くはクシャーン民族およびクシャーン治下のギリシア系工人がイメージした釈尊像であったろう。

Image:TNM Image Archives Source:http://TnmArchives.jp/

◀右図82　仏頭部
ガンダーラ　ストゥッコ
高39.6　4～5世紀
ガンダーラ周辺では、石のほか、ストゥッコ（漆喰）や粘土で仏像が制作され、周辺地域の造像に大きな影響を与えた。

◀左図83　仏頭部　　東京国立博物館
コータン　青銅鍍金
高20.0　3世紀頃
ガンダーラ様式の影響を受けた容貌を示しており、西域にも早い段階で仏像が広まっていたことがわかる。大谷探検隊がもたらしたもの。

クシャーンは自分達のイラン系文化だけでなく、ギリシア系、ローマ系、そしてインド系文化を摂取した。クシャーン王の発行したコインにはそれぞれの民族が崇める神が人格神として表現されている。仏像にもクシャーン文化のありようが表されており興味深い。ガンダーラ仏のリアルな表現はギリシアのヘレニズム文化に、衣文の線はローマ皇帝像に、初期仏像の手のかたち（施無畏印《せむいいん》）は西アジアの王侯像のポーズに酷似する。仏像が有する光背はゾロアスター教徒であるイラン系民族にとって親しいものであるし、仏像の台座には火をあがめる光景を描写する事例もある。仏像はそれ自体でクシャーンの多文化混淆を体現している。

同じクシャーン時代でもマトゥラーの仏像はガンダーラのそれとは異なり、インドの伝統的神像（非アーリヤ系のヤクシャ像）の制作技法で表現されている。ともかく仏像さらには菩薩像といった「具象」が仏教を拡大させるのに大きな役割を果たした。

仏像の出現はおそらくインド各派の仏教教団に波紋を投じたであろう。釈尊の具体的すがたを表現することなどそれまで考えられもしなかった。「われを見て何になろう」という釈尊のことばを古層の経典は伝えている。上層エリート僧には抵抗のあった「仏教の視覚化」は逆に仏教が拡大することにつながっていった。クシャーン朝のもと、仏像と仏塔を先兵にして仏教は劇的に広まったのである。

ガンダーラの浮彫に出家者と在家者とがともに仏塔を右遶している図像がある。このことは、仏塔に荘厳された仏伝図を在家者に語る専門の出家者の存在を示唆する。しかし仏塔で在家者相手に仏伝図の解説にあたった伝道者とは仏教教団内部でいかなる存在であったのか、いまだによくわかっていない。ともかくクシャーン朝の時期にガンダーラで釈尊の生涯および釈尊のすがた（仏像）は視覚化され、中央アジアへと広まっていったのである。仏像を中心として法要が営まれる日本仏教の源流はまさしくガンダーラにある。

観仏修行

視覚にうったえる仏教の手法は大衆が仏教に接近するうえで効果を発揮したばかりではなく、出家修行者のうち一部の実践グループにも強く影響を与えた。ブッダのすがたをまざまざと観る「観仏」という修行は仏像の存在が前提であり、清浄なるイメージを心象に拡大させることで、人間のもつ罪業の深さに目覚めさせる修行法を生んだ。滅罪を願って仏・菩薩の前で懺悔する行法（悔過《けか》）もガンダーラで生まれた可能性が高い。

アフガニスタンのハッダの寺院からは、白骨を注視する修行者の壁画が見つかっている（図100参照）。これは初期仏教以来伝わっていた不浄観を行なう修行者のすがたであり、修行の実態をも図像として表現されたことを知る。この壁画は修行に疎い連中に修行方法を伝えるマニュアルのようなものであったかもしれない。

弥勒信仰

北伝仏教の特徴の一つに弥勒信仰があげられる。釈尊の次にこの世にブッダとして現れるのが弥勒であり、現在、兜率天《とそつてん》で教えを説いているとされる。ガンダーラの浮彫には「兜率天の弥勒菩薩」を表現するものがあり、クシャーン民族とおぼしき寄進者を表現する事例もある。

釈尊はこの世に誕生する前は兜率天にいたとされ、ある伝承では兜率天で釈尊の後継者として弥勒が指名され、下生《げしょう》する直前の釈尊から弥勒に王冠が授けられている（『ラリタヴィスタラ』）。「天」に対する信仰がとりわけ強い遊牧民に兜率天の弥勒の存在は仏教をアピールするうえで大いに効果を発揮したことであろう。

弥勒を主題とする経典には、弥勒がこの世に現れるときは弥勒の身長は長大であるとの記述がある。中央アジア仏教の特色の一つ「大仏の造立」も弥勒信仰と関係が深いと指摘されている。また、瞑想（禅定）を重んじ、心の解明にいそしんだ実践集団にも弥勒信仰はその中核に据えられた。有名な玄奘三蔵も弥勒信仰の徒であった。弥勒菩薩は民間には救世主としての側面がある一方で、瞑想実践集団においては、瞑想の中で弥勒と交流することのできた出家修行者などを通じて、教えを受け継ぐ（伝法）意識を強めたと思われる。

中央アジアの釈尊信仰

中国新疆の中央にはタクラマカン沙漠が位置を占め、その北（西域北道）と南（西域南道）にオアシス都市が点在する。イスラーム化する以前、オアシス都市の大部分は仏教世界であった。ガンダーラの仏教は土着の信仰や異教の神を摂取しながら伝播していったのである。西域南道ではコータンが、西域北道ではクチャがとりわけ仏教の隆盛をみた。タクラマカン沙漠の東ではトルファン、そして中国内地への入口である敦煌が仏教都市として著名である。

例えば、クチャを一例としてあげる。クチャ近郊にあるキジル石窟(三世紀以降)は、中国新疆最大の仏教石窟として名高い。石窟の天井や壁面はかつて夥しい数の本生図(釈尊の前世の物語を表した図)や仏伝図などで埋め尽くされていた。これだけでも釈尊に対する信仰が基本にあったことがわかる。キジルの伝記的仏伝図の描き方はガンダーラの仏伝図の手法にほかならない。キジルの本生図には利他行、中でも自分の身体を犠牲にしてまでも他者を救済する話が数多く表現されており、中央アジア仏教の性格の一端を伝えている。ガンダーラは釈尊前世のゆかりの地であるとされ、壮絶な利他行をなした場が聖地となっていた(七十八頁コラム参照)。キジル石窟ではそうした利他行がいくつも壁画の中に描かれたのである。ちなみに『法華経』や『阿弥陀経』の翻訳で仏教史上に名高い鳩摩羅什はこのクチャ出身の僧侶である。規模の大きな石窟寺院やその内部を飾った華麗な仏教芸術の創造活動は多大なエネルギーを必要とする。そうした宗教的情熱が仏教世界を形成させたのである。

▲図84　弥勒坐像と供養比丘浮彫　　ソウル　国立中央博物館
マトゥラー　砂岩　47.8×65.0　2～3世紀
装飾を付けた冠をかぶり、結跏趺坐するのが弥勒菩薩。その周囲で散華供養する人々と天人が表現されている。

▲図85　弥勒菩薩説法図浮彫　　大阪　四天王寺
ガンダーラ　片岩　53.5×60.1　3～4世紀
左手で水瓶を下げる弥勒菩薩の周囲で、菩薩や供養者が讃嘆する。兜率天での説法場面を表したものと考えられる。

仏教の祭り

仏教の視覚化は彫刻や壁画だけではない。祭り・儀礼といった行事も仏教の拡大に大きな役割を果たした。五世紀中国の仏僧・法顕はコータン(于闐国)で「行像《ぎょうぞう》」と呼ばれる祭りを見学している。高さ約六メートルの四輪車に仏・菩薩像を奉安して巡行する行像の華麗なるさまは、さながら京都の祇園祭を彷彿とさせる。法顕の記録によれば、行像は国王がコータンの大寺院とともに主催しており、二週間の間続けられたという(『法顕伝』)。国をあげての祭りであったことがわかる。

七世紀の玄奘はクチャで五年に一度の「無遮大会《むしゃだいえ》」という儀礼や秋の祭りを見聞しており、その秋の祭りがやはり行像なのである(『大唐西域記』)。無遮大会というのは一種の布施の祭りで、王が財産を僧団と民衆に惜しげもなく布施するというものである。玄奘はバーミヤーンでも無遮大会を見ている。誰も遮ることのできない王の布施には実はからくりがあって、民衆に布施したものを王の臣下の者があとで買い戻すのである。しかし民衆にしてみれば嬉しいひとときであったと同時に布施の見本をみる絶好の機会でもあった。財産を全て与える王の行為は、釈尊が前世で持てるものを全て布施したというヴィシュヴァンタラ(ヴェッサンタラ)王子の再現となっていることには注意しておきたい。

クチャから大谷探検隊によってもたらされた大型舎利容器(図86参照)の胴体側面には二十一人の楽人・舞人が描かれているが、クチャで実際に行なわれた祭りの図であったに違いない。

(入澤　崇)

Image:TNM Image Archives Source:http://TnmArchives.jp/

◀図86　舎利容器　　東京国立博物館
クチャ　木製麻布貼り彩色
直径38.3　7世紀頃

大谷探検隊がもたらした舎利容器の一つで、クチャのスバシ遺跡のストゥーパから出土した可能性が高い。このような形の舎利容器はクチャ地域でいくつか出土しており、同じくクチャのキジル石窟の壁画にも、まったく同じ形の舎利容器が描かれている。
側面には21人の楽人・舞人が描かれ、蓋には円形を連ねた「連珠円文」の中に有翼天使が描かれている。東西の文化が接触した西域らしい文様構成といえるだろう。

コラム　ベゼクリク石窟の誓願図

――壁画復元事業への取り組み――

ベゼクリク石窟とは

九世紀、シルクロードの要衝トルファンにトルコ（テュルク）系民族ウイグル人が進出してきた。トルファンには先住の漢民族、トカラ人などが仏教を奉じていた。ウイグル人はほどなくトルファンを征圧する。ウイグル人の宗教はマニ教。当初は先住民と摩擦が起きた。

トルファン近郊ムルトゥク河に面してベゼクリク石窟がある。六世紀頃から開窟されたこの石窟は、トルファン地域における仏教の拠点の一つであった。ウイグル人はベゼクリクの仏教石窟の一部を改修して、マニ教石窟に仕立て直した。

しかし、マニ教徒のウイグル人為政者達は徐々に仏教を受容して、彼らが今度は積極的に仏教石窟を造り、石窟内に華麗な壁画を描かせた。土地を支配する異民族の方が先住の宗教・文化を受け入れたのである。そればかりか、ウイグル仏教ともいうべきシルクロードにあって独特な仏教文化を残した。ガンダーラでゾロアスター教徒のクシャーン民族が仏教を受容して仏教拡大に大きく貢献したのと似たような事態がトルファンでも起きたのである。

いまベゼクリク石窟に八十に近い数の石窟が残る。十九世紀末から二十世紀初頭にかけて、列強の探検隊がベゼクリク石窟および石窟内の壁画を世の明るみに出した。当時、仏教寺院は廃墟と化し、現地でその歴史的価値に気付く者はほとんどいなかった。そればかりか、壁画は剝ぎ取られ破壊が進行していた。壁画の成分が農作業用の肥料によいと信じられていたのである。

ドイツ隊隊長ル・コックはベゼクリク石窟で「赤いほとけたち」が並ぶ壁画を発見する。これが後に誓願図といわれるものであった。ル・コックは日記に記した。「これほど美しい絵を現地に残すのは犯罪である」と。仏教遺跡や仏教文物がどんどん破壊されている現実を直視してのコメントであった。

ベゼクリク石窟の壁画の中でも、第二十号窟（ドイツ隊編号第九号窟）には完全な形で残る壁画が回廊にそのまま残っており、ドイツ隊はそれをベルリンに運んだ。第二十号窟の壁画の上部にはブラーフミー文字で書かれたサンスクリットが残っており、言語の解読と壁画内容の検証から、壁画の内容は、前世の釈尊がブッダ（過去仏）の前で供物を奉げ、衆生救済の誓いをなすところと判明した。誓願に関する釈尊の前世の物語が回廊に十五枚並んでいたのである。ドイツ人研究者はそれらを「誓願図」と呼んだ。探検隊がもたらした大きな成果である。しかし、皮肉なことに壁画は第二次世界大戦の戦火で灰燼に帰した。

誓願図の復元

失われた誓願図を現代に甦らせてはどうか。龍谷大学による壁画復元はウイグル仏教の専門家である百済康義教授の発案がきっかけだった。ベゼクリク第二十号窟の壁画の中から二点を選び、龍谷大学古典籍デジタルアーカイブ研究センターによって復元事業が開始された。ドイツ隊の残した大型図録の中の二枚の絵を下絵とし、壁画と質感のよく似た陶板を使い原寸大で復元が行なわれ、二〇〇三年に公開された。その二つの壁画はいま龍谷大学大宮図書館の入口を飾っている。壁画復元の発案者であった百済教授は壁画の完成後、惜しくも急逝された。百済教授の熱意はいまも龍谷大学西域研究会に息づく。

古典籍デジタルアーカイブ研究センターでは、原データをデジタル情報へ変換する方式の研究を進めており、文字や色といった二次元情報だけでなく、三次元の質感までをもデジタル技術で再現するという高度な研究にも挑戦している。そこへ二〇〇三年、ベゼクリク第十五号窟の誓願図を復元してもらいたいという要請がNHKから舞い込んだ。

第十五号窟は石窟の構造の点においても壁画の内容においても第二十号窟とほぼ同じで、両窟は姉妹関係にあった。ドイツ隊は両者の壁画を比べて第十五号窟（ドイツ隊編号第四号窟）の方が質的には上であると報告書で述べている。しかし、ドイツ隊は完全な形で残っている第二十号窟の方を選び、第十五号窟からはわずかな断片しか持ち帰らなかった。第十五号窟の壁画は美しいとはいえ、あまりに損傷がひどかったのである。

各国の探検隊は完全な形で残っていなくても第十五号窟壁画の価値の高さに気付き、それぞれが残存する壁画の一部を持ち帰り、自国で保存しようとした。その結果、第十五号窟の誓願図は各国に散在することになったのである。誓願図を配置していた回廊とはそもそもどのようなものであったのだろうか。龍谷大学はNHKと協力して壁画のデジタル復元を本格化させた。

NHKは現地に残る壁画の情報収集、さらにはサンクトペテルブルグ、ベルリン、ニューデリー、ソウル、東京に分散した壁画を追跡した。龍谷大学の文系グループは各国探検隊の調査報告書や図録の探査、誓願図の人物表現や色調の特徴などを解析。理系グループは文系グループからの情報を基に、高精細デジタル画像で壁画を復元していった。一つの装身具を再現するだけで三カ月要したこともあった。最終段階では、NHK技術スタッフとの共同作業を行ない、三次元コンピュータ・グラフィクスで再現していき、二〇〇五年二月、「新シルクロード第二集　トルファン　灼熱の大画廊」で復元された壁画が初めて公開された。

ウイグルと多民族社会

誓願図を有する第二十号窟にはウイグル王族の肖像画もあったところから、ベゼクリクで誓願図を並べる石窟はウイグル王家の寺院であった可能性が高い。誓願図は回廊を彩る単なる装飾であっただろうか。誓願図ばかりを回廊に並べるということはただごとではない。誓願図の基底に流れているのはもちろん前世の釈尊の「一切衆生に利益安楽をもたらす」という誓いである。他者を利するという利他の精神こそがその中核にある。多民族社会の西ウイグル王国が長らく社会の安定を築いたことにかんがみれば、ウイグル王権は統治の術に秀でていたといわざるを得ない。利他の精神を涵養する場があったればこそ異民族統治を実現させたのではなかったろうか。異民族統治は統治者に利他の精神に立った明確な理念と構想がなければ到底実現できるものではない。

第十五号窟誓願図のデジタル復元に取り組み始めた頃、アメリカによるイラク攻撃が連日報道されていた。価値観の異なる異民族を統治するのにいまだ武力しか使えない現代社会。誓願図は紛争解決の糸口を見いだすには今日何が大切かを訴えているようにみえた。誓願図のテーマこそが壁画復元の大きな原動力となったのである。

このたび、龍谷ミュージアムにベゼクリク第十五号窟の回廊の一部を再現した。誓願図が並ぶ空間を一度体感してみませんか。

（岡田至弘・入澤　崇）

▲図87　復元された誓願図「燃燈仏授記」
ベゼクリク石窟第15号窟に描かれていた多数の誓願図のうちの一つ。中央に大きく描かれた過去仏（ここでは燃燈仏と呼ばれる）の前に、自らの髪を敷き詰めて仏の足が汚れないようにしている青年こそ前世の釈尊である。この本生物語については、78頁を参照。

コラム　碑文・造像銘からみた中国仏教

中国への仏教初伝は、文献によれば紀元前二年（前漢の末）とされている。それが固い岩盤に水が浸み入るように、少しずつ徐々に中国社会に受け入れられ、約五〇〇年後の南北朝時代には、仏教は民族や身分、男女の違いを問わず、広汎な人々に信仰されるようになった。とりわけ五世紀末、北方の少数民族鮮卑《せんぴ》系の北魏《ほくぎ》王朝が洛陽に都を遷し、南の伊水河岸に龍門石窟を開いてから、石仏を造って祈願の成就を願う造像供養が大いに流行し、仏教の大衆化、広域化が一挙に進んだ。

この間の仏教普及には多くの僧尼の献身的努力のほか、王者による保護など様々な要因があったが、女性達による仏教への関心の高まりを忘れてはならない。前近代の女性が、「女子と小人は養い難し」（『論語』）とされ、「三従」（幼き時は父に従い、嫁しては夫に従い、老いては子に従え）を強いられ、男児を生むことを妻のつとめとされるなど、儒教的な封建道徳に縛られて、極めて不本意な人生を送った、ということは多言を要しないだろう。しかし、南北朝の女性達は、本能的に仏教に自由の風を感じ取った。

夫を亡くした婦人が再婚話を断って出家したり（『比丘尼伝』）、親の反対を押し切って尼僧となったり（『法苑珠林』）、夫に内緒で仏典を読む妻がいたり（『魏書』崔浩伝）……。そしてこの時代、多くの女性達が当時流行した造像供養に積極的に参加し、その結果、仏像の銘文や碑文に、おびただしい数の女性の名前が刻まれた。これは前代未聞のことで、中国史上初めて抑圧されていた女性達の願いが表現される時代となった。

次に示すのは、龍門石窟の蓮華洞北壁下部にある仏龕に刻まれた「宋景妃造釈迦像記」の訳文である。

> 北魏の孝昌三年（五二七）四月八日、清信女の宋景妃は、自ら思いますに、前世の功徳が少なかったため福縁が浅く、亡き父母のためこの世界に、女人として生を受けましたが、亡き父母が慈しみ育ててくださった、そのお蔭で、痩身ながらこうして生き永らえることができております。今、父母の慈育の苦労を思い起こし、直にご恩に報いたいと思いますが、もはやそれはかないません。そこで、私が釵《かんざし》や帯を買おうと貯えていたその半分を使って、亡き父母の為に、つつしんで釈迦像一体を奉造いたしました。この造像のささやかな功徳でもって、どうか亡き父母が「西方の妙楽国土」に生まれ変わり、仏さまにお会いして教えを聞き、さらには弥勒菩薩の下生《げしょう》される世界にご一緒できますように……。また、一切の生きとし生けるものも皆、この功徳のもたらす幸せを同じうすることができますように……。

この造像は、龕の大きさが高さ八十センチ、幅八十二センチ、奥行十七センチで、中の主尊像は高さ四十三センチ、中国式の着衣をまとい、説法印で結跏趺坐《けっかふざ》した裳懸座《もかけざ》の穏やかな釈迦仏である。

この造像の主である宋景妃は「清信女」とあることから、すでに三帰五戒《さんきごかい》を受持した女性の信徒で、多少の資産がある中間層の家に嫁いでいると思われる。彼女は自分を育ててくれた父母の恩に報いるために、当時もっとも人気のあった釈迦像を造って、嫁ぎ先に居ながら、亡き父母の「西方妙楽国土への託生」を祈願し、また同時に、弥勒下生の願いも抱いている。亡父母の冥福を祈るのに、儒教的儀礼ではなく、仏教の来世思想に大いに魅力を感じ

◀図88　如来像頭部
大阪市立美術館
砂岩　高50.5
北魏（5世紀後半）
龍門石窟に先立ち、仏教を重視した北魏の文成帝は大同に雲岡石窟を開削した。かすかな微笑を湛えた表情には西方の影響も認められ、雲岡でも古い時期に制作されたものと考えられる。

▲図89　龍門石窟古陽洞の内部
北魏（5世紀末）
古陽洞は、龍門で最初に開かれた石窟と考えられる。大小の仏龕が並び、その多くに仏三尊像が祀られていた。これらの仏龕には、本文で触れた蓮華洞の例のように、造像に参加した寄進者たちによる碑文が記されており、制作年代が判明する場合も多い。

て龍門の造像に参加し、あえて釈迦誕生の四月八日に完成の法要をしてその歓びを表現している。ただ、初めに「前世の功徳が少なかったために、この世に女性として生まれた」と記しているところからすると、当時の仏教理解が差別的固定観念から完全には自由でなかったこともうかがわれよう。

そもそもインド・西域から波状のように伝わった仏教は、中国古代社会の衰退と変動の過程で、その渦中に生きる人々の不安と苦悩を受け止めながら広まった。抑圧された人々にとって仏教はとてもやさしく心に響くものだったのであろう。特にそれまで伝統的な家父長道徳にしばられてきた女性達は、直感的に仏教に光を見いだし、その歓びを心の支えとして連綿と受け継ぎ、家庭では躾《しつけ》として子供達に伝えていったのである。そして六世紀になると、ときには仏教を信奉する女性だけの集団を結成し、役割を分担して、僧や尼僧の指導のもとに大きな石仏を造って祈ることが華北の各地で行われるようになった。

四回の廃仏など厳しい道のりをたどった中国仏教の歴史において、差別され抑圧されながらも、仏教の中に自分の「生きる意味」を嗅ぎ取った女性達、仏への祈りを今につないだその役割について、いま少し評価されてもよいであろう。

（佐藤智水）

コラム　本生説話とガンダーラ

北伝仏教においては「利他」という考え方が大変重視され、特に「ジャータカ」(本生説話《ほんじょうせつわ》、本生譚《ほんじょうたん》)と呼ばれる釈尊の前世の物語においてそれが強調された。

一世紀頃から仏教が大いに繁栄したガンダーラの周辺は、釈尊がその生涯において訪れることのなかった場所である。そこで、釈尊を慕うガンダーラの仏教徒たちは、釈尊が前世において活躍したのがこの場所であったと考え、様々な「本生処《ほんじょうしょ》」をつくり出していくのである。この地域を訪れた東晋の法顕や唐の玄奘も、これらの本生処を詳しく紹介している。

ここでは、こうした中国の求法僧《ぐほうそう》が著作に残した、ガンダーラとその周辺に見られる本生処と、その場所に関連する本生説話を簡単に紹介しよう。

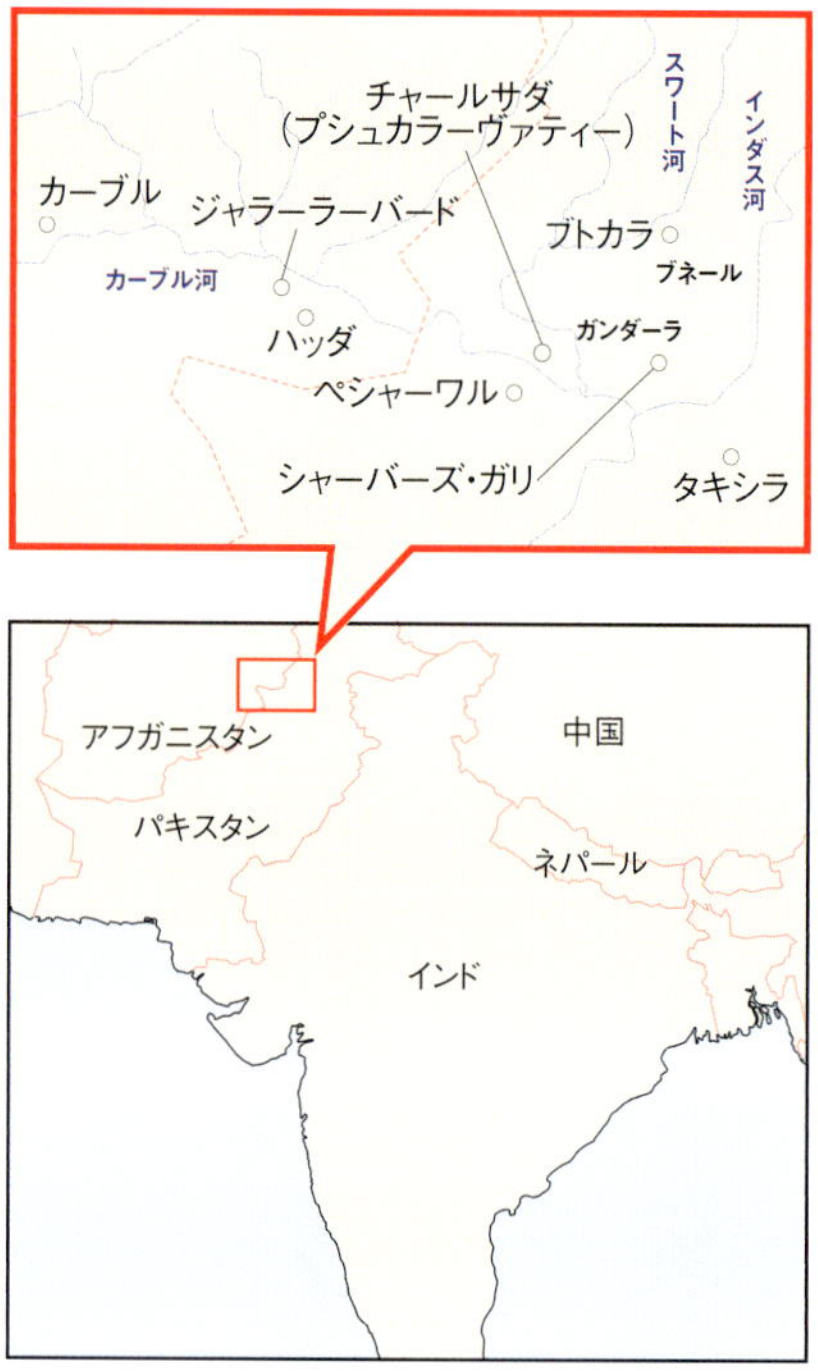

▲図90　ガンダーラ地域周辺の本生処の位置

一　燃燈仏授記本生

場所：ナガラハーラ付近(アフガニスタン、ジャラーラーバード付近)

あるバラモン青年(釈尊の前世)は、燃燈仏(過去仏の一人)がやってくるのを知り、蓮華を購入して散華供養するとともに、仏の前に溜まった泥水を自らの衣と髪でおおい、燃燈仏にその上を通るよう促した。燃燈仏はこの善行を見て「あなたは将来、仏となるであろう」という授記(予言)を彼に与えた、という物語である。この本生説話は、仏伝テキスト(第一章第三節参照)の冒頭に置かれる場合もあり、広く流布していたと考えられる。特にガンダーラでは多くの浮彫が制作され、アジアの各地でも浮彫や壁画として表現された。

▲図91　燃燈仏授記浮彫　　福岡　伯林寺
37.9×35.8　ガンダーラ　3〜4世紀

画面右に大きく燃燈仏が表され、その足元には自らの髪の毛を泥の上に敷くバラモン青年が表現される。画面左は花売りの娘から蓮華を購入する青年、その右に、まさに散華を行なおうとする青年、その上部には空中に飛翔して合掌する青年がいて、物語の流れがこの一画面に盛り込まれている。いわゆる「異時同図法」である。

二　ヴィシュヴァンタラ（スダーナ）本生

場所：シャーバーズ・ガリ付近（パキスタン北西部、ガンダーラ地域の中心）

かつて、大変慈悲深いことで有名なスダーナ太子（釈尊の前世）のもとに、干ばつの被害が甚だしい隣国からバラモンの使いがやってきて、雨を降らせることのできる白象を譲ってほしいと懇願した。スダーナ太子はこの白象を与えてしまい、国の宝を他国に与えた罪で追放されてしまう。放浪の身となった太子のもとに再びバラモンが現れ、息子たち、そして妻を要求されると、みなことごとく布施してしまう。このバラモンは、実は帝釈天であり、太子の布施心を試していたのであった、という物語。この説話も広く知られていたようで、インド、ガンダーラ、西域、中国といった各地で図像化された。

三　シビ王本生

場所：ブネール付近（パキスタン北西部、ガンダーラ地域北東）

ある時、シビ王（釈尊の前世）のもとに、鷹に襲われた鳩が逃げ込んでくる。鷹は、鳩をかくまうシビ王に、鳩と同じ重さの生肉を渡すよう要求したため、シビ王は自らの太ももの肉を切り取って天秤で量り、鷹に与えた。この鷹は実は帝釈天であり、シビ王の「慈悲」を試そうとしていた、という物語である。この説話も浮彫や壁画に多くの作例がある。

▲図92　スダーナ太子本生図壁画
敦煌莫高窟第428窟　6世紀後半

三段にわたって、スダーナ太子本生の内容が連続的に描かれている。上段は向かって左から右へ、中段は右から左へ、下段は左から右へ、白象を布施する場面から二人の息子を布施して連れ去られるまでを細かに表現する。この壁画の隣には薩埵太子本生が同じ手法で描かれており、ガンダーラ周辺だけでなく、敦煌においても本生説話が好まれていたことがわかる。

▲図93　シビ王本生図壁画　　龍谷大学
伝ハッダ　4～5世紀

画面中央に大きくシビ王が描かれ、その向かって右上方に鳩とそれを追う鷹が表現されている。向かって右側には王の左足の肉を切り取る人物と秤を持って肉の重さを量る人物が見える。法顕がジャラーラーバード周辺を訪れた時期に描かれた貴重な作例であると考えられる。

四　快目王本生

場所：プシュカラーヴァティー付近（パキスタン北西部、ペシャーワルの北東）

釈尊が前世において菩薩であった際に、自らの目を人に施した、という物語。さきにあげたシビ王本生説話の別のヴァリエーションともいわれるが、少なくとも法顕や玄奘といった中国の求法僧たちは異なる物語と捉え、それぞれ別の場所を「本生処」としてあげている。西域・クチャのキジル石窟壁画にこの物語の作例がある。

五　月光王本生

場所：パキスタン、タキシラ付近

ある時、月光王（釈尊の前世）のもとに悪心を抱いたバラモンがやってきて、王の頭を要求する。王はこれに応じて頭を切断させようとするが、樹神の怒りに触れたバラモンの首は反転し、手足も捩れてしまう。しかしそれでも、王はこのバラモンに頭を施した、という物語である。キジル石窟の壁画にしばしば見られる。

六　摩訶薩埵太子《まかさったたいし》本生

場所：パキスタン北西部

ある時、摩訶薩埵太子（釈尊の前世）が山に入ると、飢えた虎の親子に出会う。憐れに思った太子は、自らの体をこの虎の親子に食べさせ飢餓から救う、という物語。この説話は「捨身飼虎《しゃしんしこ》」と呼ばれ、中央アジアや敦煌壁画などに作例が多く見られ、法隆寺の玉虫厨子に描かれていることでも有名である。

ほかにも、盲目の両親を助けて生活し、死後によみがえった「シャーマ本生」や、飢えたバラモンのために自ら火中に身を投げる兎の話を描いた「兎本生」などが好まれたようで、いくつか図像化された例が知られている。そもそも、ジャータカの物語の数は膨大で、その多くがインドなどで古くから伝えられてきた仏教とは関係のない物語を、仏教の文脈に置き換えたものである。人々によく知られていた物語を仏教に取り込むことで、多くの信者が仏教に親しみを持ち、また新たに布教する際にも大いに役立ったと考えられる。

（岩井俊平）

◀図94　薩埵太子本生図壁画
敦煌莫高窟第254窟
5世紀後半
（撮影：大塚清吾）

画面中央下に、虎の親子に食われる薩埵太子のすがたが大きく描かれている。左上には飢えた虎を見下ろす薩埵太子とその兄弟たち、右上には虎のためにまさに身を投げる太子がそれぞれ描かれている。この壁画の全体の配置は、物語の流れには必ずしも従っておらず、一見すると複雑な構成になっている。

第四章　浄土教の成立と展開

第一節　様々な仏と浄土

一　釈尊が現れた須弥山世界

釈尊が誕生し活動した世界を宇宙論的観点からみるとどうなるか。

仏教の宇宙観を語る『阿毘達磨倶舎論《あびだつまくしゃろん》』（倶舎論）という論書によれば、宇宙の中心には須弥山《しゅみせん》（スメール山）という山があるという。これは古代インドの伝統的宇宙観にしたがうものである。論書は続けて語る。須弥山を山々と海とが八重に取り囲み、須弥山の四方にはそれぞれ大陸があり、太陽と月は須弥山の中腹をめぐっている。釈尊が誕生し、教化の活動をなしたのは南方のジャンブ洲（南贍部洲）の大陸とされる。このジャンブ洲の地上がわれわれの住む世界、つまり「この世」である。

地上には人間と畜生（動物）が共生し、地下には地獄と餓鬼が住み、須弥山とその上空には帝釈天や梵天などの神々の住む天上界が広がる。この五趣・五道に阿修羅を加えると六道の輪廻となる。悪い行為（悪業）によって地獄・餓鬼・畜生の三悪道に趣き、善い行為（善業）によって人間界と天上界の善き境涯に生まれる。須弥山は、そのような業の因果が支配した無常の輪廻世界を象徴する存在としてそびえ立つ。

釈尊の到達した悟りはもちろんこのような須弥山世界を超えている。釈尊以降の仏教では、須弥山世界を欲界・色界・無色界の三界という枠組みに組み替え、悟りへ至る禅定の段階を天上界の住処に対応させることによって、輪廻の迷いから解脱する仏道体系を構築した。それはまた輪廻の世界を超えて存在する「浄土」の宇宙観へと発展していく。

入滅した釈尊の次に「この世」に現れ出る未来仏は弥勒（マイトレーヤ）と決まっていたが、一説にはそれまで五十六億七千万年ある。したがって、弥勒仏が現れ出るまでこの世は無仏の時代である。

二　十方の現在諸仏と浄土

大乗では、十方へと無限に広がる空間に現在仏が存在し、仏が今説法している仏国土、すなわち浄土のあることが説かれた。

後の密教では、大日如来を中心に、西方の阿弥陀仏、東方の阿閦仏、南方の宝生仏、北方の不空成就仏というように、四方に仏が配当され、無限に広がるマンダラの宇宙世界が表現されるようになる。

ではどのようにすれば、現在仏に会うことができるのであろうか。

功徳を積む、三昧を修する、仏の威神力をたのむ、神通力を得る、浄土に往生するなどの方法がある。そ

◀図95　仏説法図浮彫　　モハメッド・ナリー(ガンダーラ)
ラホール博物館　高119　3〜4世紀
中央の仏は、蓮華座上に結跏趺坐して説法印を結んでいる。仏の頭上に天蓋がかざされ天女が舞い、その周囲を菩薩が取り囲んで聴聞している。蓮池から伸びた蓮台に立つ俗人の男女が合掌し、また蓮池から半身をのり出して龍王が供養している。蓮池では蓮華が咲き、魚が泳ぎ、アーチ型建物の屋根には鳥がとまっている。

れらのうち特に三昧を重視したのが『般舟三昧経』《はんじゅざんまいきょう》という経典である。般舟三昧とは「現在仏がいま目の前に現れる三昧」を意味する。

『般舟三昧経』は、雲一つない満天の夜空に光り輝く無数の星を人が見るように、あらゆる方角の十方を見れば幾百千億の無数の仏に見《まみ》えると説く。十方の内特に重視されたのが西方である。西方の極楽世界には阿弥陀仏が住み菩薩たちに囲まれて今現在説法している。人は心身を清らかに保ち、ひとり静かな所で、一日一夜ないし七日七夜間にわたり、聞いた通りに阿弥陀仏を憶念して念仏を相続するのである。積んだ功徳が熟することやこの世に弥勒仏が出現するのを待たなくとも、神通力を得て他方世界に飛んで行かなくとも、また往生を願って死ぬ必要もない。百千億仏土の距離や須弥山などの障害物に妨げられることなく、今ここに、この身において三昧中に仏が現れ見えるというのである。

また仏像を作り仏画を描くことが勧められた。般舟三昧がその当初から仏像を観想の対象物としていたかどうかは明らかではないけれども、仏塔に安置された仏像を前に念仏し供養する宗教儀礼が行なわれていたことは確かである。

ここでガンダーラから出土した仏説法図を紹介しよう(図95)。これは、釈尊が舎衛城で千仏化現の奇跡をなしたという「舎衛城《しゃえいじょう》の神変《じんぺん》」をあらわすという説がある一方で、仏が光明を放って十方の仏国土を照らし説法する浄土の様相をあらわしたものとみる説も提起されている。後者の場合、この主尊の仏は釈迦牟尼なのか阿弥陀なのか、また仏国土は何処なのか、現在まで『大阿弥陀経』『無量寿経』『華厳経』『解深密経』《げじんみっきょう》などをもとに解釈が試みられているが、定説をみるには至っていない。神変や浄土に関係の深い「三昧」の光景をあらわしたものかもしれない。いずれにしても後の阿弥陀浄土図の原形と目される。

三　仏像の観想を説く諸経典

四世紀後半から五世紀前半にかけて、一群の禅観経典が中国に伝えられた。これら経典には梵本やチベット訳が伝わっていないことなどから、インド撰述が疑問視されているが、翻訳者が中央アジア出身であったり、あるいは罽賓国《けいひん》（ガンダーラあるいはカシュミール）で活動したりしていたことから、そうした地域の仏教事情を反映して成立した経典だと考えられている。

一つは、鳩摩羅什《くまらじゅう》訳『禅秘要法経』三巻、同『坐禅三昧経』二巻、同『思惟略要法』一巻、曇摩蜜多《どんまみった》訳『五門禅経要用法』一巻など、「禅」の文字を経典名に含む禅経類である。これらは修禅者が禅を習うためのマニュアル書のようなものである。

そもそも「禅（ディヤーナ）」とは、「静慮」や「思惟修《しゆいしゅ》」と意訳されるように、一つの対象物に集中する心の安定や寂静をいうだけでなく、心に結んだ対象物を審慮し思惟する智のはたらきをともなう。前者を「止（シャマタ）」といい、後者を「観（ヴィパシャナー）」という。また心の寂静性に重きを置いたのが三昧（サマーディ）である。いずれにせよ、煩悩がはたらく対象物の観察を通して、貪欲《とんよく》や瞋恚《しんに》や愚痴などの諸煩悩の活動を静め心の寂静をより深めていく観法である。ここでは小乗の伝統的な観法に加え、仏像の観想を内容とした念仏三昧の観法が説かれた。各経典で完全に一致するわけではないが、その観想は一仏像から生身の釈迦牟尼仏、法身、十方諸仏へと展開する。『思惟略要法』ではさらに無量寿仏の観想を説く。仏像は、出家・在家を問わず、今ここに仏が在すかのように、見る者に畏敬の念を抱かせたことであろう。ここにはもはや大乗と小乗の対立はみられない。

もう一つは、「観」の文字を経典名に冠する観経類、すなわち畺良耶舎《きょうりょうやしゃ》訳『観無量寿経』（以下、『観経』と略す）一巻、曇摩蜜多訳『観虚空蔵菩薩経』一巻、沮渠京声《そきょきょうしょう》訳『観弥勒菩薩上生兜率天経《かんみろくぼさつじょうしょうとそつてんぎょう》』一巻、仏陀跋陀羅《ぶっだばだら》訳『観仏三昧海経』十巻などである。懺悔を教えて罪業の消滅を説き、仏無き世の凡夫が強く意識される一方で、仏像に向かって仏名を称えあるいは仏像を観ることを説き、仏を拠り所とすべきことが強く意識される。

このような仏に見《まみ》える念仏の実践やガンダーラでの仏像信仰の隆盛は、中央アジアへと伝播していく中で観仏三昧あるいは念仏三昧の念仏観法を発達させ、中国で浄土教が繁栄する流れを形成したのである。

四　龍樹の教え

龍樹《りゅうじゅ》（ナーガールジュナ、一五〇～二五〇年頃）は、南インド出身で、インド大乗仏教の教学基盤を築いた人物である。

『般若経』は、般若波羅蜜（智慧の完成）を称揚して、徹底して空を説き、分別を離れた空性の智慧を求める菩薩道を説いていた。その空を「縁起」に結びつけていったのが龍樹であった。

龍樹は『中論頌《ちゅうろんじゅ》』冒頭の帰敬偈《ききょうげ》に、何ものも生ずることなく（不生）、滅することなく（不滅）、永遠でなく（不常）、断滅せず（不断）、同一でなく（不一）、別異でなく（不異）、来ることなく（不来）、去ることもない（不去）、そのような縁起を仏は説かれた、という。

不生・不滅をはじめ二語一対の八つの否定は八不と呼ばれ、空をあらわしている。その八不が縁起を修飾する形容詞句として述べられて、縁起の意味内容が「縁起即空性」として示されたのである。

無明の生により老死が生じ、無明の滅により老死が滅する、という十二支の「縁起」の教えは、釈尊の悟りの内実を説き明かした根本教説であるが、龍樹によれば、世間の言語習慣にしたがって「世俗諦」として示された教えであった。しかし、どのような教えであれ、言葉で説示されたものは、究極の真理としての「勝義諦」の前では虚妄となる。老死を滅した涅槃の境地は言葉で表現できず分別を超えているからである。その事実が不生不滅という言葉によって逆説的に表現されている。そのように縁起は空であるから、空性の智慧をめざす大乗の菩薩道は仏道として成立する。

大乗の菩薩道における一つの目標は不退転に至ることである。不退転の位に至るなら、必ず仏となることが定まり、自覚覚他の菩薩の活動に後退がなくなるからである。

「般舟三昧を父となす」といわれたように(『十住毘婆《じゅうじゅうびば》沙論《しゃろん》』入初地品、『菩提資糧論』)、龍樹は般舟三昧を高く評価した。『八千頌般若経』では、般若波羅蜜の求道遍歴の末、三昧中に十方の諸仏に見えたサダープラルディタ菩薩は、善友となるダルモードガタ菩薩から、その諸仏如来はどこから来たのでもなく(不来)、どこかに去ったのでもなく(不去)、空性にほかならないと教えられ、歓喜にみたされたことが説かれている。

このように龍樹は、現生《げんしょう》(この生涯)においてすみやかに初地《しょじ》・歓喜地《かんぎじ》の不退転に至る菩薩道を般舟三昧の見仏に求めていた。

その点で注目されるのが易行道である。般舟三昧が「陸道の歩行」であるのに対して、易行道は「水上の乗船」に譬えられた。諸仏菩薩は此岸の衆生を悟りの彼岸に済度しようと活動している。衆生はその諸仏菩薩を信じその摂取するはたらきに身をゆだねる。そのような疑いなく清く澄みわたった心に仏が現れ見仏する。それを「乗船」といったのであろう。十方三世の諸仏菩薩への憶念称名が「信方便の易行」といわれる理由はここにある。

『十住毘婆沙論』念仏品の般舟三昧や、易行品の憶念称名は決して阿弥陀一仏に限ったものではない。しかし、易行品の阿弥陀仏は、その本願力の故に十方諸仏の内でも格別の存在として説かれていることも確かである。

後に成立した『楞伽経《りょうがきょう》』に、龍樹が歓喜地を証得して安楽国に往生したと伝えられたように、次第に龍樹と浄土教との結びつきは強くなっていく。

五　世親の教え

世親《せしん》(ヴァスバンドゥ、四〇〇〜八〇年頃)は、ガンダーラ出身で北インドを活躍の拠点とし、『般若経』の空思想を発展的に継承して瑜伽行唯識《ゆがぎょうゆいしき》の教学を大成した人物である。

西北インドや北インドでは、説一切有部《せついっさいうぶ》が勢力をのばし、毘婆沙《びばしゃ》師(阿毘達磨論師)や瑜伽師と呼ばれた人たちが中心になってアビダルマ(阿毘達磨)という精緻な伝統教学を体系化していた。かつて世親もその一人であった。

一方で、止観を内容とするヨーガの実践(瑜伽行)に重きをおく瑜伽師(ヨーガーチャーラ)たちの間に、大乗で説かれた空や縁起を内観する人たちがいた。彼らは自らの心を見つめ心を観察することを通して、さらに深く空や縁起の意味を探っていった。その思索は『瑜伽師地論』や『解深密経』などにあらわされ、その伝統が無着・世親の兄弟へと受け継がれて唯識思想として体系化されたのである。

唯識とは、心、すなわち識のはたらきとしてのみ世界のすべては存在する、という考え方である。

彼らは、龍樹が徹底的に分別を否定したのに対し、心が分別を起こし虚妄なるままにはたらいていることを否定しえない事実として認めた。そうした虚妄分別《こもうふんべつ》という心のあり方に空性を見いだし、空性に虚妄分別をみていったのである(『中辺分別論』相品)。そして虚妄分別を三性にもとづいて解釈し、依他起性《えたきしょう》即遍計所執性《へんげしょしゅうしょう》である迷いの識から依他起性即円成実性《えんじょうじっしょう》である悟りの智に転換する、転識得智の仏道を確立していった。

世親は『無量寿経優波提舎願生偈』(浄土論)の冒頭で次のように語る。

　世尊、我一心に尽十方無礙光如来に帰命したてまつりて、安楽国に生ぜむと願ず。

ここに自身の阿弥陀仏への信と浄土往生への願いが表明される。書名中の「優波提舎(ウパデーシャ)」の語は論議とも訳される経典の形式の一つであり、原義は「近接して示す」という意味である。止観が重視され、龍樹にみられたように大乗菩薩道と阿弥陀浄土との結びつきが強くなっていく時代の要請に応えて、そのような環境下に生きる人たちに近づき接し、どのように極楽世界を観じ、どのように阿弥陀仏を信ずるのかを解き示して、仏説の意趣を開示する。それが世親にとっての無量寿経のウパデーシャであった。

その実践行には礼拝門・讃嘆門・作願門・観察門・廻向門の五念門があるが、そのうち作願門と観察門が止(奢摩他《しゃまた》)と観(毘婆舎那《びばしゃな》)に相当し、もっとも重きが置かれたのが観察門である。国土十七種、仏八種、および菩薩四種の三厳二十九種の荘厳功徳によって飾られた浄土の相を観察するのである。観察される阿弥陀仏の浄土は、もちろん瑜伽行派の自性《じしょう》身(法身)・受用《じゅゆう》身(報身)・変化《へんげ》身(応身)の三身説に基礎付けられた内容をもつ。

このように世親は阿弥陀浄土の止観行にもとづく大乗菩薩道の全貌を示した。ただしもっぱら観を述べ、信についてそれ以上は何も語っていない。また止観の実践が不退転とどのように関係するのかについても明言を避けている。この点は中国浄土教に引き継がれた課題であった。

(能仁正顕)

コラム　浄土教の源流

「浄土教」。明解なようで多様な意味を有する語である。包括的には「阿弥陀仏を信仰し、念仏により阿弥陀仏の西方極楽浄土に往生することを願う仏教」という方向性で間違いはないであろうが、その源流をたどるとなるとそうは簡単にはいかない。

例えば、親鸞浄土教の源流を尋ねようとするとき、七高僧（龍樹・天親・曇鸞・道綽・善導・源信・源空）の系譜があると思うかもしれないが、これは、親鸞が日本において種々の聖教の中から選択し確信した信仰の系譜であって、親鸞がいうそのように、インドにおいて龍樹・天親の浄土教があり、中国において曇鸞・道綽・善導の浄土教があったのかということとは、別の問題である。また、叡山浄土教や法然（源空）浄土教が、親鸞浄土教と同じとはいえないであろう。このような様相をみると、浄土教を構成する重要な要素である「阿弥陀仏」「念仏」「浄土」について、それぞれの源流（特に言語的な）をたどれば浄土教の源流が求められるということにはならないことも理解できるであろう。

このように「浄土教の源流」をたどるということは容易ではなく、各祖師方の信仰を、その当時の時代的・地域的状況や浄土教的な要素以外を無視して、後に継承されたそのようにあったと可逆的に検証することは、単なる再確認であり、あまり相応しくない。

よって、ここでは、日本における浄土教の祖師方が、中国語（漢文）の聖教から、釈尊が説いた仏教の真髄として阿弥陀仏とその浄土の実在を確信されたことにヒントを得て、「中国における阿弥陀仏とその浄土信仰」という視点から簡単に述べていきたい。

中国における阿弥陀仏の浄土信仰は、仏身観（仏陀とは何ものかという考え方）の展開と密接に関連している。中国における仏身に対する関心は、仏教伝来（目安として西暦前二年と考えられている）当初からあったと考えられる。しかしながら、伝来当初からしばらくの間、仏教は、黄老信仰や老荘思想に包括され、中でも不老長生や神仙的志向の強い老子との関係は深く、老子と仏陀がともに祀られたという記述がいくつかみられる。また、老子が西方の胡（今のインド・イラン地域）に化身して仏陀となって教えを説いたものが中国に伝わっているとして、化身である仏陀の本源が老子であるとする「老子化胡《ろうしけこ》」説も生まれた。よって、仏陀や中国語に翻訳された仏典は、あくまでも老子に包括されるという感覚でみられていたと考えられる。さらに、これと時期を同じくして、仏教は「形尽神不滅《ぎょうじんしんふめつ》を説く教えである」というとらえ方が生ずる。これは、仮のものである身体（形）は滅んでも本源的な精神（神）は不滅であり、過去・現在・未来に行為の報い（業報）は継続するという考え方で、これが仏教の特色とされたため、当時の仏教徒は「老子化胡」と「形尽神不滅」の整合の問題を抱えることとなった。

この整合の問題に解決をもたらしたのが、『阿弥陀経』の訳者でもある鳩摩羅什（三五〇～四〇九、あるいは三四四～四一三）である。羅什の翻訳した仏典には、法身（真身）と化身（生身・色身）という二身説が説かれていた。二身説は羅什以前に翻訳されていた経典にも説かれていたが、羅什はその理論的根拠となる仏典を翻訳し、同時に中国人に教示したのである。その様子が、羅什と浄土願求の白蓮社を結社した廬山慧遠（三三四～四一六）との問答を記録した『鳩摩羅什法師大義（大乗大義章）』に残されている。この書の主たる関心は法身であり、ここに、寿命を有する化身としての仏陀釈尊の本源が（老子などではなく）、迷いの三界（輪廻の世界）を超え

▲図96　三国浄土高僧連坐像　　福井　専福寺
絹本着色　114.9×64.2　江戸時代

日本の浄土教において重視され、特に親鸞が確信した「信仰の系譜」としてのインド・中国・日本の七高僧が描かれている。上段の向かって右が龍樹、左が天親（世親）。中心には曇鸞が描かれ、中段右が善導、左が道綽。下段は日本の祖師で右が源空（法然）、左が源信である。浄土真宗の真宗高田派で多く制作された形式で、『浄土高僧和讃』にもとづくものと考えられる。

た不滅の法身にあるということが明確に示され、確信されたのである。また、この書には、般舟三昧《はんじゅざんまい》（諸仏現前三昧・仏立三昧）に強い関心を寄せていた廬山慧遠に対し、仏を見る念仏三昧の功徳や、現在、阿弥陀仏が西方に住し、光明によって十方世界を照らしていること、阿弥陀仏などの清浄なる仏国の寿命が無量であることが述べられている。般舟三昧を説く『般舟三昧経』は、支婁迦讖によって二世紀後半には訳されていたと考えられるが、中国では、廬山慧遠において、その念仏（見仏）三昧の真実性と阿弥陀仏とその浄土の実在がはじめて確信されたといえるであろう。

以後の中国における仏身観は、『鳩摩羅什法師大義』や羅什訳に説かれる二身説が基調となっている。特に羅什の弟子であった僧肇（三七四あるいは三八四～四一四）や曇鸞（四七六～五四二？）の仏身観にはその影響が色濃い。中でも曇鸞は『往生論註』において、羅什訳・龍樹造『十住毘婆沙論』「易行品」や菩提流支訳・婆藪槃豆造『無量寿経優波提舎』に着目し、羅什や僧肇が示した仏身や念仏に関する総括的な論を阿弥陀仏に寄せて解釈し、見仏（観仏）のための念仏と同等に称名念仏を論じていることは注目に値する。

曇鸞の時代と並行して、菩提流支（？～五二七）などにより法身・報身・応（化）身の三身からなる新たな仏身観が中国に伝わり、菩提流支に遅れて真諦（四九九～五六九）が法身・応身・化身という三身説をもたらすと、これらの三身説を羅什以来の二身説に整合させる動きが、末法思想の広がりにより無仏観が蔓延していた六世紀後半から活発になる。同時に現在仏としての阿弥陀仏とその浄土に関する研究も緻密になっていく。

ここで注目されたのが、すでに五世紀に中国へもたらされていた『観無量寿(仏)経』、いわゆる『観経』である。この『観経』に関しては、浄影寺慧遠(五二三~九二)、智顗(五三八~九七)、吉蔵(五四九~六二三)のものとされる註釈が残っており、その真偽が問題となっているものもあるが、この三師の阿弥陀仏とその浄土への関心は、彼らの他の著作からも充分に伝わってくる。彼らは阿弥陀仏とその浄土を三身説の最下位(応身・応土あるいは化身・化土)に位置づけ、智顗や吉蔵は迷いの三界の内にあると位置づける。つまり、阿弥陀仏を入滅の相を現した釈尊と同等にみて、阿弥陀仏は、無量寿とはいうものの寿命に限りがあるとするのである。ここに彼らは自らの住する世界に相応しい現在仏を発見しているのである。

一方、この三師とほぼ同時代に生きた道綽(五六二~六四五)は『安楽集』において、阿弥陀仏とその浄土が方便ではなく真実であることを確信し、法身(真身)を本源とする久住の報身・報土と位置づけ、さらに三界を超えた西方弥陀浄土への凡夫の往生が可能であることを立証するのである。

この道綽の姿勢は、玄中寺で道綽と交流した善導(六一三~八一)『観無量寿仏経疏』に受け継がれ、さらに洗練されたものとなる。善導は『無量寿経』にもとづき、四十八願を完成させた仏身として阿弥陀仏を報身と位置づけ、阿弥陀仏の本願によって、命終時において阿弥陀仏自らの来迎を受け、浄土(報土)往生することができると説くのである。また、そのための実践としての念仏三昧を「一心専念弥陀名号」とし、さらにそれが「一向専称弥陀仏名」であることを明かしている。ここに日本の法然(源空)・親鸞へつながる源流を見いだすのであるが、中国において、この善導の主張がどのような広がりをみせたのか確認することは困難である。宋代には、彼の著作は「玄義分」と『往生礼讃』を残すのみとなり、彼自身は、廬山慧遠に発祥し、智顗によって常行三昧として確立された般舟三昧の系譜に位置づけられ、高く評価されるようになるのである。

(長谷川岳史)

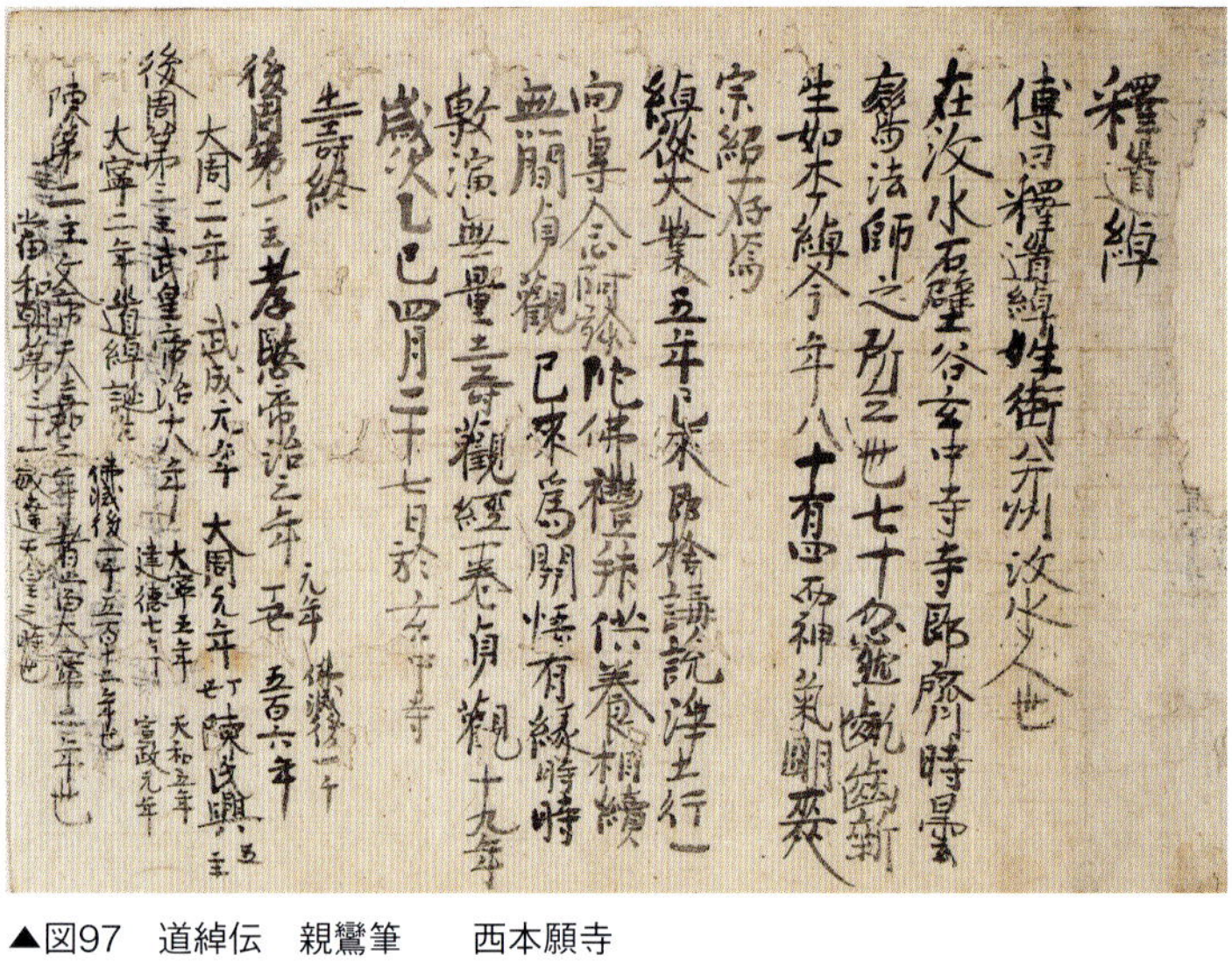

▲図97　道綽伝　親鸞筆　　西本願寺
紙本墨書　28.5×40.7　鎌倉時代
『続高僧伝』および『浄土論』から道綽の伝記を抜粋し、親鸞自身が書き写した写本。浄土教における道綽の役割を親鸞が重視していたことがわかる。

第二節　浄土三部経の成立

一　浄土の概念

「浄土」という言葉によって表される世界観は、初期大乗仏教経典の『般若経』に説かれた「仏国土を浄める」という思想に由来する。大乗仏教の菩薩たちが国土を浄めようとしたことこそが、浄土を語る出発点である。

大乗の菩薩は、すべての衆生を摂取して彼らを悟りの方向へ導くための国土を建立するために、誓願を立て、六波羅蜜の行を実践する。誓願と実践によって衆生を清浄なる道（悟りへの道）に入らせることが国土を浄めることにほかならない。

菩薩の行ないの結果として衆生が清浄化を完成させた世界、それが「浄められた仏国土」、すなわち浄土である。浄土とは、菩薩の修行の完成（自利）と菩薩のはたらきによって衆生の中に仏道を志向する芽が生まれたこと（利他）の両者が実現された自利利他円満の世界である。

菩薩にとって仏国土を浄めるとはいかなることであろうか。この問題については、『維摩経』「仏国品」に言及がある。国土（クシェートラ）といえば、第一に人の住む環境世界が考えられるが、ここでは衆生こそ菩薩の仏国土だという。その理由は、教化《きょうけ》されるべき衆生の能力や心構えに応じ、どのような国土であれば、生きとし生けるものが浄土を願い悟りを求める心をおこすのかと考えて、菩薩は仏国土を選び取るからである。衆生の願うこと（願生）がないような国土は、菩薩の仏国土ではないのである。

さらに、ひたむきに仏の教えを求める心（直心）、深く真実の道理を求める心（深心）、自らと同時に他者の悟りを求める心（菩提心）が、菩薩の浄土であるという。これらの心は自利利他円満の悟りを願い求道《ぐどう》する菩薩の拠り所ともいうべきものである。この心を浄めていくことこそ、浄土を実現することにほかならない。その経典の一節を鳩摩羅什訳によって紹介しよう。

> 若し菩薩、浄土を得んと欲すれば、当に其の心を浄むべし。其の心浄きに随いて、則ち仏土浄し。

浄土が「あの世」にあるのか「この世」にあるのか、またどのような特徴をそなえているのかは、「菩薩がどのような衆生を念頭において浄土を選び取り誓願（本願）を立てたのか」にかかっているのである。

二　浄土三部経

大乗経典の成立史上、阿閦仏《あしゅくぶつ》の浄土、すなわち東方妙喜世界を説く『阿閦仏国経《あしゅくぶっこくきょう》』の成立は阿弥陀仏に先行する。この経典は古くから『般若経』に影響を与え、阿閦仏信仰の勢力は大きかった。しかし、次第に阿弥陀仏が優勢となり、中国の唐代には浄土といえば阿弥陀仏の極楽世界を指すようにまでなる。

阿弥陀仏とその西方極楽浄土に言及する経典は数多いが、ここでは阿弥陀浄土を説く基本経典を紹介しつつ、浄土教の歴史的展開を追ってみよう。

阿弥陀仏を主題とするインド原典はその経典名を『極楽の荘厳（スカーヴァティー・ヴューハ）』といい、二種の系統が伝わった。まずその文献情報を示しておく。

1．無量寿経類……極楽の荘厳とともに、極楽がどのようにできたのか、阿弥陀仏の本願を説くもっとも中心の経典である。漢訳は五種の完本が伝わるが、別種の漢訳断片の存在も報告されている。二十四願を説く『阿弥陀三耶三仏薩樓仏檀過度人道経《あみださんやさんぶつさるぶつだんかどにんどうきょう》（大阿弥陀経）』二巻は最初期の大乗経典の一つで、四十八願を説く『無量寿経《むりょうじゅきょう》』二巻などへ増広され思想を発展させた。また現存するネパール系サンスクリット語写本は古くても十二世紀のもので、内容自体も比較的新しい。しかし、近年、アフガニスタンから六～七世紀頃の写本が発見され注目を集めている。一部のサンスクリット語写本やチベット語訳本では「無量光仏の荘厳（アミターバ・ヴューハ）」と呼ばれている。

2．阿弥陀経類……インド原典の経典名の通り、極楽の荘厳とその功徳の讃嘆とを説く。鳩摩羅什訳『阿弥陀経』と玄奘《げんじょう》訳『称讃浄土仏摂受経』があり、中国仏教界を代表する二人の三蔵法師がともに取りあげ漢訳した。チベット語訳本もある。

本経典は阿弥陀仏の国土を明かし最後にこの世の汚れた様子を示している。一般に無量寿経は分量が多いので「大経」と呼びならわし、阿弥陀経を「小経」と呼んで区別する。

以下にあげる三経（①『無量寿経』、②『阿弥陀経』、③『観無量寿経』）は、後の法然によって「浄土三部経」と呼ばれることになる。まず二つの経典①『無量寿経』と②『阿弥陀経』に説かれる「極楽の荘厳」について、その内容を併せて紹介しよう。

①『無量寿経』……かつて世自在王仏《せじざいおうぶつ》に出会った一国王がその説法を聞き、一切衆生を摂取する仏国土の建立を思い立ち菩提心をおこして出家し、法蔵菩薩の名のりをあげたと語られる。師仏の面前で求道の決意を表明した法蔵は、自ら理想の国土を実現するために、師仏より眼前に現された二百一十億の仏国土の特徴をことごとくみて、自らの国土に取りこみ浄土を実現する道を途方もなく長い時間（五劫）にわたって思惟し、これらを四十八の誓願（四十八願）として誓った。

法蔵菩薩が実現した浄土は、ここより西方に十万億仏土を過ぎたところにあり、「極楽（スカーヴァティー、安楽ある処）」と呼ばれた。法蔵は阿弥陀仏となり、そこに住して今現在説法している。無量光（アミターバ）・無量寿（アミターユス）の名に相応しい仏身を実現し（第十二願・第十三願）、限りない智慧と慈悲のはたらきをあらわした。

極楽には心身を悩ます苦が存在しないことから、「極楽」といわれる。端的には地獄・餓鬼・畜生の三悪道がなく（第一願）、無常の須弥山世界を超えた世界であることが示されている。

②『阿弥陀経』……この経典の前半部分では、この極楽世界について次のように語られる。「樹木が七宝から成り、蓮池には八功徳の水が充ち満ちて、蓮華は青や黄や赤や白など色とりどりに大輪の花を咲かせて光

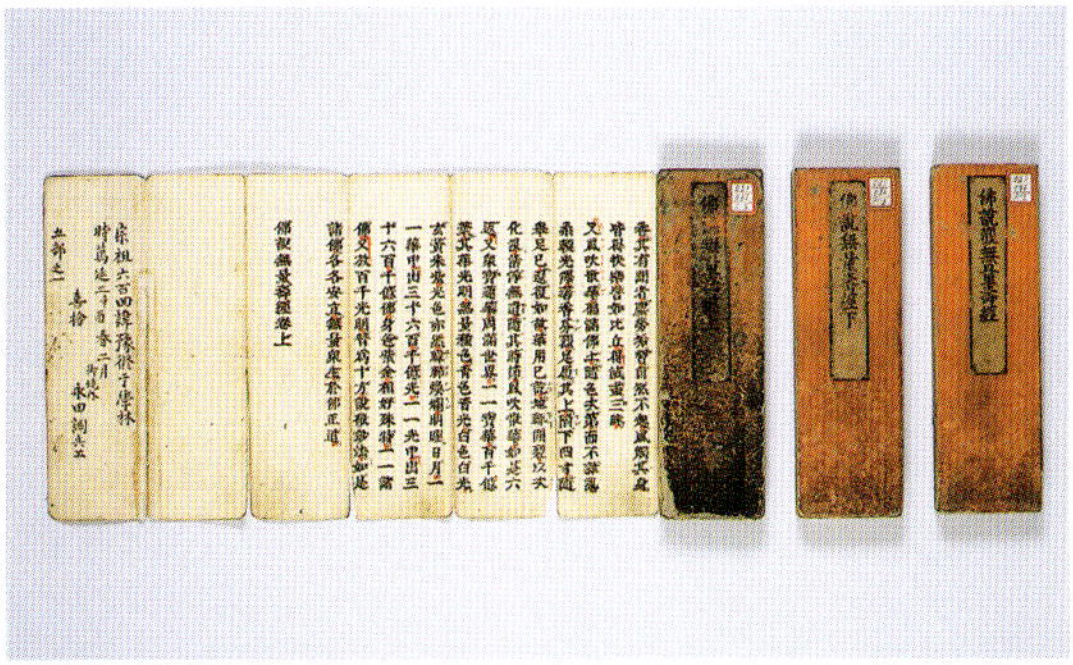

▲図98　浄土三部経　龍谷山開版　　龍谷大学
紙本墨摺　江戸時代
ここでは阿弥陀経を欠くが、常に読誦されたため表紙が黒ずんでいることが分かる。

り輝き、芳香を薫らせている。天の伎楽が奏でられ、迦陵頻伽《かりょうびんが》などの鳥のさえずりは見事に調和し、風にそよぐ木立や川のせせらぎは妙音を響かせる」と。

両経典に語られる極楽世界の自然環境は、それに触れる者の五感を楽しませる。衆生はそこに感覚的な安らぎを得つつ、寂静の声、空無我の声、大慈悲の声など、常に仏法を語る声を聞いて歓喜する身となる。必ず涅槃に至ることに定まった正定聚《しょうじょうじゅ》となり（『無量寿経』第十一願）、大乗の菩薩として一生補処《いっしょうふしょ》の菩薩あるいは普賢行の菩薩として菩薩道を完成していく（『無量寿経』第二十二願）。

ではどのようにして浄土に生まれるのか。①『無量寿経』では、疑いのない清浄な心（「信心歓喜」）を実質とした念仏（『無量寿経』第十八願）とする。また、臨終には心が乱れないよう阿弥陀仏が聖衆をつれてすがたをあらわす（『無量寿経』第十九願）。②『阿弥陀経』では、念仏を「名号」受持として説くところに大きな特徴がある。

このように、衆生が誰しも実践できる念仏による心清浄の道が、菩薩の歩むべき浄土への道として示された。もう一つ、忘れてはならない経典が『観無量寿経』である。

③『観無量寿経』……『無量寿経』と『阿弥陀経』ではこの世は五濁悪世とされ、特に『無量寿経』では三毒五悪段を説いて人間の醜く浅ましいすがたが克明に描写された。『観無量寿経』（以下『観経』）はそうした二経の説示を承けている。五濁悪世という、いよいよ悪化する時代環境下に生きる人間を視点として、阿弥陀浄土の意趣を開示したのである。

マガダ国の王宮では、王位をめぐって頻婆娑羅《びんばしゃら》王（ビンビサーラ）と阿闍世《あじゃせ》（アジャータシャトル）の父子に骨肉の争いがおこり、その間で、妻として母として苦悶する一人の女性、韋提希《いだいけ》（ヴァイデーヒー）がいた。「王舎城の悲劇」として伝えられたこの事件を契機として、『観経』の説法がはじまる。

韋提希は、自分にどんな罪があって悪い子が生まれたのかと思い悩む。息子は父を牢獄に閉じ込め餓死させようとし、母に刃を向けて殺そうとする。

しかし、この業の因果についての問いに釈尊は答えなかった。釈尊は、ただ悪に満ち充ちたこの世を願わぬ韋提希の求めに応じ、十方諸仏の浄土を現して見せた。見せられて阿弥陀浄土を選び取った韋提希のため、また釈尊無き世の凡夫のため、釈尊は清浄な極楽世界を見てそこに生まれる方法として十六の観法を説いたのである。

その十六観は大きく二つの部分から（第一観から第十三観までと第十四観から第十六観まで）構成される。一つは、日没の太陽を見て次第に西の彼方にある極楽の環境世界を観想し、仏像を見て次第に阿弥陀仏と観音・勢至の二菩薩の住む極楽世界を観想するなどの十三の観想方法である。これは先の禅観経典の念仏三昧の流れを汲む。特に第九真身観での巨大化した仏身は中央アジアの大仏を彷彿させる。

もう一つは、浄土を求めるに際し能力も心構えも違う三種の人々（三輩）を各三段階にわけた九品《くぼん》の往生人について、臨終時に阿弥陀仏が来迎しそれぞれ極楽浄土に摂取される様相を観想する三種である。第十六観の下下品《げげぼん》に説かれた称名念仏は悪人往生を説いたもので、浄土教史上、特筆すべき意味をもつ。

十万億仏土の距離に象徴されるように、彼岸の浄土は此岸の凡夫にとって絶対的に隔絶している。しかし、称名念仏や臨終という究極の時に念仏を称えさえすれば、阿弥陀仏が浄土の聖衆とともにすがたをあらわすように、この世への向下的なはたらきはより強く積極的になっている。こうした五感に訴え苦に苦悩する人に寄り添う教説の展開が人々に阿弥陀浄土への憧憬を生み、浄土の信仰が浸透していく。『観経』はその決定的な役割を果たした。

（能仁正顕）

◀図99　観無量寿経変相図壁画
敦煌莫高窟第172窟
土壁彩色　8世紀
（撮影:大塚清吾）

観無量寿経の内容を絵画として表したもの。中心に大きく阿弥陀仏が描かれ、極楽浄土のすがたが具体的に示されるとともに、左右の帯状の構図の中に、『観経』が説く十六観の様子が示されている。このように経典の内容を表した「変相図」は、唐代以降、中国で盛んに制作された。

コラム　浄土への思い

人々の浄土への思いは、経典の内容を図像で表し、視覚化することにつながっていく。そのきっかけになったと考えられるのは、先にも触れた「観想」という仏教実践方法である。観想すべき対象を実際に壁画で表している例は、例えばアフガニスタン・ハッダのタパ・ショトール遺跡に認められ、ここでは、白骨観想を実践するための骸骨が石窟の奥壁に描かれていた（図100）。これは、五～六世紀頃の例と考えられる（七十頁参照）。

一　トヨク石窟の壁画

次に、このような初期的な観想図から、経典に記された西方阿弥陀浄土世界を視覚化した阿弥陀浄土図が成立していく過程は、中国新疆・トルファンのトヨク石窟で確認することができる。特に、僧たちが観想を行なっていたと考えられる長方形の石窟（禅観窟と呼ばれる）では、奥壁に方形区画が描き出され、その一つ一つに池と宝樹、そして蓮華から上半身を出す童子像（蓮華化生《れんげけしょう》）などが描かれ（図101）、観想のための阿弥陀浄土の表現である可能性が指摘されている。

側壁には、石窟によっても様々な図像が描かれている。その一つは、禅定を行ないつつ空中から飛来する僧や、体から火焔・水流を発する僧の図像である。これは、観想を行なう僧のすがたを表したものだろう。また、病人や死体を観想し「不浄観想」を実践する僧や、骸骨を観想して「白骨観想」を実践する僧のすがた

▲図100　白骨観想の壁画　　タパ・ショトール（現在は消滅）
土壁彩色　5～6世紀

◀図101　方形区画内の浄土図　　トヨク石窟
土壁彩色　6～7世紀

▲図103　浄土観想を行なう僧　　トヨク石窟
土壁彩色　6〜7世紀

▲図102　不浄観想を行なう僧　　トヨク石窟
土壁彩色　6〜7世紀

▲図104　阿弥陀浄土図浮彫　　南響堂山石窟
6世紀後半

が描かれている場合もある（図102）。

さらに興味深いのは、禅定を行なっている僧たちが、浄土の様子を観想するすがたが描かれていることである。トヨク石窟の場合、阿弥陀浄土の様子の全景が表現されるのではなく、一人一人の禅定僧が、浄土と関連の深いモティーフを順次観想している様子が描かれる。そのモティーフとは、池や蓮華、花樹、瑠璃池、流水、楼閣や楽器、そして蓮華化生などである（図103）。その様子は観想の実践を説く様々な経典の内容と一致するうえ、実際に『観無量寿経』（以下『観経』）の文言やそれと関係する内容が漢文で壁画内に書かれている場合もあるため、これらは阿弥陀浄土を観想している様子を表した壁画であると断言することができるのである。

このように、一つの石窟の中で不浄観想から浄土観想への流れが見て取れる例はほかになく、トヨク石窟の禅観窟の壁画は浄土観想図がどのように成立していくのかを端的に示した作例である。現在のところ、これらの壁画は、六〜七世紀頃のものと考えられている。

◀図105　阿弥陀浄土変相図壁画
敦煌莫高窟第220窟
土壁彩色　642年頃
（撮影:大塚清吾）

二　南響堂山石窟の浮彫

トヨク石窟のように、浄土の様子を部分的に観想した図像から、やがて阿弥陀仏を中心に据えて、阿弥陀浄土全体の様子を表現する図像が登場してくる。ここでは、このような浄土図の内、初期的な様相を示すものとして、中国河北省にある南響堂山《みなみきょうどうざん》石窟の浮彫を取り上げる（図104）。第二窟の入口上部に据えられていたこの浮彫は、中心に阿弥陀仏の坐像を据え、画面手前側に観音菩薩と勢至菩薩の坐像を表現して阿弥陀三尊の形式が採られている。その背後では多くの聖衆が阿弥陀仏を囲んでその説法を聞き、上方には雲に乗って飛来する聖衆も彫り出されている。画面両端には楼閣、画面手前には三か所に蓮池が表され、特に中心の池の中には香炉とともに様々な表現の蓮華化生のすがたが認められる。このような様子は『無量寿経』や『観経』などで説かれる西方阿弥陀浄土のすがたを再現したものと考えられる。

この浮彫は北斉時代、すなわち六世紀後半に制作されたもので、すでにこの段階で、阿弥陀浄土の様子をこのように具体的な図像で表現することが行なわれていたということになる。この流れは、隋・唐の時代になってさらに加速するのである。

三　敦煌莫高窟第二二〇窟の壁画

浄土の全景を描く阿弥陀浄土変相図は、隋から初唐以降になると、非常に多くの作例が知られ、その内容が完成されていく。特に敦煌莫高窟では多くの壁画が描かれており、浄土教経典（『無量寿経』『阿弥陀経』『観経』など）にもとづく阿弥陀浄土図が流行していた様子を示している。ここでは、その典型的な例として第二二〇窟の壁画（図105）を取り上げ、その内容を見ていこう。この石窟には「貞観十六年」という記年銘が残されていることから、壁画も西暦六四二年前後に描かれたものと考えられている。

①**蓮池**……画面の中央を占めているのは欄干に囲まれた蓮池で、阿弥陀仏や脇侍菩薩もこの蓮池から生じた蓮台の上に坐し、あるいは立っている。蓮池の中には妙なる香りを出す香炉が浮び、さらに様々なすがたの蓮華化生童子が極楽浄土に往生したことを喜んでいる。

②**阿弥陀三尊**……蓮池の中心には阿弥陀仏が坐り、その両脇にそれぞれ菩薩立像が描かれる。観音菩薩と勢至菩薩であろうか。その背後には二本の幹からなる花樹があって、阿弥陀の頭上を傘蓋《さんがい》のようにおおう。

③**菩薩坐像**……三尊からやや離れた場所に、他の聖衆よりも大きく描かれた菩薩坐像が左右に一体ずつ描かれる。

④**聖衆たち**……阿弥陀三尊の周辺には、聖衆(極楽浄土に住まう様々な菩薩)たちが蓮池に浮かぶ蓮華座の上で思い思いのすがたをとりながら、阿弥陀仏の説法を聞く。

⑤**飛天・化仏たち**……画面上部は中空を表し、そこには阿弥陀仏の説法を聞くために自ら飛来した飛天や、雲に乗って現れた小さな仏・菩薩たちが描かれる。

⑥**舞楽段**……画面手前に描かれているのは舞楽を行なうための場所で、その中心では二人の踊り手が胡旋舞《こせんぶ》(当時、都の長安で流行していた西域・中央アジアの踊り)を舞い、そのかたわらで楽天たちが様々な楽器を用いて妙なる音楽を奏でる。

⑥**楼閣《ろうかく》・幢幡《どうばん》**……画面の左右には重層の楼閣建築が描かれ、ここからも聖衆たちが阿弥陀仏の説法に聞き入っている。さらに画面上部の中空にはきらびやかに荘厳された幢幡や楼閣があって、阿弥陀浄土の美しい様子に華を添えている。

以上のような阿弥陀浄土の様子は、浄土三部経の経典が説く阿弥陀浄土の描写内容と一致している。その中でも、『観経』の内容は、初期的な浄土観想図から完成された阿弥陀浄土変相図まで、様々なところに色濃く反映している。阿弥陀浄土図の外縁部に『観経』の内容を帯状に描くものを「観無量寿経変相図」、略して「観経変」と呼ぶ場合もある(図99参照)。したがって、当時の絵師たちは、経典に詳しい僧の指導を受けながら、このような阿弥陀浄土変を描いていったのだろうと想像される。その一方で、舞楽段に描かれた踊り手には、当時流行していた胡旋舞を舞わせるなど、絵師自身のオリジナリティも加味されていて興味深い。

いずれにしろ唐代以降は、敦煌莫高窟第二二〇窟に見られるような、浄土の全景を表す阿弥陀浄土変相図が数多く制作されるようになり、そこに人々の浄土への思いが込められたのである。このような浄土図の大規模な発展は、隋から初唐にかけて道綽や善導(八十六頁コラム以下を参照)が浄土教を大いに広め、その教えの中心に『観無量寿経』を据えたことと無関係ではない。当時(六世紀末から七世紀)の中国の仏教界において流行していた思想が、人々へと浸透し、図像としても多く残されたのである。

さらに、こうした阿弥陀浄土変は七世紀以降に日本へも伝わり、法隆寺金堂壁画や「当麻《たいま》曼荼羅」と呼ばれる一連の図像として発展していくのである。

(岩井俊平)

第二部　親鸞

インドを起点とする仏教は、西域、中国、朝鮮半島を経てついに日本に到達する。釈尊が法を説いてからおよそ一千年を経た、六世紀のことである。

第一部にみたように、仏教は伝播した各地で、社会の実情を反映した展開を遂げ、根付いていった。日本にも、多くの優れた先人たちによって、大陸での展開をうけた密教、禅、浄土など、様々な性格をもった教えがもたらされた。それらは単に先進地からの外来宗教として学ばれるにとどまらず、やがて日本の社会や人々の心情と深く関わる自分たちの信仰として、それぞれに思索が深められていく。こういった展開を代表するひとりが、浄土真宗の祖　親鸞である。

第二部では、日本での仏教の展開を、特に二〇一一年に七五〇回大遠忌をむかえた親鸞を中心に紹介する。

親鸞聖人絵伝（万福寺本）
第3幅　部分　西本願寺

はじめに　親鸞のすがた

親鸞の訃報に接した妻恵信尼《えしんに》は、娘の覚信尼《かくしんに》への書状に「あの御えい《(影)》の一ふく《(幅)》ほし《(欲)》く思まいらせ候也」と記している。「あの御えい」とは親鸞の肖像画のことで、親鸞の生前から描かれていた。肖像は、歴史的には「影《えい》」「影像《えいぞう》」と呼ばれた。「影」とは本来〝もととなる物事のありようを反映するもの〟を意味する。すなわち影像とは、姿形を写すことを通して、像主の存在を絵画や彫刻に反映させようとするものであった。

日本において肖像画の顔は、斜め向きに描かれるのが通例で、親鸞の絵像でも、斜め右を向いて坐わるすがたがもっとも多い。親鸞の生前に描かれたとされる鏡御影《かがみのごえい》(西本願寺蔵)と安城御影《あんじょうのごえい》(西本願寺ほか蔵)に共通する太い眉を持ち意思の強そうな表情は、後世の親鸞のイメージに大きな影響を与えた。

肖像の表され方からは、それを制作し、拝する人々が像主によせた思いが知られる。親鸞の坐具や周囲に注目すると、安城御影では、高麗縁《こうらいべり》の上畳《あげだたみ》にのべられた狸皮の敷物に坐り、前に桑の火桶、猫皮の草履《ぞうり》、二股の杖を置く。ところが、これらの生活感あふれる品々は、後世の多くの絵像では表されない。また上畳は小文高麗縁から大文高麗縁に変わり、さらに繧繝縁《うんげんべり》となって、礼盤《らいばん》が導入されるなど、より格の高い形式に変化する。親鸞に向ける人々の思いが、生々しい人となりを偲ぶものから、宗祖としての尊崇へと変わっていったことを示している。

また、親鸞には正面向きの絵像もあり、合掌し、蓮華を描く背屏《はいびょう》のある牀座《しょうざ》に坐す華御影《はなのごえい》と、両手で念珠をとる等身御影《とうしんのごえい》の二系統がみられる。

親鸞の廟所である大谷廟堂《おおたにびょうどう》には、当初は石塔が立てられていたようだが(『善信聖人絵』西本願寺蔵)、やがて背屏付きの椅子に坐す影像に変わった。当初の影像は合掌姿で(『善信聖人親鸞伝絵』三重・専修寺蔵)、千葉・常敬寺に伝来する親鸞像が、後に関東に持ち去られたこの像にあたると考えられている。その後、大谷廟堂には念珠をとる像が安置された(四幅本『親鸞絵伝』)。親鸞の絵像に正面向きの構図をとるものがあること、華御影にみる背屏の存在や、合掌像と念珠をとるすがたの二種があることなどには、大谷廟堂に安置された親鸞の影像の影響が推測される。

現存する親鸞の影像には、首に帽子《もうす》を巻き、念珠を手にするなど、広く見られる絵像とすがたを共通するものが多い。しかし関東地方の古例を中心に、千葉・常敬寺像や神奈川・善福寺像など、合掌する像や、帽子を巻かず、少し異なる表情をみせる像が伝来する。現在のイメージが浸透する以前の、親鸞のすがたの広がりを今に伝えるといえる。

（松岡久美子）

▲図107　親鸞聖人像　　滋賀　福正寺
絹本着色　86.2×38.7
室町・寛正5年（1464）蓮如裏書

親鸞の顔つきやすがたは安城御影に近いが、繧繝縁の上畳を置く礼盤はもっとも格の高い坐具で、周囲には何も描かない。宗祖としての尊崇の念が表されるといえる。

▶図106　◉親鸞聖人像（安城御影副本）　　西本願寺
絹本着色　127.6×40.1　室町時代

親鸞が83歳のとき描かれた「安城御影」の写しで、本願寺第8世蓮如により制作された。首に帽子を巻き、高麗縁の上畳にのべた狸皮の敷物に座り、前には火の入れられた桑の火桶、猫皮の草履、二股の桑の木の杖を並べる。等身大の親鸞の生活や人となりをうかがわせる。

▲図109　親鸞聖人像(等身御影)　　西本願寺
絹本着色　125.0×77.5　室町時代

念珠をとり、背屏は描かれない。伝えによると、大谷本願寺を破却された蓮如は大津に親鸞の影像を安置したが、文明12年(1480)に完成した山科本願寺にそれを移すにあたり、等身御影を描いて大津に残したという。文明9年に蓮如から長男順如に下付する旨の裏書が別装で現存する。順如ゆかりの大津近松顕証寺を継ぐ大阪・顕証寺にも、本画像とは別に古様の等身御影が伝来する。

▲図108　親鸞聖人像　　滋賀　本行寺
絹本着色　129.2×73.1　桃山時代

合掌して正面向きに坐す親鸞の背後に、大きく蓮華を描く背屏が表される。京都・常楽臺に伝わる華御影と称される絵像の写しである。

◀図110　親鸞聖人坐像
千葉　常敬寺
木造　像高69.7　鎌倉時代

常敬寺は親鸞の孫、唯善の遺跡寺院。延慶2年(1309)に唯善は親鸞曾孫の覚如と大谷廟堂の継承権をめぐって争い、大谷廟堂安置の親鸞木像を関東に持ち去った。本像は、その像にあたる可能性が高い。帽子を首に巻かず合掌するなど、広く知られた親鸞のすがたとは隔たるが、東国を中心にこのようなすがたの親鸞の影像が複数伝来する。

◀図111　◎親鸞聖人坐像
神奈川　善福寺
木造　像高75.5　鎌倉時代

鏡御影などとは印象の異なるすがただが、親鸞像として伝来した。東京・明福寺親鸞堂の親鸞聖人坐像は、手勢や袖部を除く法量が本像と細部に至るまで一致し、本像が親鸞の像として参照されるべき存在であったことがうかがえる。

第一章　日本の阿弥陀信仰と浄土教の広がり

第一節　仏教伝来と初期の阿弥陀信仰

　朝鮮半島では新羅が台頭した時代、そして日本列島では地方豪族の反乱に対処するため支配体制の再編が急がれていた時代、仏教は百済の聖明王から欽明朝の倭国に伝えられた。五三八年（『元興寺《がんごうじ》伽藍縁起』。以下『元興寺縁起』・『上宮聖徳法王帝説』。以下『帝説』）とも五五二年（『日本書紀』。以下『書紀』）のこととされるが、いずれの記録も仏教伝来を欽明朝に大臣《おおおみ》として仕えた蘇我稲目《そがのいなめ》に関連づけて伝承している。さらに『書紀』は、次の敏達朝の五八四年に、稲目の子である馬子が、仏舎利の威力に感銘を受けて仏教を信ずるに至るエピソードを記し、結びに「仏法の初、茲《これ》より作《おこ》れり」との語句を挿入している。欽明朝の仏教伝来記事掲載にもかかわらず、かかる語句を『書紀』編者があえて挿入したことは、日本仏教史の始まりにおいて蘇我氏が主導的な役割を果たしたことを示唆している。

　推古朝に入ると、馬子は倭国で最初の本格的寺院である法興寺（飛鳥寺）を百済の工人などの助力で完成し

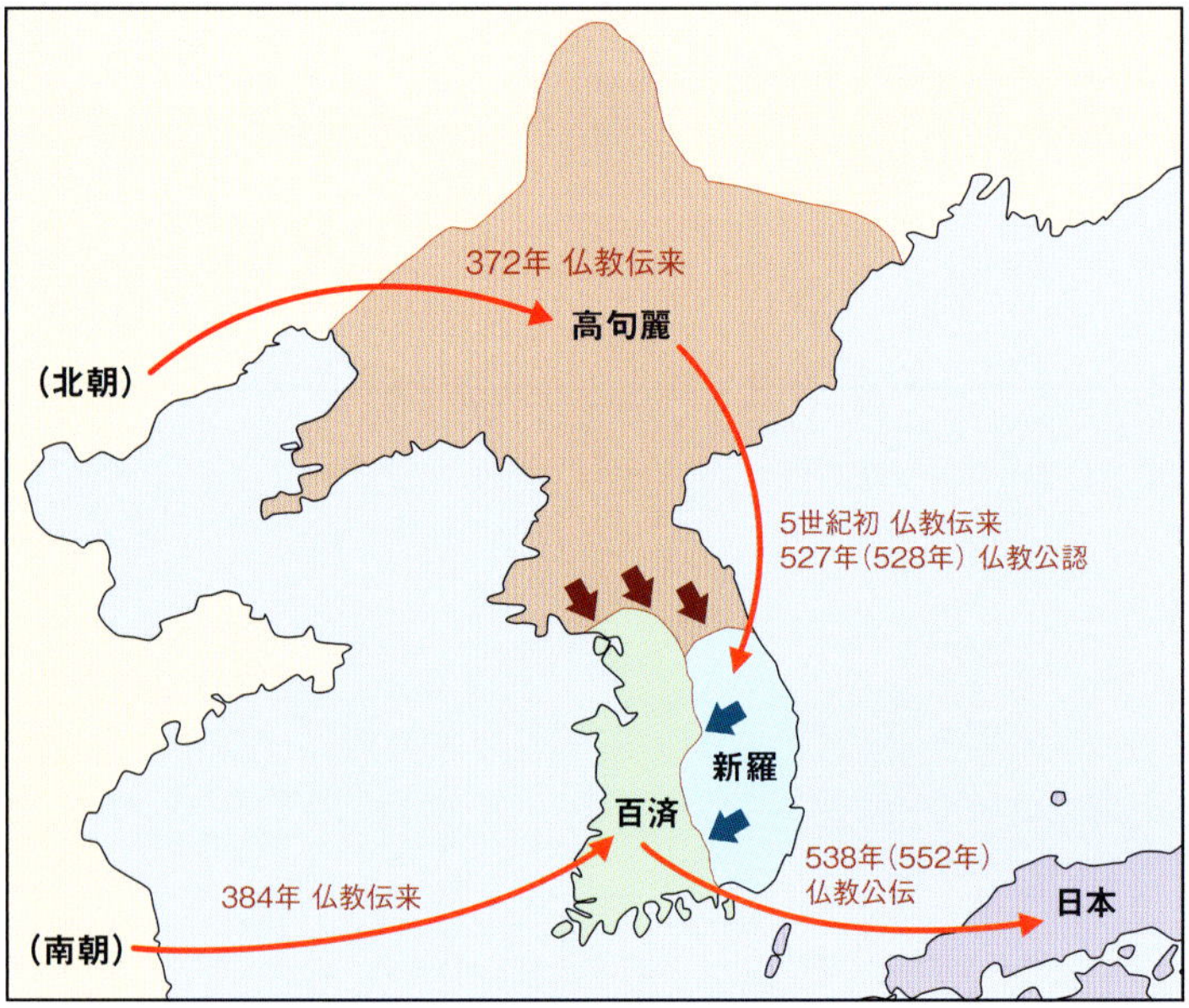

◀図112　仏教公伝の頃（6世紀）の東アジア情勢

朝鮮半島には高句麗・百済・新羅の三国があった。北方の高句麗は北朝と国交があり、中部以南の百済は南朝と国交を持っていたため、仏教は、高句麗には北朝から、百済には南朝から伝わり、新羅には高句麗から伝わった。
当初、高句麗が強大な力をもち、5世紀後半以降、南への勢力拡大をはかって百済と対立した。新羅は、はじめ高句麗の影響下にあったが、6世紀初めに急成長を遂げて百済を圧迫した。これにより百済は日本との関係を強めた。538年（552年）百済の聖明王から日本の欽明朝へ仏教が公伝したのもその一環といえる。なお6世紀後半になると三国相互の対立は激化。そのなかで孤立した新羅が中国の唐との結びつきを深め、7世紀後半に百済・高句麗を相次いで滅ぼした。

仏教伝来のルート

政治的圧迫

た。仏教は仏神・蕃神《あだしくにのかみ》(『書紀』)・他国神(『元興寺縁起』)・大唐神(『扶桑《ふそう》略記』)。以下『扶桑』)として理解され、倭国の国教である国神《くにつかみ》(天神地祇)への信仰(神祇《じんぎ》信仰)を基礎に、馬子は他国神である「三宝(仏教)の力」を頼み、その呪力に期待した(『書紀』)。そして馬子は他国神である仏教を祭祀する権限の掌握を通して、仏教を信奉する氏族らを配下に編成し、政教両面から勢力を増強していった。

高句麗の僧恵慈《えじ》などから仏教を学んだ聖徳太子は、馬子とともに推古朝の政治を担う中で、憲法十七条を制定した(『書紀』)。太子は憲法で「篤く三宝を敬へ」といい、「三宝に帰りまつらずば、何を以てか枉《まが》れるを直《ただ》さむ」として仏教に根ざす生き方を人々に求めた(二条)。そして「相共《あいとも》に賢く愚なること、鐶《みみかね》の端《はし》无きが如し」存在であるとみる太子の人間観からは誰もが「凡夫」であったが(十条)、憲法では「君をば天とす。臣をば地とす」との条文を定めた(三条)。しかし死後、妃の橘大郎女《たちばなのおおいらつめ》が作製させた天寿国曼荼羅繡帳の銘文には「世間虚仮、唯仏是真」との言葉が残され(『帝説』)、仏教に呪力をみる蘇我氏とは異なり、太子は現世の効用に仏教を用いない非呪術的な仏教理解を成立させた。記録に表れる太子の仏教的立場は、浄土三部経の一つである『無量寿経』も引かれている三経義疏《さんぎょうぎしょ》や数々の伝承、そして四天王寺・法隆寺・法起寺などの縁の寺院とともに、日本仏教史のその後の展開に多大な影響を与えることになる。

大化改新で蘇我氏の本宗家を倒して間もなく、新政権は「朕《われ》(孝徳天皇)、更《さら》に復《また》、正教《みのり》を崇《かた》ち、大きなる猷《のり》を光《てら》し啓《ひら》かむ」として仏教興隆宣言の詔《みことのり》を出した(『書紀』)。詔では蘇我氏による仏教興隆の事跡を強調しており、国家が興隆する仏教は、太子的な立場ではなく、神祇信仰に基礎を置き、仏教に呪力をみる蘇我氏的な立場の継承であった。その後、白村江《はくそんこう》での敗北や壬申《じんしん》の乱を経て、唐の律令法を継受した律令国家の構築が天武・持統朝において本格化した。仏教も興隆され、「沙門天皇」とも呼ばれた天武は「諸国に、家毎《いえごと》に、仏舎を作りて、乃ち仏像及び経を置きて、礼拝供養せよ」との詔を、六八五年に下した(『書紀』)。六九一年の調査では寺院が全国で五四五寺あったという(『扶桑』)。やがて鎮護国家を目的とする律令国家の理解した仏教、すなわち国家仏教がすがたを現しはじめ、大官大寺や薬師寺が建てられ、仏教界を統御する僧綱制度も整備された。七〇一年には僧尼が従うべき僧尼令が大宝律令の編目として制定され(『令義解《りょうのぎげ》』)、国家仏教の大枠が形づくられた。この過程で阿弥陀信仰も造像銘や記録などにみられるようになるが、その例は極めて少ない。

この時期の造像銘は釈迦・薬師・観音・弥勒などの仏・菩薩に死者の冥福を祈願するもので、阿弥陀仏の場合も同様である。観心寺の阿弥陀仏像光背銘には六五八年に亡夫と七生父母《しちしょうぶも》の追善のために妻が阿弥陀仏像を敬造したとある(『寧楽遺文《ならいぶん》』)。また西琳寺の寺誌『西琳寺文永注記』記載の金銅阿弥陀仏光背銘にも、六五九年に七生父母の追福祈願のために阿弥陀仏像を造立したことが記されており、初期の阿弥陀信仰の実態を伝えている。

記録には、舒明朝の六四〇年に入唐僧恵隠《えおん》を請じて『無量寿経』を講説させたとある。また孝徳朝の六五二年にも同じく恵隠を内裏に招請して『無量寿経』を講説させ、恵資を論議者《ろんげしゃ》(問者)とし、沙門一千人を作聴衆《さちょうじゅ》(聴衆)とする論議を行なったとあり、『無量寿経』『観無量寿経』『阿弥陀経』からなる浄土三部経への関心もみられるようになる(『書紀』)。天武朝に入ると国家的仏事として、『金光明経』『仁王経』などの護国経典の講説読誦《どくじゅ》が行なわれるようになる。しかし一切経はあっても浄土三部経単独の講説読誦はなされず、当該期の阿弥陀信仰は、釈迦・弥勒・薬師・観音信仰とともに追善供養との関わりで民間に広がり始めたものの、招福攘災を説く護国経典としての位置づけがなかったために、国家によって重視されなかったものと考えられている。

ところが六八六年の天武天皇の葬儀である殯《もがり》に僧尼が初めて参加し、翌年「国忌《はて》の斎《みおがみ》を京師《みやこ》の諸寺に設く」として天皇の忌日に供養の仏事を行なう国忌が開始されると(『書紀』)、仏事の内容が検討されたことであろう。折しも六八九年、天武天皇の弔問として新羅が使者と金銅阿弥陀像および脇侍像を献じた。また六九二年には、唐の大使郭務悰《かくむそう》が故天智天皇のために造った阿弥陀仏像を上送せよとの詔が太宰府に出されていることから(『書紀』)、この段階で国家は阿弥陀信仰を追善供養との関係で視野に入れたものと考えられる。

七一〇年、平城京への遷都が行なわれると、大安寺・元興寺・興福寺などが建てられ、国家仏教の整備も都を中心に進んだ。しかし「村毎《むらごと》に社《やしろ》在り」という神祇信仰の強固な時代にあって(『令集解《りょうのしゅうげ》』儀制令)、国家が推進する造寺造像による仏教興隆策は容易に実現しなかった。七一六年には「諸国の寺家、堂塔成《な》ると雖《いえど》も、僧尼の住《すま》ふこと莫《な》く、礼仏《らいぶつ》聞くこと無し。檀越《だんおつ》の子孫、田畝《でんぽ》を惣《す》べ摂《おさ》め、専ら妻子《めこ》を養ひて、衆僧《しゅそう》に供《ぐ》せず」という状況であり(『続日本紀』。以下『続記』)、荒廃した寺院を整理するために併合令が出されたほどであった。仏教興隆策が捗《はかど》らない中にあって、薬師寺の僧であった行基は国家とは異質な仏教的立場を成立させ、平城京造営などの重税に苦しむ農民のために、伝道などを禁ずる僧尼令違反として弾圧されながら、救済活動を展開していった(『続紀』)。

こうした時期でさえも、死者が弥勒に頂礼《ちょうらい》して「弥陀に面奉」することを願う浄土往生への信仰は確認できる(長屋王願経)。しかし律令政治の担い手にとっては、大伴旅人が、

この世にし　楽しくあらば　来む世には
虫に鳥にも　我れはなりなむ

と詠んだように(『万葉集』三)、この世が「楽しく」あることこそ関心事であった。

ところが天平期に入ると、気候不順や疫病そして反乱があり、国分寺の創建から大仏の造立へとこれまで以上に国家は「三宝の威霊」に頼り(『続紀』)、仏教に傾斜していった。自ら犯した罪・過ちを悔い改めて仏・菩薩に利益を祈願する悔過《けか》の一つとして阿弥陀悔過も

行なわれ(『大日本古文書』五)、死者追善のための写経にも弥勒信仰にかわって阿弥陀信仰によるものが優勢になってくる。浄土教学に通ずる学僧も現れ、やがて恵隠の流れを汲む元興寺の智光は『無量寿経論釈』、良弁の弟子である東大寺の智憬《ちけい》は『無量寿経宗要指事』、興福寺の善珠《ぜんしゅ》は『無量寿経賛抄』などを著した。当時の教学の傾向は弥陀の相好と浄土の光景を観想することに重点が置かれ、弥陀の本願・称名という救済的契機に関心を示さなかったとされる。こうした教学的背景もあってか、国家的な追善供養の仏事も阿弥陀信仰にもとづいて荘厳化されることになった。例えば、七六〇年の光明皇后の場合は次のごとく全国規模で行なわれた。

皇太后の七七の斎《おがみ》を東大寺并せて京師の諸の小寺に設く。その天下の諸国には国毎《くにごと》に阿弥陀浄土の画像《えかた》を造り奉《まつ》る。仍て国内の見《げん》にある僧尼を計へて称讃浄土経を写さしめ、各国分金光明寺に於《おき》て礼拝供養せしむ。（『続紀』）

書写された『称讃浄土経』は『阿弥陀経』の異訳本の一つで(玄奘訳)、この時、東大寺写経所では一千八百巻が写経された(『大日本古文書』十四)。翌年の周忌の斎会には、

皇太后の周忌の斎を阿弥陀浄土院に設く。その院は法華寺の内、西南の隅に在り。忌《き》の斎を設けむが為に造れり。その天下の諸国は各国分尼寺に阿弥陀丈六像一軀《ひとはしら》、脇侍菩薩像二軀を造り奉る。（『続紀』）

とあり、七七日(四十九日)・周忌などの死者追善のための仏事は阿弥陀信仰にもとづいて営まれ、国分寺制度を通じて、国家の手で積極的に普及が図られた。その結果、約半世紀後の八〇六年には、「世俗の間、七日に至る毎に、好んで事を修福す。既に紀は極まりなし。弊と為すこと少なからず」として七七日の追善供養の行き過ぎを制し、身分による誦経《ずきょう》の布施を規定せねばならないような事態に至った(『日本後紀』)。

こうして死者の冥福を祈るための仏事が民間にも広く根付いた背景には、聖武から称徳天皇へと続く国家による仏教への著しい傾斜、行基を先蹤とした民間伝道の活発化、墾田経営に勤しむ富豪層による私寺建立などを要因とする、「村毎に社在り」とされた古代村落の変容があった。奈良時代末の七八三年には、国家が大化の仏教興隆宣言以来これまで推進してきた造寺造像策を転換し、私寺建立禁止令を出さねばならないほどに仏教は民間に浸透し(『類聚三代格』十九)、神仏習合も進み、国家仏教の基盤がようやく形成された。死者の追善供養は国家仏教の仏事の一環に組み込まれ、それとともに阿弥陀信仰も広く定着したが、その新たな展開は円仁に始まる天台教団での浄土教研究の深化などをまつほかなかった。

（中川　修）

▲図113　如来坐像(光背化仏)　　奈良　法隆寺
　　　　　木造　総高16.2　白鳳時代

光背の頂や両肩辺りの欠けから、別に保管される六観音の光背の化仏と知られる。瞼の重たい童顔、額中央から分ける髪や両肩にかかる衣の形状など、天智9年(670)の火災後の金堂再建にかかる天蓋奏楽天人像などにも通じる。小像とはいえ、7世紀後半ごろの法隆寺周辺での造像活動の一端をうかがわせる貴重な作例。

▲図114　四天王寺出土瓦　　大阪　四天王寺　飛鳥～奈良時代

四天王寺の創建に使用された軒丸瓦は日本最古の瓦の一つで、聖徳太子と縁の深い法隆寺若草伽藍と同笵関係にあることは興味深い。白鳳時代以後の瓦も多く出土しており、連綿と堂宇が建立されたことがわかる。

▲図116　北野廃寺出土瓦　　京都市考古資料館
　　　　　長24.5、瓦当径17.5　飛鳥時代

京都市北区の北野廃寺は、太秦・広隆寺の前身寺院ともいわれ、京都盆地でもっとも古い寺院址である。奈良の飛鳥寺や豊浦寺といった日本最古の寺院と同笵の軒丸瓦が出土しており、仏教がその伝来以降、急速に広まったことを示している。

▲図115　菩薩頭部
　　　　　北野廃寺出土　京都市考古資料館
　　　　　塑造　残存高10.0　奈良時代

土を素材として形作った塑像の一部。豊かな肉付きと均整のとれた表現をみせる。塑像として京都盆地内では古代唯一の出土例である。

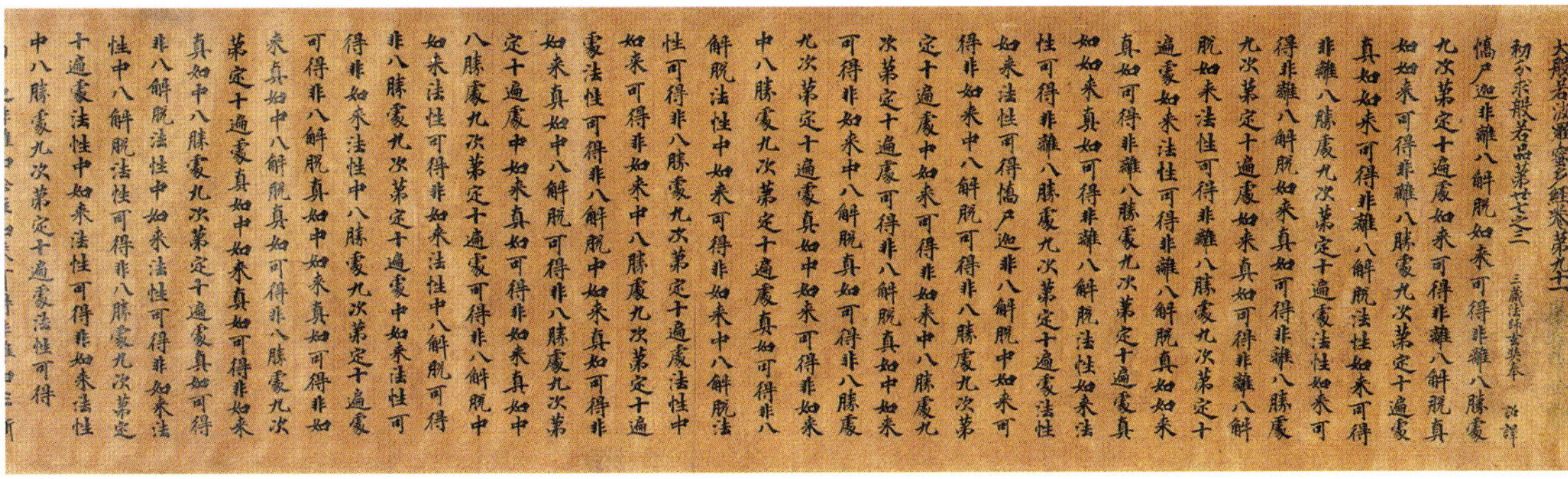

▲図117　大般若経 巻第91（薬師寺経）　　奈良　薬師寺
紙本墨書　27.0×1160.6　奈良時代

『大般若経』600巻を書写した薬師寺伝来の写経で、大阪・藤田美術館所蔵の387巻が国宝に指定され、ほか薬師寺など諸家に分蔵される。褐麻紙にいかにも天平風の雄渾な書体で書写され、伝承筆者の名をとって「魚養経（なながいぎょう）」とも称される。

◀右図118　行基菩薩像　幸守筆
奈良　唐招提寺
絹本着色
143.7×59.8
鎌倉・文永8年（1271）

行基（668～749）は民間で社会事業に携わっていたが、後に東大寺の大仏造営の勧進職を勤め、「菩薩」と崇められた。本図では三曲背屏を背に正面向きで坐し、如意と数珠を持つ。延文2年（1357）の裏書から、筆者と制作年が判明する貴重な作。

◀左図119　良弁僧正像
滋賀　石山寺
絹本着色
87.7×40.4
南北朝時代

良弁（689～773）は、聖武天皇の信任を得て大仏開眼後に東大寺初代別当に就任、また石山寺の伽藍の造営を行い開山とされる。本図では繧繝縁の上畳に斜め向きに坐し、如意と朱蓮華をとる。14世紀後半の作ながら、像主の意志の強さが表される。

コラム　真宗で語られる仏教伝来

　宗祖親鸞が活躍していた鎌倉時代、日本への仏教公伝からおよそ七〇〇年が経過していた。その間大陸からは様々な教義、宗派が伝えられ、多くの高僧がそれぞれの教えを説いていた。法然の専修念仏の門に入り、その教えを深化させていた親鸞と門弟たちにとって、自らの教法の正当性を表明することが重大な課題であった。これに対する答えの一つが、親鸞が自ら構想した愛知・妙源寺本三朝浄土教祖師先徳念仏相承図《さんちょうじょうどきょうそしせんとくねんぶつそうじょうず》（三幅本光明本尊《こうみょうほんぞん》）であった。本図では天竺震旦《てんじくしんたん》幅に対応する右幅に、聖徳太子・和朝《わちょう》先徳連坐像をあてるが、その劈頭《へきとう》に聖徳太子童形像を表している。太子によって広められた仏法が、源信、法然を経て、正当に親鸞へ伝えられていることを主張している。その後も、関東を中心とした様々な弟子たちによって制作された一幅本光明本尊、三朝高僧先徳連坐像では、和朝の冒頭に必ず聖徳太子が配されている。日本の仏法興隆の最大の功績者として、親鸞は聖徳太子を位置づけていたのであった。

　一方東国で教線を拡げた親鸞は、越後（新潟）から関東へ入るに際して信濃（長野）・善光寺へ立ち寄ったと思われるが、後の東国門徒が制作した山梨・万福寺旧蔵（西本願寺蔵）親鸞聖人絵伝第四幅（図121）では、善光寺の豪壮な伽藍が大半を占めて描かれている。三国伝来の「生身《しょうじん》阿弥陀」（一光三尊仏）を祀る善光寺は、東国における念仏聖たちの一大拠点であった。そもそも比叡山常行三昧堂の堂僧であった経歴を生かし、東国に下った親鸞は、「善光寺聖《ぜんこうじひじり》」的な性格を有していたとする指摘がある。実際、親鸞の直弟たちが布教の拠点とした道場のうち、下野《しもつけ》（栃木）・高田の真佛《しんぶつ》・顕智《けんち》の住房（後の専修寺《せんじゅじ》）は、もとは「太子堂」・「如来堂」（善光寺如来を祀る）と称されていた。こうした太子と善光寺如来を祀る道場の伝統は、関東出身の弟子達に引き継がれ、専修寺のほか、顕智・善念《ぜんねん》が開いた伊勢（三重）・三日市の「太子寺・如来寺」、了源が京都・山科に建立した興正寺《こうしょうじ》（佛光寺の前身）では阿弥陀（善光寺）如来と聖徳太子像を祀っている。一方本願寺の覚如は、康永本『親鸞伝絵』に「入西鑑察」段を増補しているが、この中で親鸞は「善光

◀図120　◎光明本尊（三朝浄土教祖師先徳念仏相承図）　愛知　妙源寺
絹本着色　（名号幅）177.0×42.0
（天竺震旦幅）162.0×40.2　（和朝幅）161.4×39.0
鎌倉時代

3幅からなる特殊な光明本尊で、妙源寺の前身である三河（愛知）の平田道場で祀られた本尊である。九字の名号本尊（「南无不可思議光如来」）を中幅として、左右幅に三朝浄土教祖師先徳念仏相承図を配する。中幅と左右幅の制作期が異なるとの意見もあるが、讃銘が親鸞の高弟、真佛（1209～58）の筆跡とされることから、親鸞在世中に制作され、構想は親鸞に遡ると考えられている。和朝幅（右幅）の冒頭、すなわち日本仏法（浄土教）の開祖を示す位置には、垂髪童形の聖徳太子が四随臣像とともに描かれる。その太子は天竺震旦幅（左幅）の勢至菩薩と対称の位置に表されることから、観音の垂迹という意味が込められ、中央の名号幅と合わせて阿弥陀三尊を表している。親鸞の深い見識と豊かな構想力が発揮され、かつ本図の筆者の非凡な力量がうかがえる。中幅が名号本尊として多様な展開をみせたほか、左右幅は真宗における師資相承を図絵する三朝浄土教祖師先徳連坐像として、東国門徒を中心に多数制作されており、本図が後の真宗美術の展開に与えた影響は看過できない。

天竺震旦幅

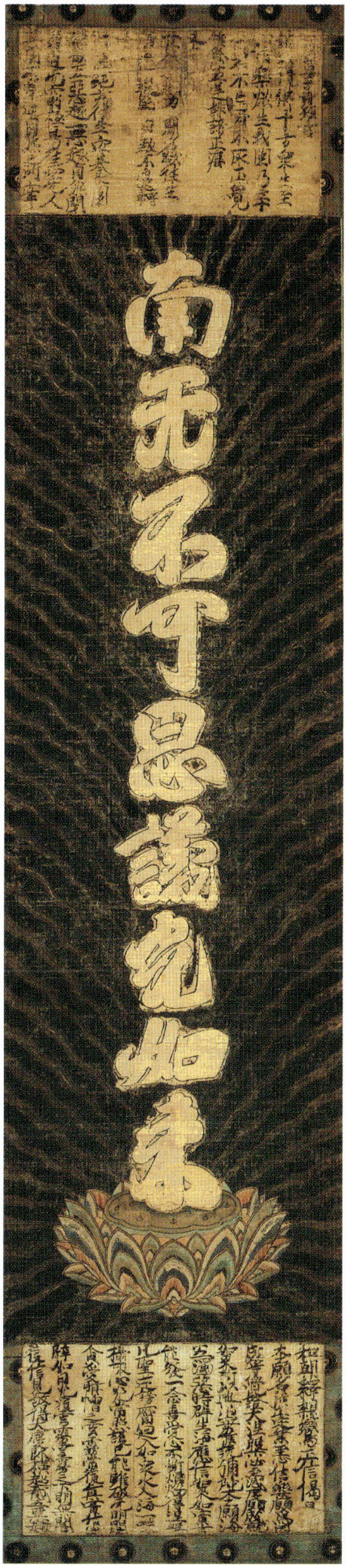

名号幅

和朝幅

寺の本願御坊」、すなわち「生身の阿弥陀＝善光寺如来」と少しも違わなかったとの説話を挿入している。

上記した親鸞と門弟たちの善光寺如来信仰・太子信仰を基盤に、日本への仏法伝来からその興隆、そして法然を経て親鸞へと至る相伝の正当性を主張したのが、善光寺如来・聖徳太子・法然上人・親鸞聖人のいわゆる四種絵伝であった。この四種絵伝が揃って現存する例は三河（愛知）・妙源寺（太子絵伝は現在奈良国立博物館蔵）のみであるが、同じ三河の本證寺と満性寺には、親鸞聖人絵伝を除く三種の、そして広島・光照寺には善光寺如来絵伝を除く、いずれも中世の三種の絵伝が伝わっている。また甲斐（山梨）・万福寺には善光寺如来絵伝の代わりに、開山である源誓上人絵伝を含めた四種絵伝が伝来していた。また近世の史料ながら、三河の如意寺では四種絵伝各三幅を覚如に所望し、「御免」を得たと記載されている。ただし当寺に現存するのは、残念ながら文和三年（一三五四）裏書の親鸞絵伝のみである。

ここで真宗の四種絵伝中の善光寺如来・聖徳太子絵伝にて、日本への仏法伝来と興隆は、どのように語られたのか、簡単に振り返っておこう。

釈尊の在世中、インド毘舎離城（ヴァイシャーリー）の月蓋《がっかい》長者は娘の病平癒のため、釈尊の指示に従って阿弥陀の名号を唱えた。すると一光三尊仏が現れ、これを供養すると娘の病は本復した。長者が三尊のすがたを留めたいと釈尊に願うと、龍王から閻浮檀金を得て、新仏が出現した。五〇〇年後、一光三尊仏は百済に飛来し、また一〇一二年後には日本へ経論とともに請来された。この日本最初の仏像（阿弥陀如来）は、崇仏派と排仏派との争いに巻き込まれ、二度にわたって猛火に投じられ、難波の堀江に打ち捨てられた。ところが三尊は一切毀損せず、聖徳太子の参戦により崇仏派が勝利した。その後、三尊は信濃の本田善光に背負われて故郷で祀られ、善光・善佐によって如来堂が建立されたという。

一方太子絵伝においても、善光寺如来にまつわる物部合戦は大きく取り扱われ、戦い後の四天王寺建立とともに、日本の仏法興隆の象徴として描かれている。

ただし、こうした絵伝の内容は、真宗に限られたものではなかった。播磨における太子信仰の拠点、兵庫・鶴林寺には南北朝時代の八幅本聖徳太子絵伝（図125）が現存するが、その第一・二幅は善光寺如来絵伝と称すべき内容である。また滋賀・高島市の中野区の所蔵になる善光寺如来・聖徳太子絵伝各四幅本は、近世まで当地に存した天台系寺院、太山寺（現在も残る太子堂は、近世の聖徳太子童形着衣立像を本尊として祀る）に伝来したものであった。いずれも天台における太子信仰にもとづいて制作されたと想定され、善光寺如来の伝来と太子による仏法興隆を、一体として捉えていたのであった。こうした天台の太子信仰を親鸞が採り入れ、これに秘事口伝を加えつつ、法然上人・親鸞聖人絵伝を組み合わせたのが初期真宗の門徒たちであった。

（石川知彦）

▲図122　善光寺如来絵伝 第1幅　　愛知　満性寺
絹本着色　156.5×78.8　室町時代

▲図121　◎親鸞聖人絵伝（万福寺本）第4幅　　西本願寺
絹本着色　155.0×87.3　南北朝時代

真宗における善光寺如来絵伝は、四種絵伝のひとつとして制作されていた。岡崎市の満性寺には、室町期の善光寺如来絵伝4幅と法然上人絵伝6幅が現存し、鎌倉後期の聖徳太子絵伝4幅（重文）は、東京・静嘉堂文庫美術館に現在所蔵されている。満性寺にはこれとは別に聖徳太子略絵伝1幅が伝わり、16歳孝養と35歳勝鬘経講讃の2場面が描かれている。一方山梨・万福寺には、聖徳太子（大阪・四天王寺蔵）・法然上人（山梨県立博物館蔵、重文）・親鸞聖人（西本願寺蔵、図121）の3種の絵伝が伝来していたが、親鸞聖人絵伝第4幅（表紙）に善光寺の堂塔伽藍が大きく描かれている。

▲図123　聖徳太子略絵伝　　愛知　満性寺
絹本着色　113.0×55.4　室町時代

◀図124　法然上人絵伝 第4幅　　愛知　満性寺
絹本着色　159.4×81.6　室町時代

▲図125　◎聖徳太子絵伝 第1･2幅　　兵庫　鶴林寺
　　　　　絹本着色　各148.5×78.8　南北朝時代

全8幅のうち冒頭の第1・2幅に善光寺縁起を配した、きわめて特色ある太子絵伝。善光寺縁起と太子伝を組み合わせて、三国にわたる仏法伝来の様相を示すと同時に、日本における最初の仏法継承者としての太子を表現している。

第二節　親鸞が学んだ比叡山における念仏の伝承

一　日本浄土教の主流としての叡山浄土教

浄土教といった場合、様々な浄土思想が考えられるが、日本における浄土教は、主に阿弥陀如来の思想を指して呼ぶことが多い。日本ではこの阿弥陀思想を三流に分類している。すなわち三論宗はじめ奈良(南都)に伝わる浄土思想を①南都浄土教、そして真言密教における阿弥陀思想を②密教浄土教、最後に、比叡山に伝承された浄土思想を③叡山浄土教と呼んでいる。しかもこれら三流の中でも、叡山浄土教こそは日本の浄土教展開の中心的役割を果たしているのである。しかもその中心は恵心僧都源信《えしんそうずげんしん》であって、念仏興隆時代という一時期を築き、この流れの中から法然・親鸞などの鎌倉新仏教の祖師たちが生まれる新宗派生時代が出現したとみることができる。親鸞が若くして比叡山に登り、二十年ものあいだ天台教学を学んだことは、とりもなおさず叡山浄土教そのものの中で学習したといってよいであろう。

ところがその叡山浄土教には二種類の浄土思想が混在していたのである。その一つが「止観《しかん》念仏」と呼ばれる「自己の心の中に阿弥陀如来が存在する考え方」であり、他の一つが「五会《ごえ》念仏」と呼ばれる「死後に西方に往生することを願う阿弥陀思想」である。したがってこの両思想の濫觴《らんしょう》ならびに展開を概観したい。

二　止観念仏(己心の弥陀思想)

比叡山の開祖、伝教大師最澄《でんきょうだいしさいちょう》(七六七〜八二二)によって将来された浄土思想は止観念仏と呼ばれている。要するに中国天台の教学上から導き出される阿弥陀思想といってよいであろう。天台大師智顗《てんだいだいしちぎ》(五三八〜九七)が講説した「天台三大部」の中に『摩訶止観《まかしかん》』という実践書があるが、その中に仏道の全実践を「四種」に分類した「四種三昧《ししゅざんまい》」が説かれている。

①常坐三昧《じょうざざんまい》　②常行三昧《じょうぎょうざんまい》
③半行半坐三昧《はんぎょうはんざざんまい》　④非行非坐三昧《ひぎょうひざざんまい》

である。このうち②の「常行三昧」こそは阿弥陀如来を本尊とする行法なのである。この内容を「止観念仏」と呼んでいる。

人間の行為は身・口・意の三業でもって説き尽くせるので、修行の実践方法はこれで解説すれば的確に説明できる。そこで常行三昧の修行の「身業」とは阿弥陀如来の周りを九十日間歩き続けるのである。「唯だ専《もっぱ》ら行旋して九十日を一期《いちご》となす」と示されている。「口業」は阿弥陀如来の名号を称え続けるのである。「九十日、口は常に阿弥陀仏名を唱えて休息なく」とある。「意業」では「九十日、心に常に阿弥陀仏を念じて休息なし」と記されている。もちろん食事とトイレは除かれるが、それ以外は「歩歩　声声　念念　唯だ阿弥陀仏に在り」である。要するに九十日間、寝ることを許さないということになる。そしていよいよ三昧境に入ったならば仏を見るという「見仏」が可能だと説いている。すなわち

「仏を見んと欲すればすなわち仏を見る。見ればすなわち問い、問えばすなわち報《こた》う」と『摩訶止観』には説かれている。しかもその見仏した仏とは「我が念ずるところを即ち見る。心、仏となり、心、自ら心を見、仏の心を見る。是れ仏の心は是れ我が心にして仏を見る。心自ら心を知らざれば、心、自ら心を見ず」とある。これよりして自らの心の仏を見るということになろう。

よってこれらの修行を「己心《こしん》の弥陀」との出逢いであるともいわれる。今日の比叡山でも、常行三昧の行中に「阿弥陀仏を見た」という行者がいる。酒井雄哉師がその人で、自らその体験を語られている（巻末参考文献参照）。

三　五会念仏（西方の阿弥陀思想）

次に叡山に移入された「西方を願生する阿弥陀思想」を考えてみたい。この思想は一般に「五会念仏」とか「不断念仏」と呼ばれている。

最澄の弟子に慈覚大師円仁（七九四～八六四）がいるが、彼が入唐した時の日記である『入唐求法巡礼行記』によれば、開成五年（八四〇）に五台山「竹林寺」を巡礼していることがわかる。その記事に「寺舎を巡礼するに、般舟道場あり。かつて法照和尚ありて、この堂において念仏三昧を修す」と記されてある。この法照和尚とは竹林寺の創始者で五会念仏を始めた人物である。この法照和尚が般舟三昧を修している最中に禅定に入り、現身のままで極楽に行ったという。そこで阿弥陀如来から直々に五つの音声の念仏を授かったとされる。これが「五会念仏」であって「阿弥陀如来から親授された神秘的念仏」といわれる所以である。この念仏を円仁は音曲を正確に伝える象牙の笛とともに日本に将来したのである。しかしながらこの念仏思想は、極楽往生を目的としたもので上記の己心の弥陀と出会うという「止観念仏」とはその性質を異にした阿弥陀思想であるといえよう。その実修の仕方から考えれば「五会念仏」は、善導和尚の浄土教の流れを承けた西方往生を願う念仏思想なのである。

四　二種類の念仏

このように「止観念仏」と「五会念仏」という両様の念仏思想が相まって比叡山に伝えられたのである。これら叡山上に伝えられた二種類の浄土信仰を整理すれば、

A.「己心の弥陀・唯心の浄土」「止観念仏」……この世での悟りを目的とした念仏であって、いわば行者自身の中に阿弥陀如来を求め、行者と阿弥陀如来とが一体となる阿弥陀思想（悟りの念仏）

B.「西方極楽浄土願生」「五会念仏」「不断念仏」……阿弥陀如来の救いを目的とした念仏であって心の外の西方に阿弥陀如来の浄土を求め、そこに往生することを願う阿弥陀思想（救いの念仏）

であるといえよう。しかも比叡山上にこれら二種類の念仏をともに「常行三昧」として修したのが円仁なのである。ここに両様の念仏思想に混乱を生じることになる。円仁は、比叡山の上に最澄が建立できなかった悲願の「常行三昧堂」を建立する。そこで「止観念仏」とと

もに五台山の五会念仏を「常行三昧」として始修する。源為憲の『三宝絵詞』によると「念仏は慈覚大師のもろこしより伝へて、貞観七年に始めて行へるなり。四種三昧の中には常行三昧と名づく。仲秋の風すずしき時、中旬の月明なるほど、十一日の暁より、十七日の夜に至るまで不断に行わしむるなり」と記されている。貞観七年(八六五)とは、円仁が「五会念仏」を始修した仁寿元年(八五一)から数えて、わずか十四年後のことである。このような時に、すでに「止観念仏」と「五会念仏」とが混乱をきたしている様子がみて取れる。

そこで恵心僧都源信(九四二~一〇一七)の時代になってこれら両念仏思想を整理する必要が生じてきた。それが、

A.阿弥陀如来とが一体となる阿弥陀思想(悟りの念仏)を『観心略要集』に

B.西方に阿弥陀如来の浄土に往生する阿弥陀思想(救いの念仏)を『往生要集』へ

という二大著作であるとみてよいであろう。『観心略要集』は源信真撰が疑われているが、源信の時代を大きく異にしての成立ではないと思われる。

▲図126　常行三昧堂の内部とその本尊(比叡山延暦寺西塔常行堂)

五　恵心僧都源信

源信の伝記資料は様々に存在する。一番信頼できるのは『首楞厳院《しゅりょうごんいん》二十五三昧結縁過去帳』(以下『過去帳』)であろうが、諸伝を総合すれば源信の偉大性が見いだせる。

源信は大和の国葛城郡の人で、父は占部正親、母は清原氏であるという。母は善女で大いに道心を持っていたとされ、母が高雄寺の観音に起請して源信が生まれたという。

幼いときの源信の非凡生を『恵心僧都絵詞《えことば》伝』(以下『絵詞伝』)には次のように叙述している。

比叡山の僧が通りかかった時、幼い源信が石を数えている様子を見て山僧が質問する。

「一つ、二つ、三つ、四つ、五つ、……全てに〝つ〟がついているが、なぜ十に〝つ〟が付いていないのか」と……。すると源信は即座に「五つに二つの〝つ〟あればなり」と答えたという。

これが縁で比叡山に入った源信はすぐに頭角を現す。「仏道の英雄となり、議論決択、世に絶倫と称す」

とまで記されている。これは『過去帳』に記載されているので源信の実像であろうが、ここから様々に脚色されて源信伝が構成されてくる。

公請《くじょう》に赴いた源信は様々な供物をいただき、源信は郷里の母に贈ったところ、母は泣いて応えたという。「送るところのもの、喜ばざるにあらざるといえども、遁世の修道わが願うところなり」、有名な母の諫言《かんげん》である。これ以降、源信は永く万縁を断って山谷に隠居し浄土の業を修したとされている。ただこの母の話が、後世、大いに脚色されて、「公請の施物」が「恩賜の御衣」とされたり、この老母を救うために「悲母勧進の偈」を作ったとまでいわれて、『恵心院源信僧都行実』『絵詞伝』などにはその「偈頌」までもが掲載されている。

ところで源信の著作は『恵心僧都全集』に収録されている数だけでも一五〇部を超えているが、多くの場合、源信の名を借りた仮託書であって真撰書はごく少ないと思われる。

そこで源信自身が奥書において自ら識語を書いている著作を列挙すれば十七点にしかすぎない。これらの中、念仏思想で後生に大きな影響を及ぼした『往生要集』三巻は「永観二年(九八四)十一月起筆して寛和元年(九八五)四月擱筆　四十四歳」との奥書がある。これに従うと、わずか半年あまりで執筆していることがわかる。これらのほか、阿弥陀思想に関する著作では、

『二十五三昧式』　一巻

寛和二年(九八六)五月二十三日　四十五歳

『二十五起請』(八箇条)　一巻

寛和二年(九八六)九月十五日　四十五歳

『二十五起請』(十二箇条)　一巻

永延二年(九八八)六月十五日　四十七歳

をはじめ、晩年には、

『阿弥陀経略記』　一巻

長和三年(一〇一四)暮九日　七十三歳

などを執筆している。

阿弥陀思想以外でも仏教教学上に見逃すことのできない著作も多い。例えば、

『大乗対倶舎抄』　十四巻

寛弘二年(一〇〇五)八月十九日　六十四歳

『一乗要決』　三巻

寛弘三年(一〇〇六)十月　六十五歳

などがある。

ところで、『過去帳』によると、寛仁元年(一〇一七)六月二日には、いよいよ、源信は食物を受け付けなくなったという。そしてその九日には阿弥陀の手に結んだ糸を握り「面善円浄如満月。威光猶如千日月。声如天鼓倶翅羅。故我頂礼弥陀仏」などの『十二礼』の偈文を唱え、通常の人と同じように食事を済ませ、翌十日朝、身口を清浄にして仏の手につないだ糸をとって、眠るように往生したと伝えている。

なお、源信と同じく、親鸞に大きな念仏の影響を与えた人物に師法然がいる。親鸞は「七高僧」の中の師僧として二人を崇めた。源信の『往生要集』の内容とともに法然に関しては第二章第三節「親鸞からみた和朝の祖師たち」を参照されたい。

(浅田正博)

▲図127　宝冠阿弥陀如来坐像　快慶作　　京都　悲田院
木造　像高70.5　鎌倉時代

2009年に像内より快慶の名乗りである「アミタ仏」の墨書が見つかり、一躍脚光を浴びた。広島・耕三寺には、本像とよく似た、やはり快慶の手になる阿弥陀如来坐像があり、銘文より静岡・伊豆山常行堂の像と知られる。悲田院は延慶元年（1303）に天台・真言・禅・浄土の四宗兼学の寺として始まり、本像は天台宗の寺からもたらされたという。

◀図128　恵心僧都像　　滋賀　延暦寺
絹本着色　97.0×37.3　室町時代

恵心僧都源信（942～1017）は、『往生要集』を著した比叡山浄土教の大成者。本図では礼盤上で念珠をとって坐し、眉や頭部の特徴的な形が強調される。後に真宗では源信を第六祖として崇め、正面向きに坐る形姿が踏襲される。

▲図130　阿弥陀二十五菩薩来迎図
三重　深正寺
絹本着色　116.0×49.4　鎌倉時代

二十五菩薩を従えた阿弥陀の立像が斜め向きに来迎し、上品上生願による来迎を表す。諸尊は雲上の踏割蓮華座に立ち、精緻な切金文様を施した皆金色像に表される。諸尊はなで肩で面長に表され、14世紀前半の作になる。

▲図129　◎九品来迎図　3幅のうち　上品中生幅　　奈良　瀧上寺
絹本着色　137.0×95.8　鎌倉時代

九品来迎図とは、『観無量寿経』の所説で往生者の生前の行実を9つの位階に分け、それぞれ往生の様相が異なることを図示した遺品。瀧上寺本は3幅のみ現存し、自然景の中に来迎聖衆と往生者をゆったりと配した鎌倉後期の作。

第二章　親鸞の生涯と教え

第一節　親鸞の生涯と足跡

親鸞の生涯

親鸞は、承安三年（一一七三）に京都の日野の地で誕生した。誕生年は親鸞が記した著作や書写本の識語から逆算して明らかである。誕生月については未詳であるが、四月一日説があり、江戸時代に真宗高田派良空の『親鸞聖人正統伝』により広く定着して、明治六年（一八七三）の太陽暦の採用で、本願寺派では五月二十一日を、大谷派などは旧暦四月一日を誕生日とする。

京都市郊外の日野の地には日野氏の氏寺である法界寺があり、この地で誕生したといわれる。現在、法界寺に隣接して、昭和六年（一九三一）に全面的に改築造営した本願寺派の日野誕生院がある。

親鸞の家系は、本願寺第三世覚如による『親鸞伝絵』によれば、藤原北家の流れをくむ日野氏で、日野氏は儒学や歌道を中心に朝廷に仕えた公家である。父有範《ありのり》は「皇太后宮大進《こうたいこうぐうのだいしん》」で、当時の皇太后の藤原忻子《きんし》に仕えていた。父有範は、その後いつの頃か「御室戸大進入道」とあるように三室戸に住した。親鸞の生母は未詳であるが、古来源氏の出で、吉光女《きっこうにょ》という伝承がある。親鸞には四人の弟がいた。尋有、兼有、有意、行兼である。尋有は権少僧都で山門の東塔東谷善法院院主であり、有意も山門の阿闍梨《あじゃり》であった。兼有と行兼はともに権律師で聖護院に住した。それぞれ山門・寺門の僧であった。

親鸞は治承五年（一一八一）、九歳の時に伯父の範綱《のりつな》につれられて、慈円のもとで出家得度し、範宴《はんねん》少納言と称したという。得度の場所は、当時慈円の坊舎であった三条白川坊とされる。出家の事情については、様々に推察されるが、大飢饉や政争の激しさや、四人の弟がすべて出家するに至っていることから、父有範にとってのっぴきならない重大な事情があったと考えられる。

親鸞は、比叡山に上り堂僧として歩んだ。そのことは『恵信尼文書』の「比叡の山に堂僧つとめておはしましける」から判明する。堂僧は常行三昧堂で不断念仏をする僧のことである。比叡山での常行三昧堂は三か所あったが、親鸞は横川《よかわ》にいたとされる。その横川は、源信《げんしん》以来の念仏の伝統を継承する地であった。

親鸞は、二十年にわたって比叡山での修行と学問をきわめながら仏道を歩んだが、比叡山はすでに開祖最澄の精神を失って門閥化し、また荘園領主として勢力を誇っていた。親鸞はひたすら仏道を求めながらも、ついに自ら悟りを得る身とならず、二十九歳の時に下山することになった。親鸞は、如意輪観音（救世観音）を本尊とする六角堂に一〇〇日間の参籠を志したのである。親鸞は九十五日目の暁に聖徳太子（救世観音の化身）の示現の文を得て、その後吉水の法然（源空）を訪ねたという。親鸞は『正像末和讃』のうちの『皇太子聖徳奉讃』で、「救世観音大菩薩　聖徳皇と示現《じげん》して　多々《たた》のごとくすてずして　阿摩《あま》のごとくにそひたまふ」「聖徳皇のあはれみて　仏智不思議の誓願に　すすめいれしめたまひてぞ　住正定聚《じゅうしょうじょうじゅ》の身となれる」「和国の教主聖徳皇　広大恩徳謝しがたし　一心に帰命したてまつり　奉讃不退《ほうさんふたい》ならしめよ」などと聖徳太子を生涯にわたって讃嘆している。

親鸞は吉水の法然のところに一〇〇日間通い続けたという。「また百か日、降るにも照るにも、いかなる大事にもまゐりてありしに、ただ後世のことは、よき人にもあしきにも、おなじように生死出づべき道をば、ただ一すぢに仰せられ候ひしを、うけたまはりさだめて候ひしかば」（『恵信尼文書』）と、「生死出づべき道」を求め続けた。親鸞はついに法然から専修念仏の教えを聞きひらいて「本願に帰し」、「信」を獲得した。親鸞は『教行信証』化身土巻後序に「しかるに愚禿釈《ぐとく》の鸞、建仁辛酉の暦、雑行を棄てて本願に帰す」と記している。ここに親鸞は「回心」を得たのである。これは、親鸞においての他力の信の成立を意味する。この頃、名を綽空《しゃっくう》と改めた。

親鸞は『教行信証』巻頭の総序で「遇ひがたくしていま遇ふことを得たり、聞きがたくしてすでに聞くこ

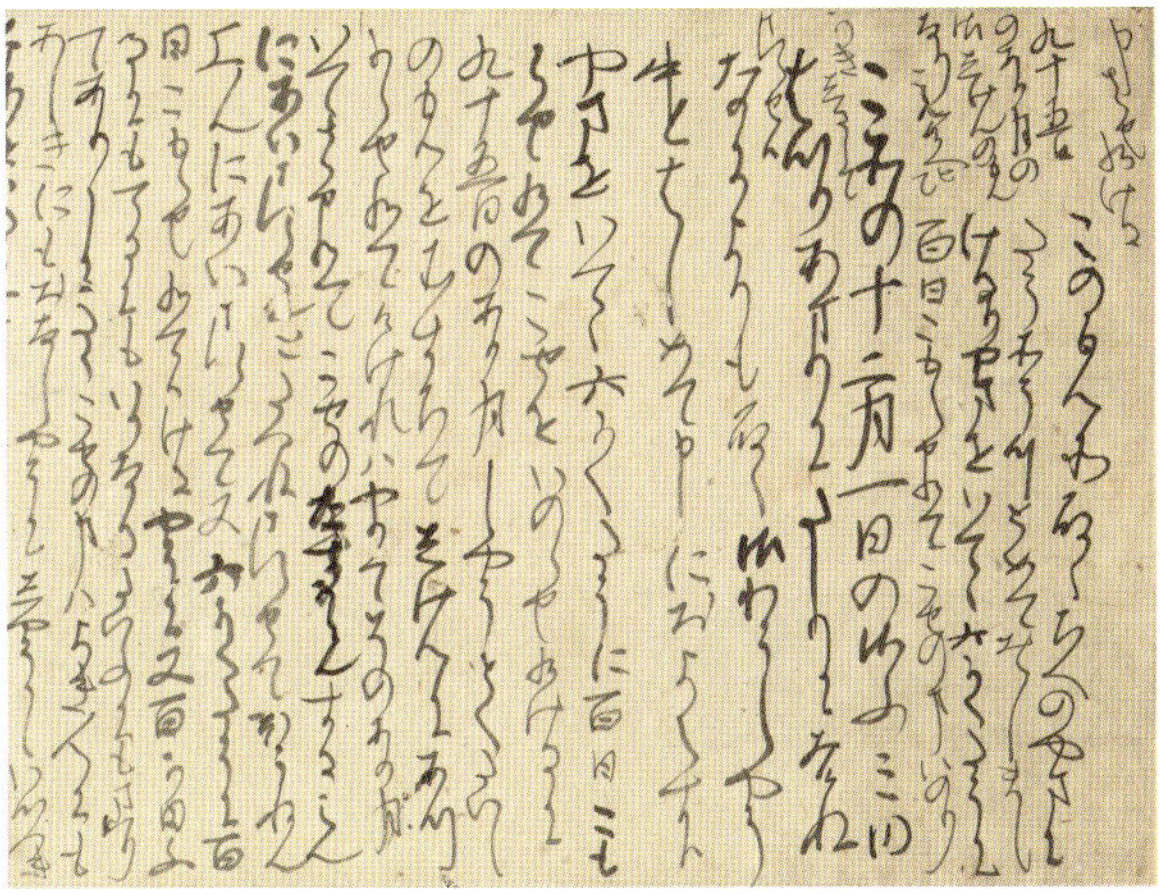

▲図131　◎恵信尼文書　西本願寺
紙本墨書　28.7×167.3　鎌倉時代
袖書1行目から「このもんそ殿のひへのやまにたうそうつとめておはしましけるか、やまをいてゝ六かくたうに百日こもらせ給て」とある。若き日の親鸞のあり様を伝える貴重な資料のひとつ。

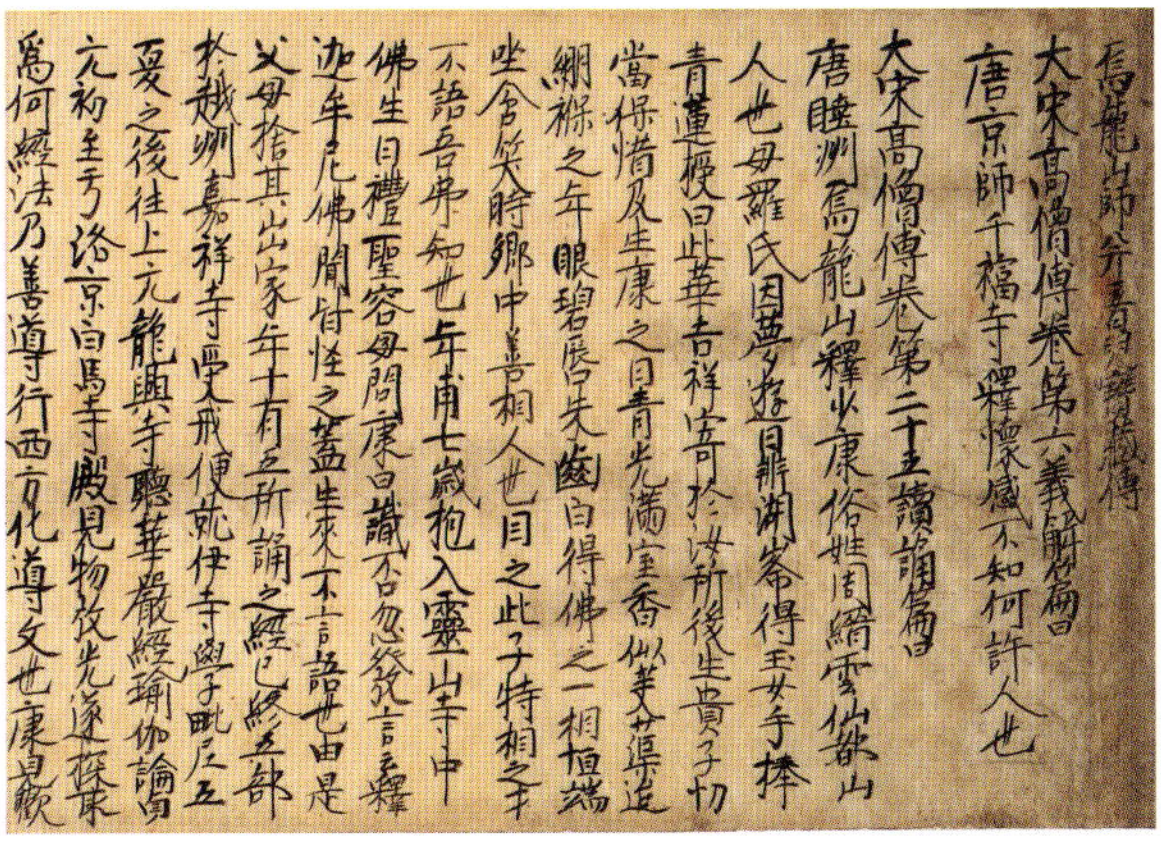

▲図132　烏龍山師幷屠児宝蔵伝　親鸞筆　西本願寺
紙本墨書　31.8×160.8　鎌倉時代
親鸞の壮年期とされる自筆の聖教のうちの1巻で、浄土教学研鑽の様がうかがえる。内容としては、唐代の浄土教の高僧で、烏龍山に道場を立て「後善導」と称された少康（?～805）の伝記と、善導の教化を受けて捨身往生を遂げた宝蔵の伝記を、それぞれ抄出書写している。

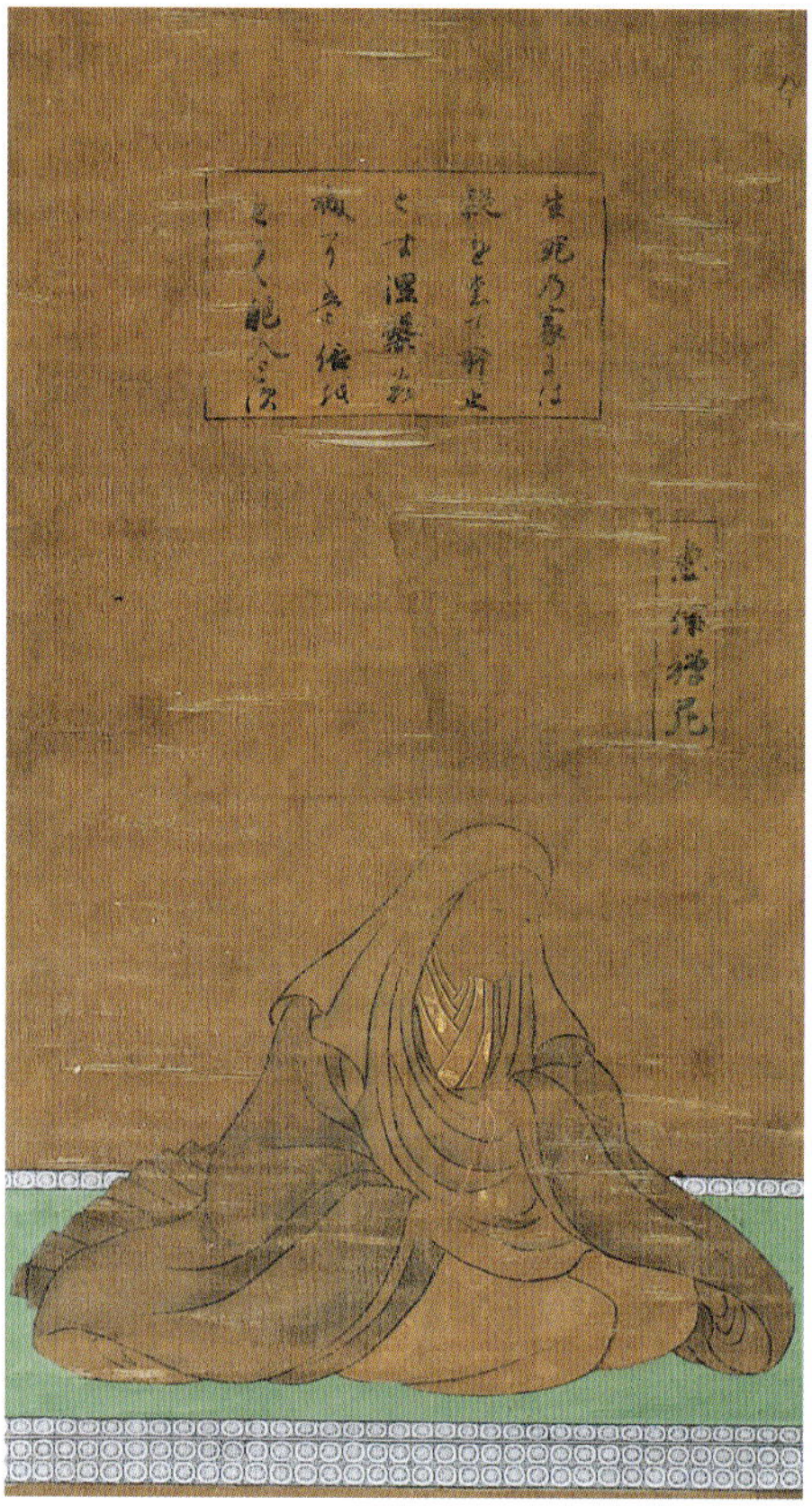

◀図133 恵信尼像 茨城 西念寺
絹本着色 109.3×57.2 室町時代
恵信尼を描いた肖像の遺品はきわめて少なく、稲田の草庵の地に立つ西念寺に伝わった本図は、龍谷大学本とともによく知られた存在。両本ともに構図は近似するが、本図は龍谷大学本より晩年の恵信尼のすがたをリアルに描く。室町末期頃の作と考えられる。

とを得たり」といい、『歎異抄《たんにしょう》』第二条で「親鸞においては、ただ念仏して、弥陀にたすけられまゐらすべしと、よきひとの仰せをかぶりて、信ずるほかに別の子細なきなり。……たとひ法然聖人にすかされまゐらせて、念仏して地獄におちたりとも、さらに後悔すべからず候ふ」と記して、師である法然に全幅の信頼を寄せている。

元久二年(一二〇五)、親鸞三十三歳の時には、法然のもとで『選択本願念仏集《せんじゃくほんがんねんぶつしゅう》』の書写と、法然の真影の図画を許され、名を善信《ぜんしん》と改めた。吉水時代の親鸞の修学をうかがう一つに『観無量寿経註』『阿弥陀経註』がある。経文を一行十七字に書写して声点を加え、行間や上下の空白、紙背にも細かく善導の『観経疏《かんぎょうしょ》』『観念法門』などや元照の『阿弥陀経義疏』など諸文を綿密に記入したもので、親鸞の経論釈からの徹底した学びのありようをかいま見ることができる。それらは現在西本願寺が所蔵し、国宝に指定されている。

ところで、法然が説く専修念仏は京でも広がりをみせはじめて多くの念仏者が生まれていた。それに伴い比叡山をはじめとする顕密の諸宗と対立しはじめ、様々な確執・対立が顕在化しはじめた。元久元年(一二〇四)十一月七日に法然は天台座主真性に起請文を送った。同日には、延暦寺の専修念仏への批判に対して、七か条の制誡をつくり、門弟たち一九〇名に連署させた。その中の八十七人目に親鸞の名が「僧綽空」とある。その後、元久二年十月に、解脱房貞慶が起草した奏上をもって興福寺の衆徒が念仏停止を後鳥羽院に訴えた。さらに建永元年(一二〇六)十二月に後鳥羽上皇の女房らが別時念仏に結縁して、外泊したことを契機に、建永二年二月二十八日、宣旨が下り、法然ら八人が流罪、弟子の安楽ら四人が死罪となった。法然は藤井元彦、親鸞は藤井善信との俗名を与えられた。親鸞は越後国府に居住することとなった。なお、親鸞の伯父である日野宗業が越後権介に任命されて、建永二年正月十三日に赴任している。

親鸞は流罪に伴い『教行信証』後序で「主上臣下《しゅじょうしんか》、法に背き義に違し、忿《いか》りを成し怨《うら》みを結ぶ。これによりて、真宗の興隆の大祖源空法師ならびに門徒数輩、罪科を考へず、猥《みだ》りがはしく死罪に坐《つみ》す。あるいは僧儀を改めて姓名を賜《たも》うて遠流《おんる》に処す。予はその一つなり。しかれば、すでに僧にあらず俗にあらず。このゆゑに禿《とく》の字をもつて姓とす」と述べて、激しい悲憤を伝えており、もはや朝廷の安泰を祈る僧でもない、いわゆる国家仏教僧からの離脱として「非僧」を宣し、また俗権を支える「俗」でもないことを宣し、自らを「愚禿《ぐとく》」と名のった。それは顕密仏教からの離脱の宣言で、仏教徒本来の立場への回帰を含意したのである。

　親鸞は、恵信尼らと越後に行った。恵信尼は寿永元年（一一八二）に誕生しており、九歳年下であった。恵信尼は三善為教の娘であることは明らかであるが、三善為教が越後の豪族であるのか中央官人であるかについて説が分かれている。親鸞と恵信尼との結婚は、従来、流罪先の越後と考えられていたが、近年の『恵信尼文書』の分析により京都で結婚したと考えられている。当時の獄令の検討によっても支持されている。親鸞と恵信尼との間には、小黒女房、慈信房善鸞、栗沢信蓮房明信、益方入道有房（道性）、高野禅尼、覚信尼の六人の子供がいた。

　親鸞と法然は、建暦元年（一二一一）十一月十七日に流罪が赦免となった。法然は三日後の二十日に京都に帰り大谷に住したが、翌年建暦二年（一二一二）一月二十五日に八十歳で示寂した。親鸞は恩師の示寂を深く追慕するとともに、京都に帰らず、三年ばかり越後にとどまり、東国常陸国へ向かった。その途上、親鸞は上野国佐貫で三部経の千部読誦を始めた。『恵信尼文書』に「信蓮房の四つの歳、武蔵の国やらん、上野《かんづけ》の国やらん、佐貫と申すところにて、よみはじめて、四五日ばかりありて、思ひかへして、よませたまはで、常陸へはおはしまして候ひしなり」と。干ばつを背景とした疲弊した農村・農民を目の当たりにして経典読誦を始めたが、それが他力本願の教えに背くことであると気づいて、中止したという。佐貫を通って、常陸国下妻に居をかまえ、その後に稲田に移り住んだ。その路は善光寺聖《ひじり》が勧進をする路でもあった。善光寺の本尊は、阿弥陀如来・勢至菩薩・観音菩薩の善光寺式阿弥陀三尊で、多くの人びとの信仰を集めていた。善光寺聖は、阿弥陀如来と聖徳太子の共同で念仏者を往生させると唱導して、関東の地で広く活動を行っていた。

　親鸞の稲田での伝道活動の顕著なことの一つとして、山伏弁円、すなわち明法房の回心がある。山伏弁円は、板敷山を中心に、筑波山修験道の活動を行なっており、当初、親鸞の活動の妨害をしていたが、専修念仏に帰依し、有力な弟子となった。

　親鸞は、元仁元年（一二二四）、常陸稲田の草庵に在住中に『教行信証』の撰述を始めた。『教行信証』には多くの経・論・釈を引用するとともに当時の最新の文献も取り入れられており、親鸞は思索を深めて、帰京後にも推敲を重ねて浄土真宗の体系を明らかにしていたことが判明する。真宗大谷派は親鸞の真蹟の『教行信証』、通称「坂東本」を所蔵している。高田派専修寺《せんじゅじ》は真佛の書写本を、本願寺派は清書本とされるものを所蔵している。近年の「坂東本」の修復により、木や竹のとがった先を紙面に押しつけて振り仮名などを施している箇所が七〇〇か所に及ぶことが明らかとなった。

親鸞の弟子たち

親鸞の門弟を知る手がかりは、三十名を超える名を記した「消息」にある。さらに門弟たちを系統的に記述した『親鸞聖人門侶交名牒』がある。『交名牒』には、岡崎妙源寺本、下妻光明寺本、甲斐万福寺本、京都光薗院本、滋賀光照寺本、滋賀仏道寺本、稲田西念寺本などの諸本があり、内容に相違するところがある。よく知られているのが妙源寺本の『交名牒』で、「諸国散在之弟子等」として三十六名があげられ、「洛中居住弟子等」として八名があげられる。門弟たちの居住していたのは、稲田から約三、四十キロ以内で、門弟は稲田周辺に集ったのである。親鸞のもとに集った門弟は「面授口決」の弟子とその弟子のもとに集ったいわば「孫弟子」によって構成されて、「同朋」という間柄であった。門弟は、地域で集団を形成して、地名をつけて「○○門徒」と呼ばれた。特に有力であったのは、下野国高田の真佛・顕智を中心とする高田門徒、下総国横曾根の性信を中心とする横曾根門徒、常陸国の順信を中心とする鹿島門徒、教念を中心とする布川門徒、善性を中心とする蕗田門徒、武蔵国の光信を中心とする荒木門徒、下総国の常念を中心とする佐島門徒、陸奥国の覚円を中心とする浅香門徒、性意を中心とする伊達門徒、如信を中心とする大網門徒などである。

高田門徒は親鸞の直弟子である真佛・顕智を中心に下野国の高田を中心に展開して、門弟のうちで中心的な位置を占めた。高田門徒が現在の高田派専修寺を形成し、親鸞の真蹟を多く所蔵している。真佛は承元三年（一二〇九）の誕生で、正嘉二年（一二五八）に五十歳で没した。顕智は嘉禄二年（一二二六）の誕生で、延慶三年（一三一〇）に八十五歳で没した。高田門徒の特色は、善光寺信仰と深い関わりがある。下野国高田の本寺専修寺の本尊は善光寺式一光三尊仏で、親鸞が嘉禄元年（一二二五）に善光寺に参拝して、この一光三尊仏を感得して持ち帰って、高田に寺院を建立して安置したといわれる。高田門徒はこれを門徒結合の中心においた。

横曾根門徒は、性信を中心に下総国の横曾根に展開した。その拠点となったのは、下総報恩寺である。性信のあとは、証智尼が中心となった。性信は文治三年（一一八七）に誕生し、建治元年（一二七五）に八十九歳で没したという。親鸞の門弟の中心的人物で、親鸞から全面的な信頼を寄せられていたことは、いわゆる善鸞事件において明らかである。また親鸞真蹟の坂東本『教行信証』が横曾根門徒の系譜を継承する浅草の報恩寺に伝来していたことも、性信の門弟中における立場を裏付けるものといえよう。性信には『真宗の聞書』という著書があったことは、親鸞の性信宛ての消息にふれられている。

鹿島門徒は、順信房信海を中心に常陸国鹿島を中心に展開した。信海には『信海聞書』という著書があり、弘安四年（一二八一）に著されたものである。この書の一部は、談義本『真実信心聞書』として流布し、広く読まれた。

門弟集団には制戒があり、集団として規律が定められていた。よく知られたものは「善円の制戒」や上越市浄興寺所蔵の「浄興寺二十一箇条制禁」、松本市正行寺所蔵の「了智の定」などがある。その中で「浄興寺二十一箇条」は南北朝期の写本であるが、親鸞在世中の門弟集団のありようが示されている。

門弟たちの社会的基盤をめぐっては、耕作農民説、武士説、商人説、非農業民説など多岐にわたるが、様々な階層にまたがるものであった。『唯信鈔文意《ゆいしんしょうもんい》』には、「ゐなかのひとびと、文字のこころもしらず、あさましき愚痴《ぐち》きはまりなきゆゑに、やすくこころえさせんとて、おなじことをたびたびとりかへし書きつけたり」、「具縛《くばく》の凡愚《ぼんぐ》・屠沽《とこ》の下類《げるい》」と書いている。また、消息の中には、太郎入道(覚信)、高田入道、平塚入道などと呼ばれる人が書かれていて、武士であることがうかがわれる。覚信の息男と考えられる慶信は、大番役として上洛する鎌倉幕府の御家人であることが判明する。さらに性信房といった人たちは、道場を有する在地の有力者と考えられる。ここで重要なのは、様々な社会階層の人びとが、専修念仏に帰して、現実の社会的身分や社会意識を相対化し、「同朋」とする門徒集団を形成したことにある。

親鸞の帰洛

親鸞の常陸国を中心とする関東での伝道によって、各地に門徒集団が誕生した。親鸞は京都に戻ることを決意した。関東在住二十年とする説からいえば、それは文暦元年(一二三四)、親鸞六十二歳の頃であった。ただし、嘉禎元年(一二三五)に行われた北条政子の十三回忌の供養として、鎌倉幕府の執権北条泰時の願いで一切経五千余巻の書写が行なわれた際に親鸞も携わっていたとも考えられている。

帰洛の理由については、『教行信証』の完成を目指したこと、法然の伝記である『西方指南抄』の編集や親鸞の関東での伝道において門弟などが誕生して一定の区切りができたこと、あるいは聖として地縁を頼らないことがあったため、さらに望郷の思いがあったためなどの諸説があるが、単一の事ではないであろう。また、帰洛にさいして、恵信尼や子供など家族が同行したのか、あるいは恵信尼らは関東で親鸞と別れて越後に赴いたのか、の二説に分かれている。

京都に戻った親鸞は、五条西洞院あたりに居を定めたという。その生活にあたっては、関東の門弟から「志」が送られてきた。『消息』の中には、「銭三百文」「銭伍貫文」「銭弐拾貫文」「銭二百文」など表記がある。親鸞が居住した五条西洞院の居宅には、多端な困難を押して関東から門弟が上京して、専修念仏の教えを請うことがたびたびあった。『歎異抄』第二条には「おのおの十余カ国のさかひをこえて身命をかえりみずしてつねきたらしめたまふ御こころさしひとへに往生極楽のみちをといきかんかためなり」とある。その後、建長七年(一二五五)年に火災に見舞われて、転居を余儀なくされ、弟尋有の住坊である三条富小路善法院に居住を移した。

親鸞の著述

親鸞は、帰洛後に多くの著書の執筆に精励した。宝治二年（一二四八）七十六歳で『浄土和讃』、『高僧和讃』、建長二年（一二五〇）七十八歳で『唯信鈔文意』、建長四年八十歳で『入出二門偈』、『浄土文類聚鈔《じょうどもんるいじゅしょう》』、建長七年八十三歳で『尊号真像銘文《そんごうしんぞうめいもん》』（略本）、『浄土三経往生文類』（略本）、『愚禿鈔《ぐとくしょう》』、『皇太子聖徳奉讃』、康元元年（一二五六）八十四歳で『往相廻向還相廻向文類』、正嘉元年（一二五七）八十五歳で『浄土三経往生文類』（広本）、『一念多念文意』、『大日本国粟散王聖徳太子奉讃』、正嘉二年（一二五八）八十六歳で『尊号真像銘文』（広本）、『正像末和讃』などである。さらに文応元年（一二六〇）八十八歳で『弥陀如来名号徳』を写している。このような多数の著作は、『教行信証』を骨格にした浄土真宗の教法を門弟のために書き残すとともに、自らその教法を讃え詠んだものであった。

親鸞が書いて、現存する名号本尊は、八十三歳の時の、十字名号（籠文字）「帰命尽十方无㝵光如来《きみょうじんじっぽうむげこうにょらい》」〈黄地、讃文が親鸞筆〉（専修寺所蔵）、十字名号（籠文字）「帰命尽十方无㝵光如来」〈紺地、讃文が親鸞筆〉（専修寺所蔵）、八十四歳の時の、十字名号「帰命尽十方无㝵光如来」〈白紙、名号・讃文が親鸞筆〉（妙源寺所蔵）、十字名号「南无尽十方无㝵光如来」〈白紙、名号は親鸞筆〉（専修寺所蔵）、八字名号「南无不可思議光」〈白紙、名号・讃文が親鸞筆〉（専修寺所蔵）、六字名号「南无阿弥陀仏」〈白紙、名号・讃文が親鸞筆〉（西本願寺蔵）などがある。

影像としては似絵の画家であった藤原信実の子の専阿弥陀仏が描いた「鏡御影」（西本願寺蔵）や建長七年（一二五五）八十三歳の時に、画工法眼朝円が制作した「安城御影」がある。「安城御影」の正本は西本願寺が所蔵し、模本は東西本願寺が所蔵している。そこには、聖としての親鸞の姿が描かれている。また、鎌倉時代末の熊の皮に坐した親鸞のすがたを描いた「熊皮御影」（奈良国立博物館所蔵）があり、左上部に「行者宿報」の四句の偈文が書かれている。

親鸞の示寂

親鸞は弘長二年（一二六二）十一月下旬頃から体調をくずし、十一月二十八日（太陽暦では一二六三年一月十六日）、九十歳で示寂した。臨終は益方入道（道性）と末娘覚信尼や門弟の遠江池田の専信や顕智が看取った。翌日の二十九日に東山、鳥辺野の延仁寺で荼毘に付して、三十日に拾骨し、鳥辺野の北辺「大谷」に墓が設けられて納められた。その墓は当初木柵で囲み、方形の中央には四角形の台石の上に六角形の石柱を立て、上に笠と宝珠が乗せられた笠塔婆といわれるものであった。源信の墓もこの形式で「横川形式」と呼ばれる。

（赤松徹眞）

親鸞の足跡　ゆかりの地の紹介

【関東】

小島の草庵……親鸞が常陸国で最初に居をかまえたのは下妻の地で、小島の草庵であったという。この草庵は下妻蓮位という親鸞の門弟の屋敷となり、三月寺の遺跡といわれる。現在は、大きな銀杏がそびえ立ち、そのもとに四基の五輪の塔があり、「親鸞聖人御旧跡」の碑がある。『恵信尼文書』に「常陸の下妻と申し候ところに、さかいの郷と申すところに候にしとき」とあり、ここで恵信尼は堂供養の夢を見たことを記している。「さかいの郷」は、この小島の草庵から近くにあった。

西念寺・大覚寺……西念寺は親鸞が下妻の地から移って草庵を設けた旧跡である。親鸞はこの地で長く留まり『教行信証』の執筆に取り組んだ。それは元仁元年（一二二四）のことで、五十二歳の頃であった。帰洛後も『教行信証』は加筆修正を加えられていた。また、親鸞はこの地を中心に多くの人びとへの伝道に出かけたが、山伏・弁円を教化して、弟子とし、弁円は明法房と名のったことが知られる。その弁円のゆかりの寺院が板敷山大覚寺で、稲田から十キロほどである。板敷山には護摩檀跡という石組みが残っている。

専修寺……親鸞の有力な門弟に真佛、顕智がいたが、彼らは高田門徒を率いた。その本拠が専修寺である。今は「元高田」「本寺」と称され、親鸞は稲田からこの地に移ったという。長野善光寺から「一光三尊仏」を迎えて本尊とし、現在、如来堂に安置してい

▲図136　西念寺・稲田草庵跡　　茨城

▲図134　五智国分寺・竹之内草庵跡　　新潟

専修念仏の弾圧により越後（新潟）に流罪となった親鸞は、まず陸路北陸道を進み、小野浦から乗船して居多ケ浜に上陸し、越後国府に入ったと伝える。
越後国府の五智国分寺にある竹之内草庵は、親鸞が越後で最初に居所を構えた地とされる。堂内には、関東の古例にしばしばみられるような合掌し首に帽子を巻かない姿の親鸞聖人坐像（南北朝時代）が安置されている。

▲図135　居多ケ浜　　新潟

るが、太子信仰が広がっていた背景をうかがうことができる。なおこの本山は三重県津市の一身田に寺基を移している。

報恩寺……親鸞の有力な門弟性信を開基とするが、性信は横曾根門徒を率いた。性信は親鸞晩年の建長の念仏訴訟および善鸞事件に関わり、親鸞から全幅の信頼を寄せられて訴訟の当事者として事件の解決に奔走した。この報恩寺は、横曾根門徒の中心であり、その後常陸を中心とする参拝寺院の整備にあたって「関東二十四輩」の第一番とされた。しかし、火災で江戸に移り、現在は東京都台東区にある。この報恩寺が伝持したのが親鸞真蹟の『教行信証』で、随所に加筆、訂正などが加えられていることが明らかとなり、国宝に指定され、通称「坂東本」と呼ばれる。

【京都】

法界寺・日野誕生院……法界寺は現在、真言宗の寺院で、薬師如来像（重要文化財）を本尊とする薬師堂と丈六阿弥陀如来坐像（国宝）を本尊とする阿弥陀堂がある。親鸞の父は藤原北家の流れをくむ日野有範で、法界寺は日野資業のときに創立された日野氏の氏寺であった。誕生院は、本願寺第十九世本如が親鸞の誕生を顕彰し、第二十世広如が誕生講を設け顕彰し、昭和三年（一九二八）には本堂が建立され、さらに昭和六年に境内の全面的な整備が行なわれて、「日野誕生院」と称するようになった。

六角堂……六角堂は、頂法寺という天台宗の寺院で、観音霊場として親しまれていた。御堂が六角の形をしているので、通称六角堂と呼ばれている。親鸞は建仁元年（一二〇一）に比叡山を下りて六角堂で一〇〇日の参籠を始め、九十五日の暁に聖徳太子の示現に促されて、その後吉水の法然を訪ねて、専修念仏に帰したとい

▲図137　親鸞聖人の足跡　東国

う。『恵信尼文書』に、「山を出でて、六角堂に百日籠らせたまひて後世をいのらせたまひけるに、九十五日のあか月、聖徳太子の文を結びて、示現にあづからせたまひて候ひければ、……」との一節がある。

吉水草庵……吉水の草庵は、法然が浄土宗の独立を宣言した地である。「智慧第一の法然」と人びとからいわれた法然は、「愚痴の法然」「十悪の法然」と自らをかたり、厳しく自らを見つめ、善導の『観経疏』から念仏による自らと一切衆生の往生浄土の救いを見いだした。親鸞は、六角堂から吉水の草庵で専修念仏を説いていた法然を訪ね、一〇〇日間におよぶ求道から阿弥陀仏の本願に帰することになった。現在、「法然親鸞両上人御旧跡　吉水草庵慈圓山安養寺」の石碑が建つ。

五条西洞院・善法院……親鸞は、二十年にわたって伝道に取り組んだ関東の地から六十二歳頃に帰洛して、五条(今の松原通)西洞院あたりに居住した。ここには現在光圓寺があり、常陸国から上洛した平太郎が熊野参詣にあたって親鸞を訪ねたという。その後、親鸞が八十三歳の時、建長七年(一二五五)十二月十日の火災によって、弟尋有が住した三条富小路の善法院に移った。善法院は、比叡山東塔にある善法院の里坊であったが、現在の京都御池中学校の地である。

(赤松徹眞)

▲図138　六角堂　京都

▲図139　叡福寺・聖徳太子御廟　大阪
聖徳太子とともに、母である穴穂部間人皇后、妃の膳大郎女を葬った三骨一廟の廟所とされて信仰を集めてきた。親鸞も参詣したと伝えている。

▲図140　三室戸寺・阿弥陀堂　京都
本堂の向かって右に建つ阿弥陀堂は、寺伝に親鸞の父日野有範の墓といい、親鸞の娘覚信尼が阿弥陀堂を建て菩提を弔ったとされる。

▲図142　延暦寺・大乗院　　滋賀

若き日の親鸞の修行の地と伝え、そば喰いの木像と伝える親鸞聖人坐像を安置する。親鸞が比叡山で修行していた頃、ひそかに毎夜六角堂に参籠したことがあった。その行動をあやしみ師に訴えた者があったので、ある夜僧たちに蕎麦を供する場を設けたところ、不在の親鸞になりかわってこの像が供養を受けたと伝える。

▲図141　親鸞聖人坐像（そば喰いの像）
京都　法住寺
木造　像高57.0　江戸時代

明治の初めに、東山渋谷にあった佛光寺から移された木像という。

❶法界寺・日野誕生院
❷三室戸寺・阿弥陀堂
❸青蓮院
❹比叡山延暦寺・常行堂、大乗院
❺六角堂
❻吉水草庵
❼五条西洞院
❽三条富小路・善法院
❾大谷本廟
❿大谷祖廟
⓫法住寺

◀図143　親鸞聖人の足跡　京都

絵伝にみる　親鸞の生涯

親鸞の一代記を描いた〝親鸞聖人絵伝〟。ここでは最も流布した四幅形式の絵伝をもとに、各事蹟を概観する。

▲図144　親鸞聖人絵伝　　滋賀　赤野井別院　室町・寛政5年(1464)蓮如裏書

【第一幅】

A「出家学道《しゅっけがくどう》」

親鸞は治承五年（一一八一）、九歳の春、伯父の日野範綱《ひののりつな》に連れられて、当時の天台座主慈円のもとを訪ねるア。慈円との対面イ。剃髪の場面ウ。この時慈円から「範宴《はんねん》」という名を授かる。

B「吉水入室《よしみずにゅうしつ》」

親鸞は次第に聖道門の教えに疑問を抱くようになる。そこで当時、念仏による「他力摂取」の教えを説いていた法然に会うため、比叡山を下りて吉水の禅房に向ったエ。

C「六角夢想《ろっかくむそう》」

親鸞は頂法寺（六角堂）で百日参籠の行に入った。その九十五日目の暁、夢の中に救世観音の化身である僧が現れ、「今の仏教では妻帯は禁じられているが、そのときは私が女人になりかわって相手をしよう。そしてお前を守護し、極楽へと導こう。さあ、この誓願を一切衆生に説きなさい」と告げたオ。目覚めて東方を眺めると、巍々たる山岳の中に数千億もの人々が見えた。これは親鸞の教えによって、多くの人々が救済されることを暗示する奇瑞であったカ。

D「蓮位夢想《れんいむそう》」

建長八年（一二五六）、親鸞八十四歳の時の話。親鸞の弟子・蓮位坊が六角堂に参籠していたところ、童子の姿の聖徳太子が、親鸞を礼拝しているのを夢に見た。太子は親鸞に「あなたはこの濁世において、衆生救済のために現れた阿弥陀如来である」と告げたキ。

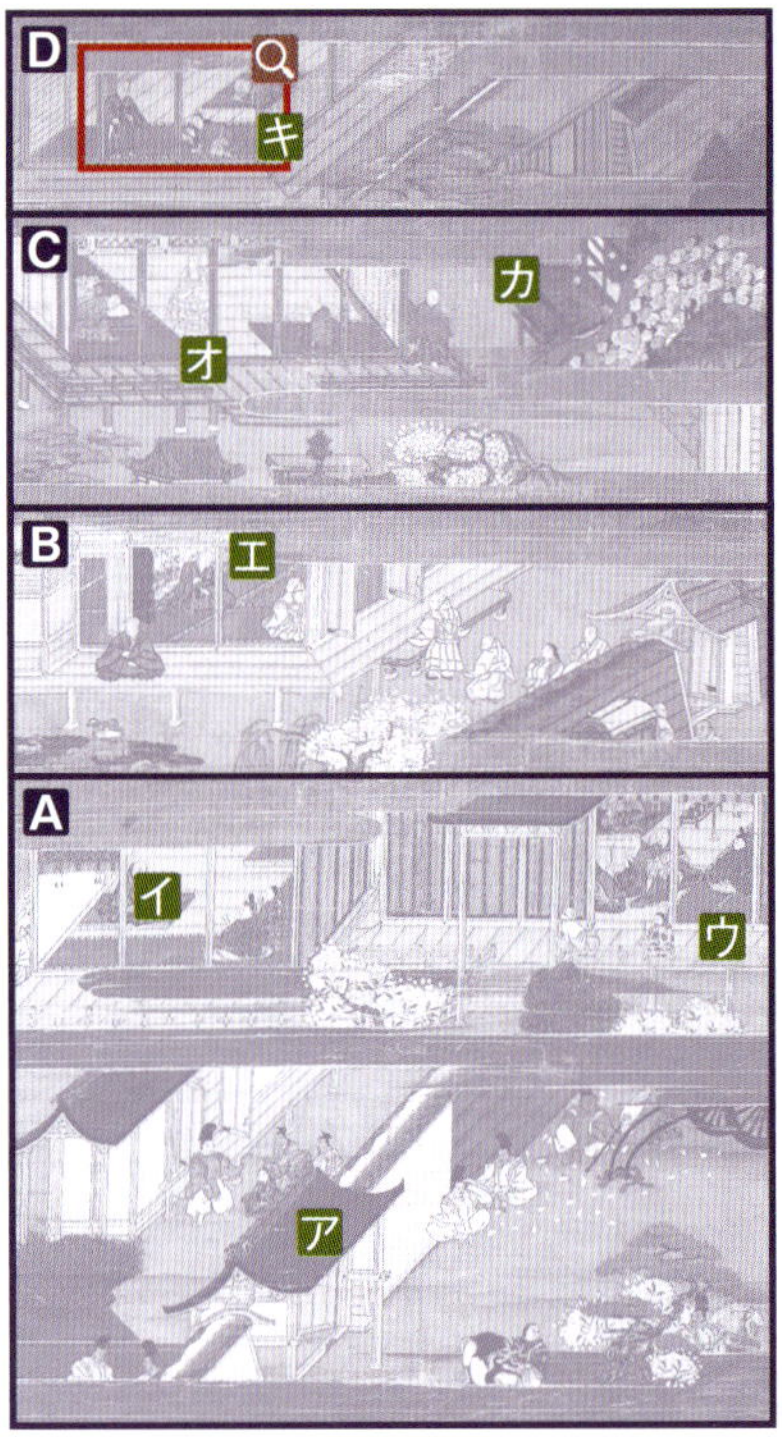

第一幅

聖徳太子との因縁

「六角夢想」で親鸞の前に現れた救世観音は、六角堂の本尊であり、同時に聖徳太子の本地として信仰されている尊格である。よって真宗にとって聖徳太子は、開祖の親鸞に思想の転機をもたらした人物として位置付けられ、今も格別の崇拝対象とされている。六角堂を舞台にした「六角夢想」・「蓮位夢想」は、いずれも親鸞と太子の不可分の関係を説く内容で、真宗における太子信仰の根幹となっている。

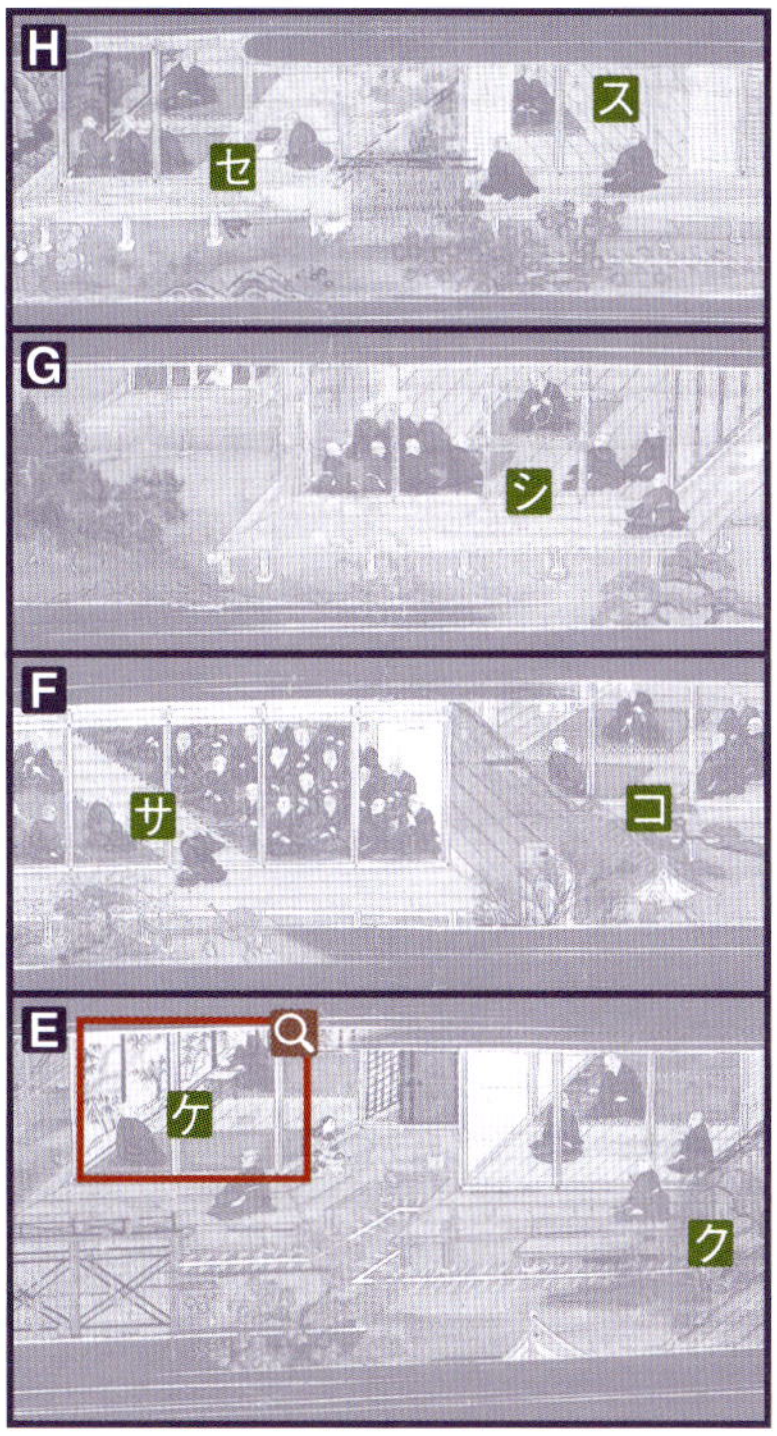

第二幅

【第二幅】

E「**選択付属**《せんじゃくふぞく》」

法然門下に入って四年後の元久二年（一二〇五）、親鸞は法然の著書『選択本願念仏集』の書写を許可されるク。同年七月には、法然の真影（肖像画）の図画を許され、さらに画讃を加えてもらったケ。

F「**信行両座**《しんぎょうりょうざ》」

法然門下には多くの弟子がいたが、親鸞は彼らが師の説く他力本願の趣意を正しく理解しているか疑問だったコ。翌日、親鸞は三百人の門弟らに対し「信不退（信心のみで往生できるという考え）」と「行不退（念仏修行しないと往生できないという考え）」のいずれの立場を取るか、分かれて座るよう告げた。多くの門弟は「行不退」の座を選び、「信不退」を選んだのは親鸞含め四名だけだった。緊迫した時が流れる中、最後に法然が登場し、「信不退」の座を選んだサ。

G「**信心諍論**《しんじんじょうろん》」

ある時親鸞は、先輩の僧侶らを前にして「私と師の信心は、いささかも違うところがない」と言った。周囲はこれを傲慢と咎めたが、親鸞は「他力本願の信心とは、みな阿弥陀如来から等しく賜るものだ」と答えた。そこへ法然が現れ、「自力の信心であれば、確かに異なることもあろうが、他力であれば、法然も善信（親鸞）も同じはずであろう。信心が違うという者は、法然の往く浄土とは違うところへ往くのだろう。」と言って制したシ。

H「**入西鑑察**《にゅうさいかんざつ》」

仁治三年（一二四二）、親鸞七十歳の時の話。門弟の入西房は、日頃から親鸞の真影を求めていた。親鸞は七条辺に住む定禅法橋という画僧に描かせるよう入西に命じたス。翌日召された定禅は親鸞を見て、「聖人のお顔は、昨夜私の夢に現れた〝善光寺の本願御坊（阿弥陀如来）〟とそっくりです」といって随喜したセ。

真影の相伝

祖師の真影の制作と相伝をテーマにした「選択付属」と「入西観察」。当時の門弟にとって、師の真影を所持することが、いかに重要な意味があったのかがうかがえよう。彼らにとって真影は単なる肖像画である以上に、師弟間の絆の証明として絶大な価値があったのである。

【第三幅】

I 「**師資遷謫**《ししせんたく》」

承元元年（一二〇七）二月、専修念仏の教えを危険とみなした南都北嶺の僧侶らは、朝廷に赴き後鳥羽上皇と土御門天皇に念仏の禁制を求めた**ソ**。法然は僧籍を奪われ土佐国へ流され**タ**、同じく親鸞も罪人として越後国へ配流された。のちに承元の法難とよばれる事件である**チ**。

J 「**稲田興法**《いなだこうぼう》」

越後国で五年間の刑期を終えた親鸞は、関東に移って常陸国笠間の稲田に隠居した**ツ**。親鸞の庵には、聖人滞在の噂を聞いた人々が駆けつけ繁盛をみせた**テ**。

K 「**弁円済度**《べんねんさいど》」

親鸞の教えは広く関東に広まったが、それを快く思わない者も多くいた。そのひとり「弁円」という山伏は、板敷山《いたじきやま》の山中に隠れて親鸞を害そうとした**ト**。ところが親鸞は一向に現れない。ついに弁円は庵に押しかけ、親鸞を直接手に掛けて害そうとした。ところが親鸞は逃げる様子もなく、実に気軽ないでたちで弁円の前に現れた。弁円は親鸞の顔を見るとたちまち害心が失せ、涙を流して懺悔し、その場で山伏のシンボルである頭襟を取り、弓箭を折って親鸞に帰依することを決意した。親鸞は彼を許し「明法《みょうほう》房」という法名を授け弟子とした**ナ**。

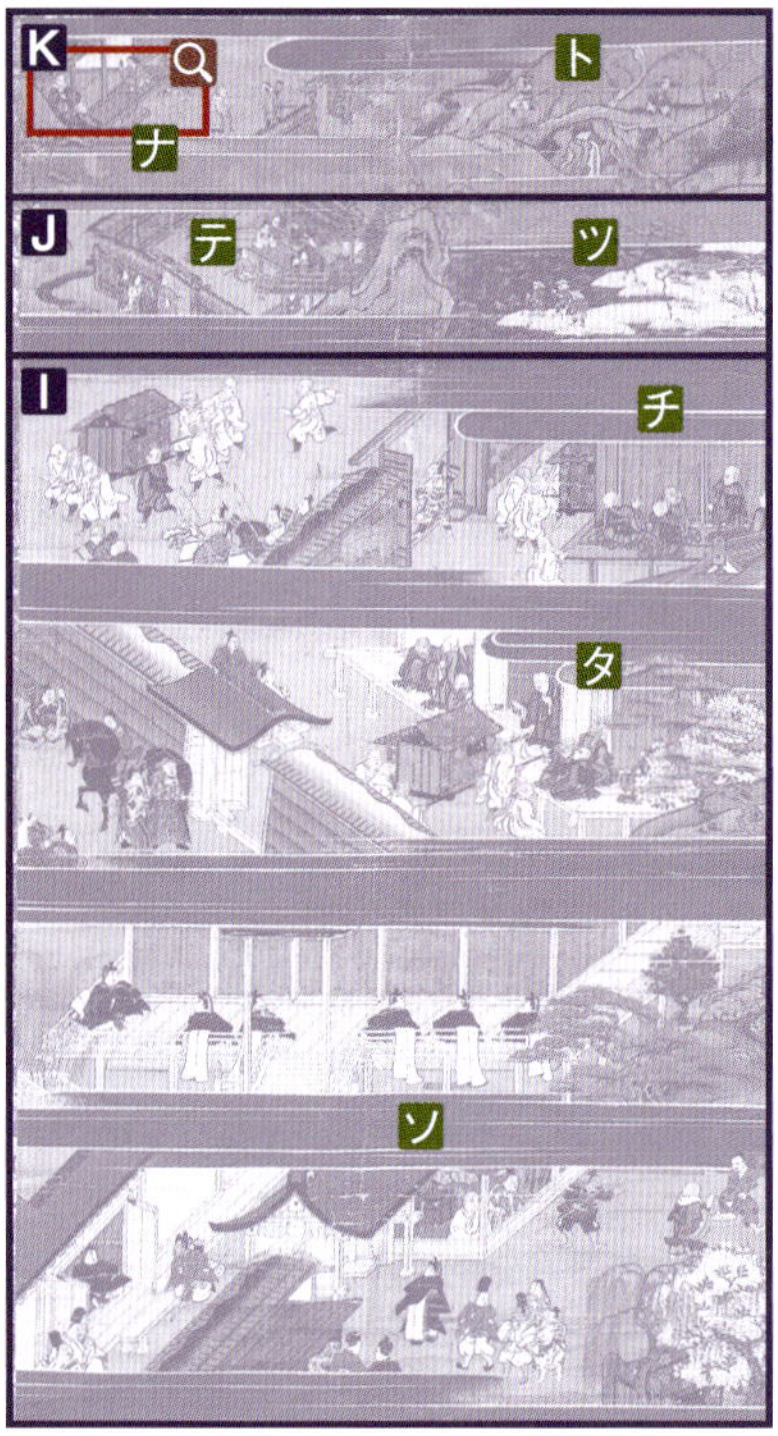

第三幅

親鸞の在地伝承

承元の法難を機縁に、親鸞の教えが都から地方へと伝播していく。第三幅ではとくに初期真宗の拠点となった関東での出来事が描かれる。近世以降、全国各地で、その土地ゆかりの親鸞伝が形成され、広く民衆に浸透していった。板敷山（現 茨城県石岡市）の「弁円済度」はその代表的な物語で、法螺貝《ほらがい》や弓矢など、弁円ゆかりの遺品が伝えられるとともに、今もかの地の人々の間に語り継がれている。

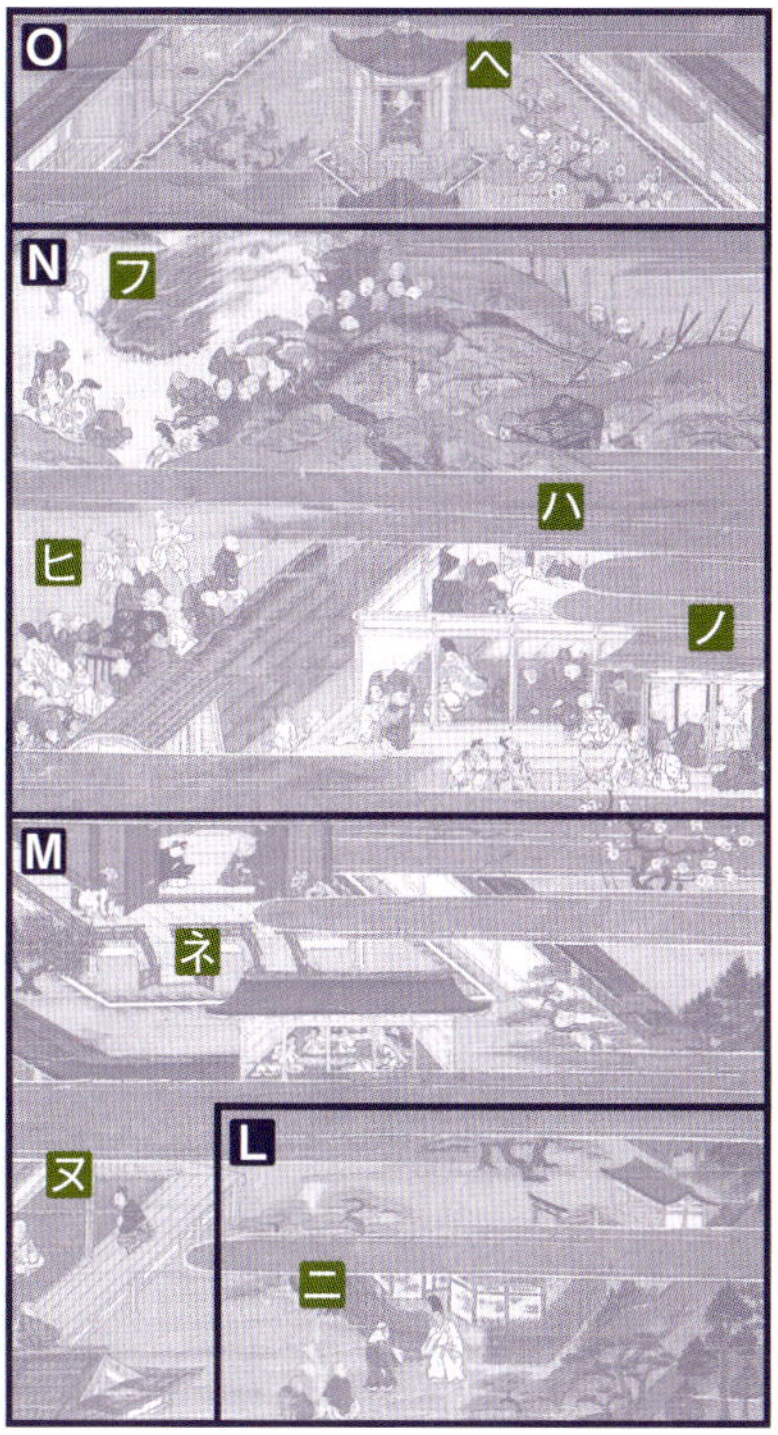

第四幅

【第四幅】

L「**箱根霊告**《はこねれいこく》」

二十年に及ぶ関東滞在を終え、都へ戻る帰路での話。親鸞一行は険しい箱根の山道にすっかり困憊《こんぱい》してしまった。すると突然ひとりの翁が現われ「わしは箱根権現から『もうすぐ尊いお方がこの近くを通る。かならず丁重にもてなせよ』とお告げを受けた者でございます」と申し出た。一行は手厚い歓迎を受け、無事都へ戻ったニ。

M「**熊野霊告**《くまのれいこく》」

都へ戻った親鸞は、新たに五条西洞院に居を構えた。そこには関東時代に親鸞から教えを受けた者が多く集った。そのひとり常陸国の平太郎は、不本意ながら熊野社へ参拝せねばならない悩みを親鸞に相談した。親鸞は「いつもの通りの姿で参詣するがよい」と答えたヌ。親鸞の言葉に従い、平太郎はいつもの装いで熊野へ詣でた。するとその夜、夢中に貴人の姿をした熊野権現が現れた。権現が平太郎になぜそのような恰好で来たのかと詰問すると、そこへ親鸞が現れ「彼は私の教えによって念仏をおこなう者である」と答えた。権現は深々と親鸞を礼拝したネ。

裏書の史料性

毎年の報恩講に用いられる親鸞聖人絵伝は、真宗門徒にとって最も馴染み深い絵画である。これらの多くは本山直轄の絵所で厳密に転写され、当時の門主の花押入りで全国の寺院に下付された。背面に貼られた「裏書」は、花押の他に道場名・願主名・年紀など、絵伝を取り巻く情報が詳細に記され、歴史資料としても重要な価値をもっている。

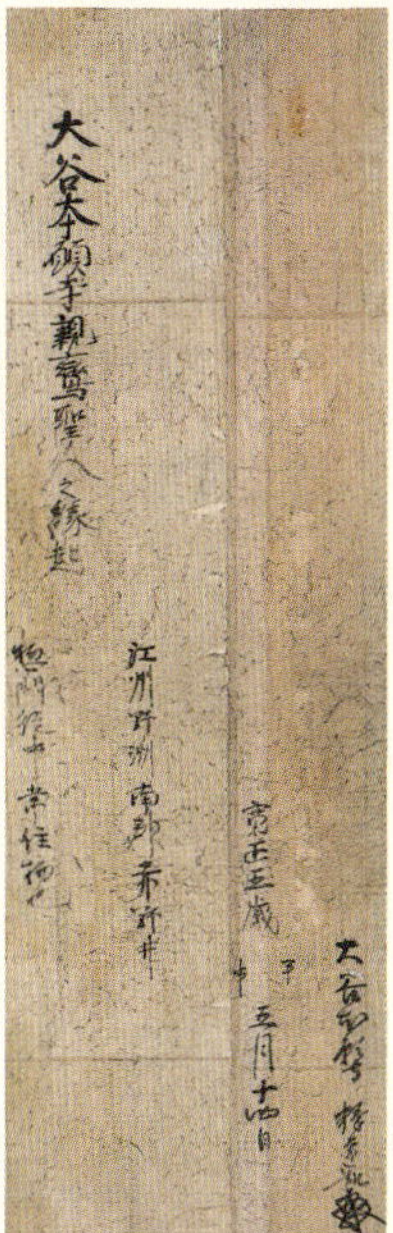
「大谷本願寺親鸞聖人之縁起／江州野洲南郡赤野井／惣門徒中常住物也／寛正五歳［甲申］五月十四日／大谷本願寺　釋蓮如（花押）」

N「**洛陽遷化**《らくようせんげ》」

親鸞は弘長二年（一二六二）の十一月下旬ごろから体調を崩し、それ以来、世事は口にせず、ただ仏恩の有難さと念仏だけを言うだけになったノ。そして十一月二十八日、最後まで念仏を称えながら入滅した。九十歳であったハ。葬儀は鳥部野南の延仁寺で行われヒ、遺骨は大谷の地に納められた。荼毘に立ち会った門弟や、親鸞から恩徳を受けた者たちは、それぞれ生前の姿を慕って涙にくれたフ。

O「**廟堂創立**《びょうどうそうりゅう》」

文永九年（一二七二）の冬、墓地を鳥部野の西・吉水の北辺に移し、そこに廟堂を建立して親鸞の影像を安置した。その後も親鸞の教えは国中に広まり、廟堂には多くの門弟らが集ったヘ。

（村松加奈子）

年表　親鸞の生涯

年号	西暦	年齢	事項
承安三年	一一七三	1	誕生。生誕地は日野(京都)、父は日野有範と伝える。
安元元年	一一七五	3	法然　専修念仏を唱える。
治承四年	一一八〇	8	源頼朝挙兵。平重衡による南都焼討ち。
養和元年	一一八一	9	春、慈円(一一五五～一二二五、天台座主を歴任した)の下で出家し、範宴と称する。のち比叡山に登り、修行生活を送る。
寿永元年	一一八二	10	恵信尼、誕生。父は三善為教と伝える。
文治元年	一一八五	13	平家滅亡。
建久三年	一一九二	20	源頼朝、征夷大将軍となる。
建久九年	一一九八	26	法然、『選択本願念仏集』を撰述。
正治二年	一二〇〇	28	道元(曹洞宗開祖)、誕生。
建仁元年	一二〇一	29	比叡山より下り、六角堂に参籠する。聖徳太子の示現をうけ法然(源空)の門に入り、専修念仏に帰す。
建仁三年	一二〇三	31	再び六角堂に参籠し、本尊如意輪観音(救世観音)の夢告を得る。この頃、恵信尼と結婚する(時期には諸説あり)。
元久元年	一二〇四	32	十一月八日、法然の「七箇条制誡」に「僧綽空」と自署する。
元久二年	一二〇五	33	四月十四日、法然の著書『選択本願念仏集』を書写し、それに法然が内題と標挙の文、釈綽空の字を書く。法然の影像(肖像画)を図画する。閏七月二十九日、法然、親鸞のために影像に讃銘を書く。親鸞、綽空の名を善信と改める。 十月、興福寺衆徒、専修念仏停止を訴える。
承元元年	一二〇七	35	二月上旬、専修念仏停止の院宣が下り、親鸞は越後(新潟)へ、法然は土佐(高知)(実際には讃岐(香川))へ流罪となる。
建暦元年	一二一一	39	三月三日、親鸞の息男信蓮房明信、誕生(母は恵信尼)。十一月十七日、親鸞、流罪を許されるが、帰京せず関東に留まる。 法然、流罪を許されて入京、東山大谷に住す。
建暦二年	一二一二	40	法然、没(80歳)。
建保二年	一二一四	42	越後から常陸(茨城)へ赴く。途中、上野(群馬)佐貫にて三部経千部読誦を発願するが、まもなく中止する。
建保三年	一二一五	43	栄西(臨済宗開祖)、没(75歳)。
承久三年	一二二一	49	承久の乱。
貞応元年	一二二二	50	日蓮(日蓮宗開祖)、誕生。
元仁元年	一二二四	52	この頃、『教行信証』を執筆(のちに改訂を繰り返す)。親鸞の末娘覚信尼、誕生。 五月十七日、延暦寺の衆徒、専修念仏停止を訴える。
寛喜二年	一二三〇	58	五月二十五日、『唯信鈔』を写す。
寛喜三年	一二三一	59	四月十一日、病臥。建保二年の三部経読誦の反省を恵信尼に語る。
貞永元年	一二三二	60	『御成敗式目(貞永式目)』制定。
文暦元年	一二三四	62	この頃、京都に戻る(60歳頃とも)。
嘉禎元年	一二三五	63	六月二十九日、『唯信鈔』(平仮名)を写す。この年、如信(親鸞の孫、本願寺第二世)誕生。
延応元年	一二三九	67	この年、覚信尼の息男覚恵、誕生。

			一遍(時宗開祖)、誕生。
仁治二年	一二四一	69	十月十四日・十九日、『唯信鈔』を写す。
仁治三年	一二四二	70	定禅、入西の求めに応じて親鸞の影像を描く。
寛元四年	一二四六	74	三月十四日、『唯信鈔』を写す。三月十五日、『自力他力事』を写す。
宝治元年	一二四七	75	門弟尊蓮、親鸞の『教行信証』を写す。
宝治二年	一二四八	76	一月二十一日、『浄土和讃』『浄土高僧和讃』を著す。
建長二年	一二五〇	78	十月十六日、『唯信鈔文意』を著す。
建長四年	一二五二	80	三月四日、『浄土文類聚鈔』を著す。
建長五年	一二五三	81	道元、没(54歳)。
建長六年	一二五四	82	二月、『唯信鈔』を写す。九月十六日、『後世物語聞書』を写す。 この年以前、恵信尼越後へ赴く。
建長七年	一二五五	83	四月二十三日、『一念多念分別事』を著す。四月二十六日『浄土和讃』を写す。六月二日、『尊号真像銘文』(略本)を著す。六月二十二日、門弟専信、『教行信証』を写す。七月十四日、『浄土文類聚鈔』を写す。八月六日、『浄土三経往生文類』(略本)を著す。八月二十七日、『愚禿鈔』を書く。十一月三十日、『皇太子聖徳奉讃』を著す。 十二月十日、親鸞の住した五条西洞院の坊舎が火災に遭い、三条富小路の善法坊尋有(親鸞弟)の坊舎に身を寄せる。 この年、法眼朝円、親鸞の真影「安城御影」を図画する。
康元元年	一二五六	84	三月二十四日、『唯信鈔文意』を写す。四月十三日、門弟真佛が書写した『四十八願』に加点する。五月二十九日、息男善鸞を義絶する(異説もあり)。七月二十五日、版本の『浄土論註』二帖に加点する。十月十三日～十一月八日、『西方指南鈔』を写す。十月二十五日、十字・八字の名号を書き、讃を加える。十月二十八日、十字・六字の名号を書き、讃を加える。十一月二十九日、『往相廻向還相廻向文類』を著す。
正嘉元年	一二五七	85	一月一～二日、『西方指南鈔』を校合する。一月十一日・二十七日、『唯信鈔文意』を写す。二月十七日、『一念多念文意』を著す。二月三十日、『大日本国粟散王聖徳太子奉讃』を著す。三月二日、『浄土三経往生文類』(広本)を写す。 五月十一日、『上宮太子御記』を写す。六月四日、『浄土文類聚鈔』を写す。八月六日、『一念多念文意』を写す。
正嘉二年	一二五八	86	門弟真佛(高田門徒)没(50歳)。六月二十八日、『尊号真像銘文』(広本)を著す。九月二十四日、『正像末和讃』を著す。 十二月十四日、門弟顕智、三条富小路善法坊で親鸞から教えを聞書きする。
正元元年	一二五九	87	九月一日～十日、『選択本願念仏集』(仮名本)を写す。
文応元年	一二六〇	88	十二月二日、『弥陀如来名号徳』を写す。
弘長二年	一二六二	90	十一月下旬、病む。十一月二十八日、押小路南万里小路東の禅坊にて没する。十一月二十九日、東山鳥辺野にて荼毘に付される。十一月三十日、門弟専信、顕智らにより拾骨。遺骨は東山鳥辺野の北大谷の地に納められる。十二月一日、覚信尼、親鸞の入滅を越後の恵信尼に書状で伝える。
弘長三年	一二六三		二月十日、恵信尼、覚信尼に書状を送り、親鸞について語る。
文永五年	一二六八		この頃、恵信尼、没。
文永九年	一二七二		冬、覚信尼、親鸞の遺骨を吉水の北の大谷に移し、廟堂を建立。
建治三年	一二七七		九月二十二日、覚信尼、かねて小野宮禅念から譲られた大谷の地を、親鸞の墓所として寄進する。
弘安六年	一二八三		十一月二十四日、覚信尼、親鸞墓所の留守職を覚恵に譲る。覚信尼、没(60歳)。
永仁三年	一二九五		覚如(覚恵の子、本願寺第三世)、『親鸞伝絵』を著す。
延慶三年	一三一〇		秋、覚如、大谷に入り、留守職となる。十一月二十八日、覚如、「鏡御影」の修復供養を行なう。
元亨元年	一三二一		二月、本願寺親鸞の門弟等、念仏停止の解除を幕府に訴える(本願寺の名の初見)。

コラム　親鸞伝のひろがり

江戸時代は、大衆の学びと娯楽の双方を支える基盤が整備され、なおかつ発展した時代であった。例えば、営利を目的とした商業的な出版の発展、寺子屋による学びの普及、浄瑠璃や歌舞伎などの芸能の興隆等々……。まさに「枚挙にいとまなし」の実例に相当するかのようである。

さて、各種の親鸞伝もまた、そのような時代にあって、様々な表現形態で伝えられ、広く流布することとなった。江戸時代のごく初期には、木製の活字による活字印刷が行なわれた。今日、それらは「古活字版」と呼ばれている。庶民向けの親鸞伝は、早くも古活字版の中に登場する。古浄瑠璃『しんらんき』がそれで、寛永年間（一六二四～四四）の刊行と考えられている。もちろん、書物の刊行に止まるものではなく、大谷大学図書館所蔵『粟津家文書』には実際に上演されていたことが記されている。

古活字版の『しんらんき』が刊行された寛永年間は、ちょうど商業的な出版業が定着しはじめた時期に相当する。商業的なメディアの草創期に早くも親鸞伝がとり込まれたという歴史的な事実は、本願寺とその行事、そして何より真宗門徒の存在が、出版や娯楽的な興行を生業とする人々にとって重要な存在として認知されていたことを伝えるものであろう。

ところで、商業出版において「増刷」は、利潤を得るための重要な位相にある事柄である。しかし、古活字版は一度に印刷できる部数も少なく、原版を保存することができないという著しい弱点があった。そこで、商業出版の発展とともに、原版を保存する

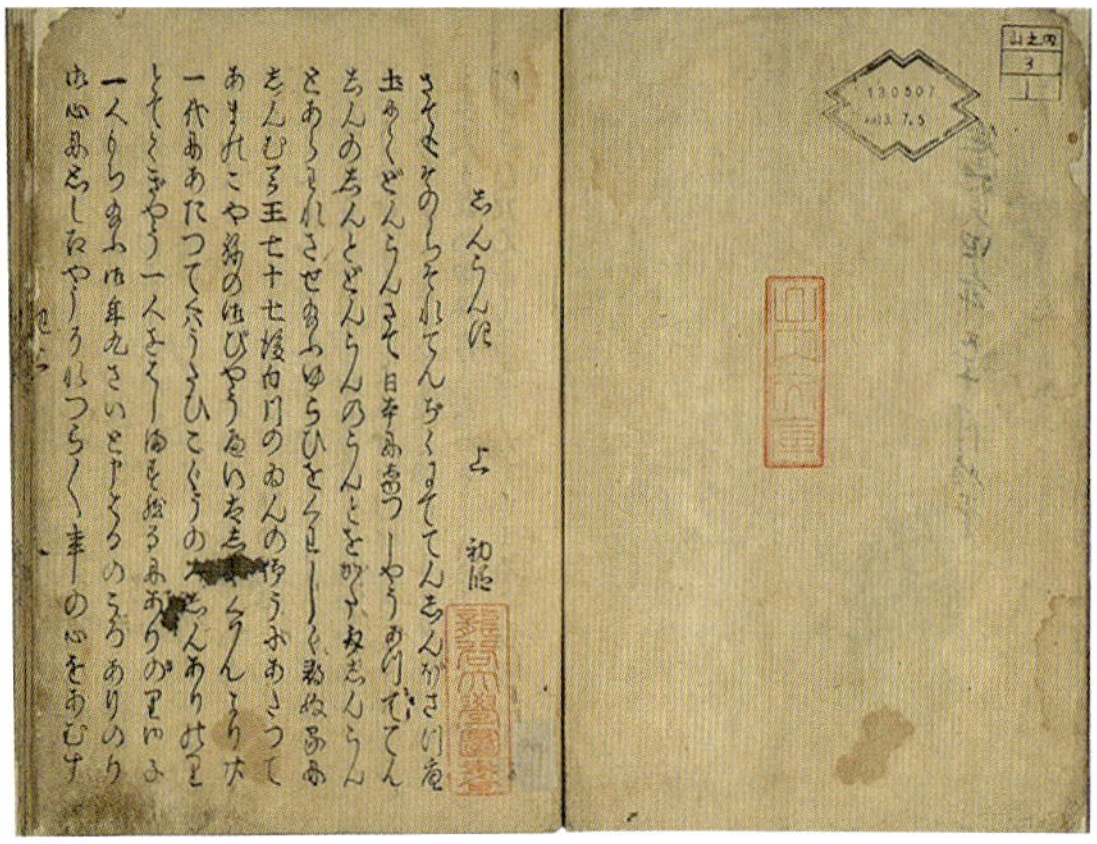

▲図145　古浄瑠璃『しんらんき』　龍谷大学
紙本墨摺（古活字版）　25.5×18.5
江戸・寛永年間（1624～44）

本書は、江戸時代初期の寛永年間に刊行された古活字版の古浄瑠璃正本である。その伝本は極めて伝存稀少。内容は、親鸞の生涯を六段構成で語り収めるものであるが、もとより『御伝鈔』には依拠しておらず、さらには真宗門徒が直接その成立に関わったとも考えがたい。ただし、真宗門徒に好まれたであろう板敷山などの名場面は含まれている。

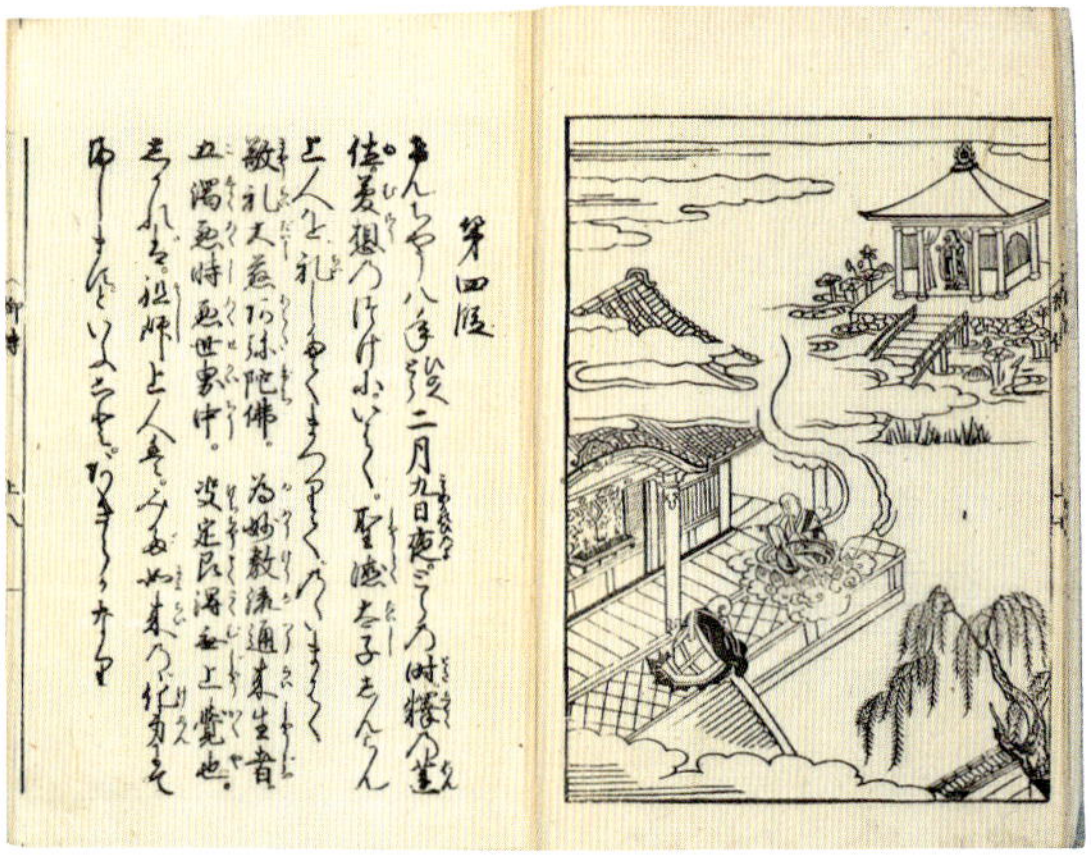

▲図146　『親鸞聖人御伝記』　龍谷大学
紙本墨摺　25.5×17.8　江戸時代

本書は、『御伝鈔』に依拠した絵入りの仮名草子である。伝本の多くは、江戸後期印と目されるものばかりである。しかし、その版面は江戸前期の寛文年間頃（1661～72）の特徴を有する。沙加戸弘は、本書の版木が、寛文12年（1672）に京都町奉行所から出版を差し止められた『親鸞聖人御伝記』の版木である可能性があるとする（『真宗関係浄瑠璃展開史序説』）。

ことのできる印刷方法、すなわち木版印刷（「整版」という）が主流となっていった。古浄瑠璃『しんらんき』もまた、その寛文三年（一六六三）版は整版本である。

さて、近世前期は、真宗僧侶の学事が興隆しはじめた時期でもあり、仏書の領域では『善信聖人親鸞伝絵鈔』（恵雲著、慶安四年〈一六五一〉刊）、『御伝絵照蒙記』（知空著、寛文三年〈一六六三〉刊）、『御伝探証記』（空誓著、寛文五年〈一六六五〉刊）、『御伝勧化鈔』（元禄四年〈一六九一〉刊）等々の注釈書が刊行された。近世前期に成立した仏書の版本は、親鸞伝関係書のみならず、その多くは中世に成立した天台宗の『法華経直談鈔』等の様式に倣う注釈書であり、上記の書物はいずれもその時期の雰囲気を伝えるものである。

近世中期には、そのような状況に変化が生じ、あたかも説教台本のような内容の書物が続々と刊行されるようになった。それらの多くは、一席ずつの説教をそのまま記録したかのような体裁を具備する。在家の読者にとっては自宅にいながらにして高名な僧侶の説教を聴聞するかのような、また布教使を志す僧侶にとっては優れた手本となるべき書物であった。ことに、本願寺派の菅原智洞、大谷派の粟津義圭は、優れた布教使であり、なおかつ人気を集めた著者であった。親鸞伝の領域においては、粟津義圭著の『御伝鈔演義』（安永八年〈一七七九〉刊）がこの時期を代表すべきものであり、長きにわたって法座における親鸞伝の基底をなしたと考えられる。例えば、「大乗仏典」中国・日本篇第三十巻（一九八七年・中央公論社刊）所収の写本『祖師聖人御一代記』は、関山和夫氏によって翻刻・紹介された近世期の説教台本であるが、同書の出拠を確かめていくと『御伝鈔演義』に遡源し得る箇所を確認することができる。

近世中期から後期にかけて、真宗の書物文化にはさらに大きな

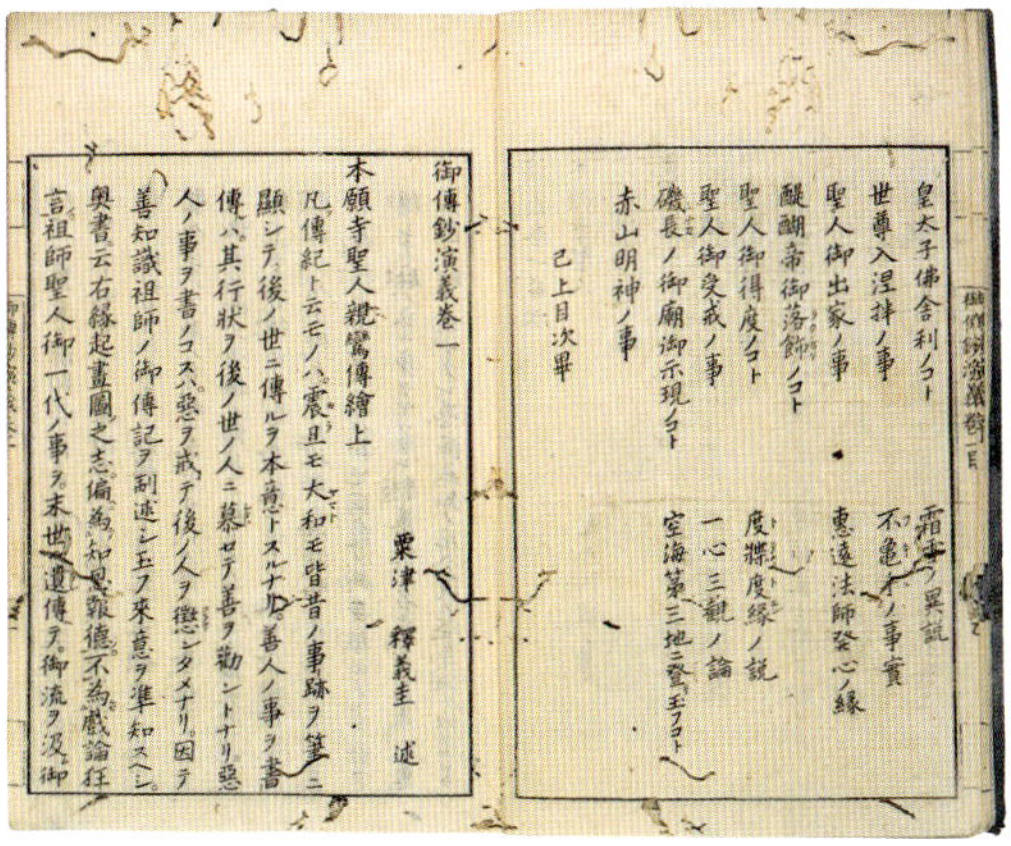

▲図147　『御傳鈔演義』粟津義圭著　　龍谷大学
紙本墨摺　26.4×17.8　江戸・安永3年（1774）刊

本書は、真宗大谷派の粟津義圭の著作のひとつで、その読者の多くは説教に従事する僧侶たちであったと考えられる。譬喩因縁談を多く収載し、なおかつ高座説教に特有の文言が多用されるが、漢字の付訓には近世中期の読本との類似性が認められる。なお、この類の書物は、談義本と称されるが、国文学においては近世中期小説の一類との混用を避けて勧化本と称する。

▲図148　『二十四輩順拝図絵』　　龍谷大学
紙本墨摺　25.1×17.7　江戸・享和3年（1803）刊

本書は、江戸時代後期に盛んに刊行された「図会もの」の仏書の一つである。画工の竹原春泉斎は、多くの名所図会を手がけた竹原春朝斎の息子。内容は、親鸞の弟子24名が開創した寺院を巡拝する一種の「参詣道中図会」であるが、同種の図会類の中では長編に属し、なおかつ早い時期に刊行されたという特徴を有する。

変化が生じてくる。例えば、学僧たちの間で、高名な学者の講録（写本）に対する需要が高まってくるという動向もまた、この時期の特徴の一つとなるものであろう。もちろん、真宗学書の専門店である永田調兵衛・丁字屋西村九郎右衛門の店では、学僧たちの需要に応えるべく「写本目録」が作成され、「○○院講師の○○の講録を」といえばすぐさま注文に応じられるよう、周到な用意がなされていた。学資に余裕のある僧侶は書店に写本の作成を依頼し、余裕のない僧侶は見料を支払って書店から講録を借り出して自分自身で書写するといったシステムも整えられていた。

そのような動向の中、町売りの版本の領域では、在家の読者をより一層意識した平易で面白い書物が刊行されるようになっていった。「絵鈔」（「絵抄」とも）と題される絵入りの書物がそれで、やがてそれらの書物は「名所図会」に代表される「図絵もの」の流行にとり込まれるような形で、例えば『親鸞聖人御一代記図絵』（万延元年〈一八六〇〉刊）のような書物が刊行されるようになるのであった。

「図絵もの」の版本の中には、『二十四輩巡拝図会』（享和三～文化六年〈一八〇三～〇九〉）といった書物も存在する。いわゆる「ご旧跡」には、様々な説話が伝えられており、世に「越後の七不思議」と呼ばれる説話の数々はその代表ともいうべき存在であろう。「ご旧跡」においては、多くの場合、参詣者に対して「読み縁起」の拝読が行なわれ、なおかつ略縁起などの印刷物も頒布された。

参詣者たちに対する「読み聞かせ」という点においては、各地の寺院における報恩講こそがそれのもっとも重要な「場」であった。近世後期から近代初頭にかけて、四幅の御絵伝は内陣余間に奉懸されるだけでなく、報恩講の期間中には参詣者により近い場所に移され、絵解きが行なわれたのだという。

このような様々な手段による親鸞伝の流布は、やがて一人ひとりの門徒・僧侶たちに、様々な親鸞伝を暗記させてしまうという結果をもたらしたようである。本願寺派における節談《ふしだん》説教の有力なものの一つに東保流《とうぼりゅう》という一流がある。その名は、東保の福専寺（兵庫県揖保郡太子町）の獲麟寮《かくりんりょう》において講伝されたことに由来する。東保流の台本には、説教それ自体は『御伝鈔』の説教ではないのに、親鸞伝の一部分やそれを想記させる和歌の一部分をほのめかすように吟ずる箇所が存在するのである。東保福専寺の神子上恵了師に師事した竹内文昭師は、かつて真宗門徒の多くが『御伝鈔』の要所を暗記していたという事実を語り、またそのような箇所を高座で語る際には「お同行が思い出して下さるように語る」ことが肝要であると常々指導していた。

法座において思い出される親鸞とは、歴史上の人物である「親鸞」ではなかろう。それは、まさしく「この私一人のためにご苦労あそばされ、お念仏のみ教えを明らかにし、お伝え下さったご開山親鸞聖人」にほかならない。

江戸時代から近代初頭における親鸞伝の流布について、ただ単純に摩訶不思議な説話が広汎に流布し、文学・芸能にまで浸透したというような点にのみ注目するのは、いささか早合点に過ぎるのかもしれない。むしろ、一人ひとりの聴聞者が時代を超えて「ご開山聖人」に出遇っていったのだという宗教性に思いをめぐらすべき性格のもののようである。

（和田恭幸）

第二節　親鸞の教え

釈尊の教えと親鸞の教え

釈尊の教えから親鸞の教えという流れは、一見かけ離れたような独特な展開をとげているようにみえる。しかし、親鸞も「浄土真宗は大乗の至極なり」、あるいは「いまこの浄土(真)宗は菩薩乗なり」と説き示し、その著述をみても仏教の経論釈を広く引用していることは、釈尊の教えの中からの展開、そして帰結が浄土真宗にあるものとうかがえる。

もちろん、親鸞が浄土真宗を開顕するには、面授の師である法然の存在は大きなものであった。法然は日本浄土教の祖である源信の流れを承けて、浄土宗の一宗を確立した。そして、「速やかに生死を離れる道」として「ただ念仏」を説いたのである。いわゆる「三選の文」に念仏を選び取った過程、および法然の仏教観が示されている。仏教を聖道門と浄土門に分け、その中で聖道門を閣《さしお》いて浄土門に入れ、また浄土門においては正雑二業の中の助業を傍《かたわ》らにして、正定業、すなわち称名を選べと説くのである。何故かといえば、仏の本願によるというのであり、非常に明快な論理である(図149参照)。

今、法然がこのように専修念仏を説く背景には、「浄土三部経」にもとづくということがあった。三部のうち『無量寿経』と『阿弥陀経』に関しては、紀元一〇〇年頃、インド西北部、クシャーン朝の領域内で編纂されたというのが現在定説となっている。それは、大乗仏教が興起するちょうどその頃であった。ただ『観無量寿経』については成立年代、地域も異にする。これら「浄土三部経」にはそれぞれ仏説という語が冠せられている。しかし、「浄土三部経」が成立する段階はすでに釈尊が入滅して五〇〇年という歳月が流れている。では何故仏説といえるのか、ここに釈尊の真精神が顕されているか否かということが問題になってくる。それはたとえ「仏弟子であったとしても、仏意が開顕されていれば仏説といえる」という言葉に象徴的に表されるように、釈尊直説でなくても仏説といえるのである。

もちろん、「浄土三部経」以外に、数多くの経典が成立する。その経典にもとづいて、日本の仏教においても宗派が成立することとなる。例えば『法華経』を根本とする宗派、『金剛頂経』を根本とする宗派などである。そして、よりどころとする経典が異なれば、おのずと教義も異なるということになる。

さて、親鸞は法然が「浄土三部経」を教学のよりどころとすることを受けて、「浄土三部経」を正依の経典とし、とりわけ『無量寿経』を真実の教として「三部経」の中でも特別視するのである。このことは、すでに法然の中にも『無量寿経』を中心にみようとする傾向はあったが、親鸞は『教行信証』で「それ真実の教えを顕さば、大無量寿経これなり」と示し、明言するのである。ところで「選択本願は浄土真宗なり」の文

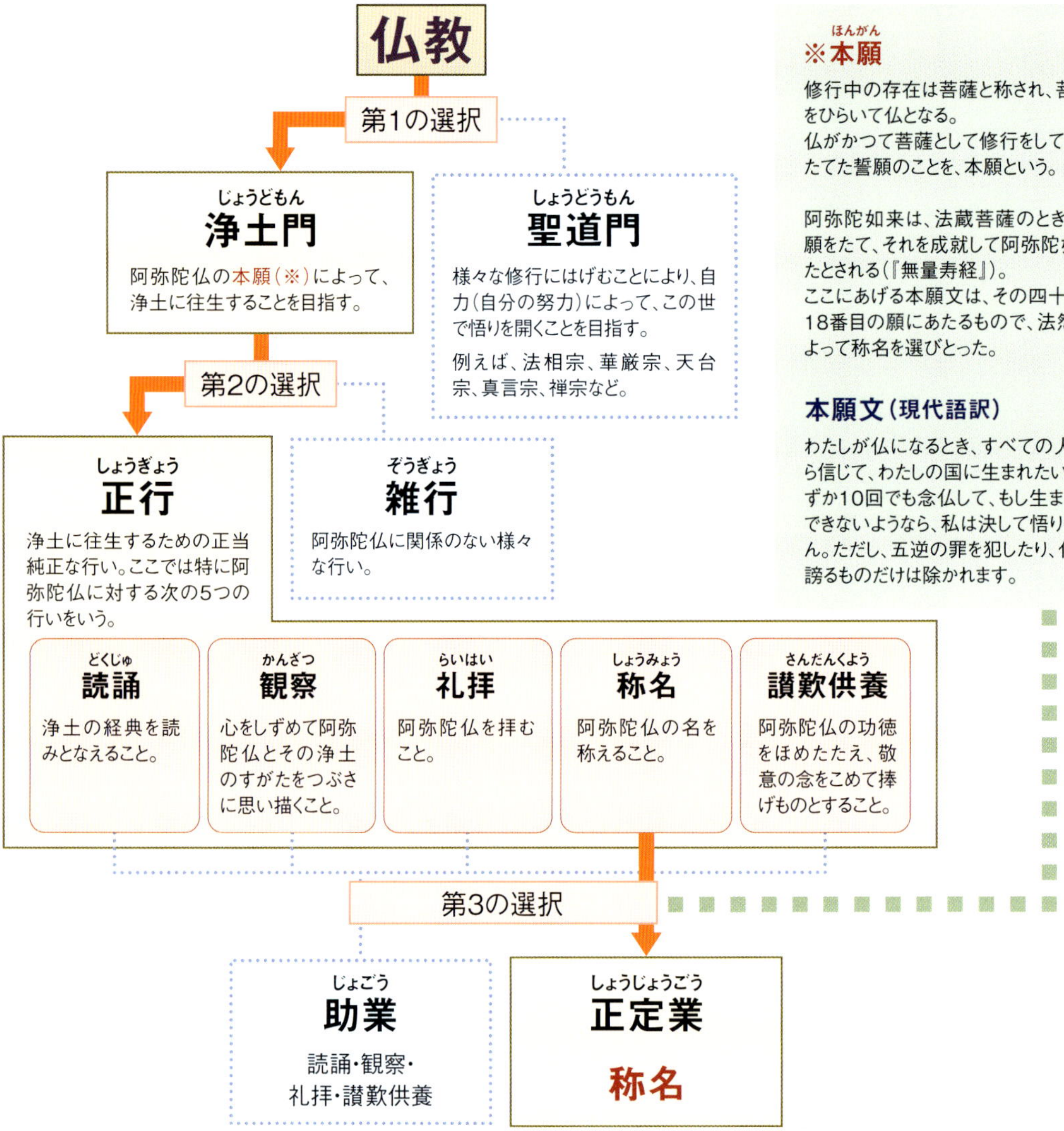

仏教
第1の選択
浄土門《じょうどもん》
阿弥陀仏の本願(※)によって、浄土に往生することを目指す。
聖道門《しょうどうもん》
様々な修行にはげむことにより、自力(自分の努力)によって、この世で悟りを開くことを目指す。
例えば、法相宗、華厳宗、天台宗、真言宗、禅宗など。
第2の選択
正行《しょうぎょう》
浄土に往生するための正当純正な行い。ここでは特に阿弥陀仏に対する次の5つの行いをいう。
雑行《ぞうぎょう》
阿弥陀仏に関係のない様々な行い。
読誦《どくじゅ》
浄土の経典を読みとなえること。
観察《かんざつ》
心をしずめて阿弥陀仏とその浄土のすがたをつぶさに思い描くこと。
礼拝《らいはい》
阿弥陀仏を拝むこと。
称名《しょうみょう》
阿弥陀仏の名を称えること。
讃歎供養《さんだんくよう》
阿弥陀仏の功徳をほめたたえ、敬意の念をこめて捧げものとすること。
第3の選択
助業《じょごう》
読誦・観察・
礼拝・讃歎供養
正定業《しょうじょうごう》
称名

※本願《ほんがん》

修行中の存在は菩薩と称され、菩薩は悟りをひらいて仏となる。
仏がかつて菩薩として修行をしているときにたてた誓願のことを、本願という。

阿弥陀如来は、法蔵菩薩のとき四十八の願をたて、それを成就して阿弥陀如来となったとされる(『無量寿経』)。
ここにあげる本願文は、その四十八願の内18番目の願にあたるもので、法然はこれによって称名を選びとった。

本願文(現代語訳)

わたしが仏になるとき、すべての人々が心から信じて、わたしの国に生まれたいと願い、わずか10回でも念仏して、もし生まれることができないようなら、私は決して悟りを開きません。ただし、五逆の罪を犯したり、仏の教えを謗るものだけは除かれます。

▲図149　「三選の文」図解

仏教では、長い歴史や地域的な広がりの中で、様々に思想展開があり、それらを説く数多の経典が成立した。それらの中で、どの経典を重視するかが、宗派の違いにつながるといえる。多くの経典の中から、時代や環境、能力などにあわせ、もっとも適した経典をえらびだし、説いていったのが、宗祖や祖師といわれる人々である。

ここでは法然の『選択本願念仏集』にみえる、いわゆる「三選の文」から、「速やかに生死を離れる道」として、法然が念仏を選びとるに至った過程をたどってみる。「三選」すなわち3回の選択が重ねられ、念仏が選びとられたことが示されている。

法然に教えを受けた親鸞も、自らの著書『教行信証』にこの文を引用するとおり、この考えを学び、そこから自らの考えをさらに深めていった。

【三選の文】

それすみやかに生死を離れんと欲(おも)はば、二種の勝法のなかに、しばらく聖道門を閣(さしお)きて選びて浄土門に入るべし。浄土門に入らんと欲はば、正雑二行のなかに、しばらくもろもろの雑行を抛(なげう)ちて選びて正行に帰すべし。正行を修せんと欲はば、正助二業のなかに、なほ助業を傍(かたわ)らにして選びて正定をもつぱらにすべし。正定の業とは、すなはちこれ仏名を称するなり。名を称すれば、かならず生ずることを得。仏の本願によるがゆゑなり。

によれば、上に指摘した『大無量寿経』の本願に根拠して、法義が開顕されていることが知られるのである。そして、親鸞の教義の特色を示すことになるが、本願の中に真実、方便に分けられることが注意されるのである。第十八願を真実の願、第十九願、第二十願を方便の願とみられたのがそれである。

このように、本願に真実、方便を分けるということは、当然、本願の意を開説した「三部経」にも真実と方便に分ける見方が適用されることになる。

ただ、親鸞にはこの「浄土三部経」の理解にあたって、いま一つ独自の経典観がみられるのである。「浄土三部経」の中、『観無量寿経』と『阿弥陀経』には「顕彰隠密」という特別の見方で解釈している。

『観無量寿経』については、経の表面では観法による往生が説かれているが、経の終わりから逆見すれば念仏を勧めるところに経意があるとみていく見方、これを裏からの見方ということができる。こういう両面の見方を『阿弥陀経』についてもされるのであるが、『無量寿経』については真実の教として、このような見方はしないのである。

ところで、親鸞の教えの中で注意しなければいけない点は、自らを含め、人間を煩悩具足の凡夫であるとしたところである。仏教の中には、人間が仏になる可能性、修行の能力を認めるものもあるが、浄土真宗では真実なる仏が行も信も衆生に回し向けてくださるとする。ここに、親鸞は経典の文、七祖の文に独特の訓点を施して読まねばならなかった理由がある。そこに仏から真実なる行信を回向《えこう》されるという、他力回向という思想が説かれる必然性が出るのである。この回向について、往相《おうそう》回向(衆生を浄土に往生させるはたらき)・還相《げんそう》回向(浄土に往生したものが穢土《えど》に還って衆生を教化するはたらき)の二回向を説き、四法(教・行・信・証)の組織によって、教義の大綱が示されていることも親鸞教義の特徴である。一般的に教・行・証の三法組織であるから、特に信を取り入れたということは、信心こそ往生の因であることを示すためであった。

特に親鸞の独自性が表れてくる教義理解に、この信心を獲た時、現生で正定聚《しょうじょうじゅ》(仏になることが定まった位)に住するという主張がある。それは『教行信証』の「往相回向の心行を獲れば、即の時に大乗正定聚の数に入るなり」という文に表されている。どこまでも信心が往生の正因で、その上で称えられる念仏は我を救い給う仏に対する仏恩報謝の念仏となり、ここに浄土真宗教義の根幹があり、法然門下中においても、ほかにみられない「信心正因・称名報恩」という教義が成立している。

親鸞は釈尊の教説である経典に独自の経典観をもって仏の深意を見いだし、そこから他力回向、現生正定聚、そして、信心正因・称名報恩という浄土真宗の中心となる教えを成立させたのである。

(大田利生)

第三節　親鸞からみた浄土教の祖師たち

一　天竺（インド）・震旦（中国）の祖師たち

親鸞が祖師たちをどのように理解していたのかというなら、それは、端的には「七高僧」選定の理由を考えることにほかならない。そして、七高僧選定の根本的な理由とは、「正信偈《しょうしんげ》」にいう「大聖興世の正意を顕し、如来の本誓、機に応ぜることを明かす」という表現に示されている。すなわち、真実の教えである『無量寿経（大経）』を説き示すという釈尊出世の本意を顕し、阿弥陀如来の本願が末法濁世の凡夫の機根に相応したものであることを教えた人師ということである。著書をもってこの阿弥陀の本願の救いの本義を明確にし、自身も西方願生者として生きた先輩たちということでもある。親鸞は、こうした祖師たちの教示をそのまま受けている、とこのように位置づけているといえよう。

第一祖　龍樹《りゅうじゅ》…天竺

この意味で、天竺（インド）の祖師の第一は、龍樹である。『十住毘婆沙論《じゅうじゅうびばしゃろん》』「易行品《いぎょうぼん》」において、不退の位に至る道について難行道と易行道の二種のあることを示し、根機の劣ったものに対して「信方便易行の法」（憶念称名の法）を説いた。この阿弥陀仏の本願にもとづく易行＝易行道が示されることによって、私たちの入正定聚《にゅうしょうじょうじゅ》への道が明らかになったのである。

第二祖　天親《てんじん》（世親《せしん》）…天竺

天竺第二の師は、天親（世親）である。『無量寿経優婆提舎願生偈《うばだいしゃがんしょうげ》』（浄土論、往生論）という著書において天親は、三厳二十九種と整理される浄土の荘厳相（阿弥陀仏やその国土のすぐれた様子）と、往生浄土の行としての五念門などを説いた。その中で、こうした荘厳はすべて阿弥陀の清浄なる願心におさまることを示し、また、この浄土を一心に願生している。親鸞はこの浄土観から多くのものをうけているが、特に「一心（他力の信心）宣布」とその功績をたたえている（『教行信証』証巻の末）。

第三祖　曇鸞《どんらん》…震旦

七高僧の第三は、震旦《しんたん》（中国）の曇鸞（四七六～五四二）である。天親の『浄土論』に注釈して『無量寿経優婆提舎願生偈註』（往生論註、浄土論註）を著した。『浄土論』は偈頌《げじゅ》（韻文）と長行《じょうごう》（散文）の二部分からなっているので、それを上下二巻に分けて釈しているが、必ずしも原文の忠実な注記に止まらず、随所に、自身の独自性が発揮されている。その中でも特に、衆生往生の因果を、阿弥陀如来の本願力によって成就せしめられるという他力の法義、換言すれば、他力による往還二回向の教説が重要で、これが曇鸞教義最大の特長とされている。親鸞は、やはり『教行信証』証巻の末に、「ねんごろに他利利他の深義を弘宣したまへり」とたたえている。

第四祖　道綽《どうしゃく》…震旦

続いて、震旦第二祖道綽（五六二～六四五）。山西省の出身で、もともとは『涅槃経』の研究につとめていた人物であったが、曇鸞の故地・玄中寺の碑文にふれて四十八歳で浄土教に帰したという。その後この玄中寺で、日々念仏を称える生活に入り、『観無量寿経』（以下『観経』）の講義は二百回以上に及んだといわれる。こうしてまとめられたのが『安楽集』二巻で、諸経論の文を引きながら、浄土の諸問題を考察し安楽浄土への往生を勧めたものである。ところで、伝説によれば、道綽の生年の西紀五六二年は、末法に入って十一年目であったという。それで、末法の時代には浄土の一門こそが通入すべき道であると力説して、聖道・浄土二門の判釈をしたことが最大の功績である。すなわちいわく、「当今は末法にして、現にこれ五濁悪世なり。ただ浄土の一門のみありて、通入すべき路なり」（『安楽集』巻上第三大門）と。

第五祖　善導《ぜんどう》…震旦

最後に、七高僧の第五祖（震旦第三祖）は、善導（六一三～六八一）である。玄中寺の道綽を訪ねてその門に入り、師の寂後は、長安にでて念仏弘通《ぐづう》に活躍した。終南山の悟真寺、あるいは長安の光明寺がその活動の中心地であったので、終南大師とか光明寺和尚などと尊称されている。著書として『観経疏《かんぎょうしょ》』四巻、『法事讃』二巻、『観念法門』『往生礼讃』『般舟讃』各一巻の、いわゆる「五部九巻」がある。

その中、『観経疏』四巻が代表作であり、自身より以前（古）と同時代（今）の聖道諸師の『観経』解釈のあやまりをあらため、釈尊の正意ひいては阿弥陀如来の正意を明らかにした点がその一番の功績とされている。いわゆる「古今楷定《ここんかいじょう》」と呼びならわしていることがらである。この『観経』解釈における善導の教説の発揮点は、「凡夫入報の宗旨」というものである。念仏によって往生するのは十悪五逆の悪人であって、報土往生の根機は私たち劣等の凡夫である。この凡夫が、本願成就の念仏にて必ず往生するというのが主張で、ここに浄土教の極意が認められよう。こうしてこの教えが法然や親鸞の開宗につながっているのである。

このように、親鸞は、天竺・震旦の祖師方を本願念仏の教えの相承者とみていて、その相承の上に、自身の教学がなりたっていると位置づけている。具体的には、「正信偈」後半の依釈段あるいは『高僧和讃』の記述に明らかである。

（相馬一意）

二　親鸞からみた和朝（日本）の祖師たち

第六祖　源信《げんしん》…和朝

源信は天慶五年（九四二）、大和国（奈良）葛城《かつらぎ》郡当麻《たいま》に誕生。比叡山横川《よかわ》の恵心院《えしんいん》にこもって、ひたすら仏道修行に励んだ。晩年に至るまで、著述の制作と念仏の実践に努め、寛仁元年（一〇一七）六月九日、阿弥陀仏の手から引いた五色の糸を自らの手にとって、龍樹の『十二礼』等を唱え、翌十日七十六歳で往生した。

多くの著述の中、念仏往生の教えを明らかに示したものは『往生要集』三巻である。諸経論釈の中から往生極楽に関する要文を集めたもので、四十三歳から四十四歳にかけて撰述している。本文の組織は十門に分かれる。第一「厭離穢土《えんりえど》」は、地獄から天までの六道は迷いの世界であるから厭《いと》い離れる心を起こすべきであり、第二「欣求浄土《ごんぐじょうど》」は、西方極楽の十種の楽がある浄土を欣《ねが》うことを勧めている。

第四「正修念仏」は、念仏を実践する方法を述べた部分であり、天親の『浄土論』の五念門（礼拝《らいはい》・讃嘆《さんだん》・作願《さがん》・観察《かんざつ》・回向《えこう》）をあげて、五念門に相応した念仏の行法を説いている。

第六「別時念仏」の尋常別行には、一日七日の行として善導の『観念法門』の念仏三昧法、また同じく九十日の行として『摩訶止観《まかしかん》』の常行三昧が引かれている。常行三昧は『般舟三昧経《はんじゅざんまいきょう》』により、阿弥陀仏を唱念し、その像の周囲を回り歩く行法である。『摩訶止観』の四種三昧の目的が此土入聖であるのに対して、『観念法門』の念仏三昧の目的が往生浄土にあり、源信は『観念法門』の影響を受け、『摩訶止観』の常行三昧を往生浄土の行法へ転換したのである。

第十「問答料簡《りょうけん》」には、『菩薩処胎経《ぼさつしょたいきょう》』の懈慢界《けまんがい》について問い、懐感《えかん》の『群疑論』で答えている。懈慢界を化の浄土とし、極楽国を「報の浄土」と示し、その二土への往因は雑修と専修の違いにあることを述べる。源信は阿弥陀仏の浄土である報土をさらに「報の浄土」と「化の浄土」に分けたのである。

親鸞はこの源信の「報化弁立」を承けて『教行信証』真仏土巻に、願海（阿弥陀仏の本願）に真仮があるので、阿弥陀仏の浄土を真実報土と方便化土に分けている。

第八「念仏証拠」に、『大経』三輩段に「一向専念」とあり、また四十八願中の第十八願は特別な願であり、さらに『観経』下下品の意は極重の悪人には念仏よりほかに往生の道はないと述べている。

親鸞は『教行信証』行巻に、この第八「念仏証拠」の文を引いている。それは『往生要集』を第十八願による他力の念仏往生を説く書としてみたからである。すなわち「報の浄土」へ往生する因の専修は第十八願の他力念仏であり、「化の浄土」へ往生する因の雑修は第十九願自力諸行であるとし、第二十願自力念仏往生も含まれるとしたのである。

また『往生要集』冒頭に「予がごとき頑魯《がんろ》のもの」と述べたり、第四「正修念仏《しょうじゅねんぶつ》」に、「われまたかの摂取のなかにあれども、煩悩、眼を障《さ》へて、見たてまつることあたはずといへども、大悲倦《う》むことなくして、つねにわが身を照らしたまふ」という文があり、源信は自ら煩悩具足の凡夫という深い自覚を持って、常に大悲を仰いでいたとみられるのである。

親鸞は「正信偈」、『高僧和讃』の源信讃に「報化二土正弁立」「極重悪人唯称仏」と述べている。

第七祖　源空《げんくう》（法然《ほうねん》）…和朝

源空は長承二年（一一三三）四月七日、美作《みまさか》国（岡山）久米《くめ》南条の稲岡庄（久米南町）に誕生。幼名は勢至丸と伝えられる。念仏弾圧により讃岐《さぬき》（香川）へ流罪され、赦免後に摂津（大阪）の勝尾寺を経て東山大谷で入寂。

源空は「偏《ひと》へに善導一師に依る」といわれるごとく、善導の教えを継承している。しかし比叡山で修行中の源空の目を称名念仏へ向けたのは横川《よかわ》の源信であった。それは源信の著『往生要集』の「往生の業は念仏を本となす」という言葉によるといわれる。しかし『往生要集』には称名念仏が説かれているが、観念の念仏が中心である。四十三歳の時、源空は善導の『観経疏散善義《かんぎょうしょさんぜんぎ》』の「一心にもっぱら弥陀の名号を念じて」の文によって、浄土門の専修念仏に帰するのである。すなわち称名念仏は阿弥陀仏の第十八願にもとづく、浄土へ往生するための正定の業であると述べられる。

源空には四十三歳頃『往生要集』に関する注釈書があるが、源空の主著『選択本願念仏集』(以下『選択集』)には『往生要集』がまったく引用されていない。このことからも『選択集』の撰述の六十六歳頃には、源空は源信から善導の教義へ移行していることがわかる。『選択集』の組織は『大経』『観経』『阿弥陀経』の「浄土三部経」の内容によっている。

源空はそれまでの寓宗《ぐうしゅう》浄土教から浄土一宗を独立させた。当然そこに新興の専修念仏教団に対する風当たりは強かった。源空を批判した著述には、笠置《かさぎ》の貞慶《じょうけい》の『興福寺奏状《こうふくじそうじょう》』と栂尾《とがのお》の高弁《こうべん》(明恵)の『摧邪輪《ざいじゃりん》』三巻があげられる。『摧邪輪』の批判するところは、菩提心を廃する称名念仏は善導の所説に反するという点である。

親鸞は主著『教行信証』信巻に、本願力回向の真実信心を横超《おうちょう》の大菩提心として反論している。親鸞は曇鸞の著『往生論註』を重視し、『選択集』にあまり触れていない大乗仏教の原理や菩提心の理論的裏づけを施し、『摧邪輪』の批判に明確に答え、逆に論破している。

源空の『選択集』の引用文は、『教行信証』行巻にわずか二文引かれているのみである。すなわち「『選択本願念仏集』源空集にいはく、『南無阿弥陀仏　往生の業は念仏を本とす』と」という標宗の文と「三選の文」である。この二文は『選択集』の始終の文であり、親鸞はこれでもって『選択集』一部全体を引用したものとみられる。

その他、親鸞は弥陀の本願を信ずる者は悟界である涅槃の世界に生まれるが、疑う者は迷界において輪廻を繰り返すという「信疑決判」についても注目している。

親鸞は「正信偈」、『高僧和讃』の源空讃に「選択本願」「信疑決判」を述べている。

(林　智康)

▲図151　浄土七高僧連坐像　　新潟　浄興寺
絹本着色　101.6×46.8　室町時代
室町・文明11年(1479)蓮如裏書

画面向かって右上から龍樹、曇鸞、善導、源空(法然)、天親(世親)、道綽、源信を描く。現在の七高僧像の形式が完成するまでの過渡期の様相を示す。

▲図150　三朝浄土高僧先徳連坐像　　茨城　浄光寺
紙本着色　89.9×35.2　室町時代

現行の七高僧像に天竺・震旦で各1祖、和朝で親鸞聖人を加えた三国の10祖像を1幅に描いた稀少な作例。室町期の作で画面上方を中心に後補部が目立ち、当初は通規の天竺震旦の十高僧連坐像を描いていたのかもしれない。

コラム　初期真宗と聖徳太子信仰の造形

全国の多くの真宗寺院では、阿弥陀如来の木像を本尊とする本堂の脇壇に、三朝七高僧像とともに聖徳太子の絵像が掛けられている。真宗における太子尊崇の伝統は、親鸞の在世時からあり、それはすなわち親鸞自身の信仰にもとづくものである。比叡山での修行時代に磯長叡福寺《しながえいふくじ》の太子廟に参籠したのをはじめ、太子の創建になる六角堂の如意輪観音から夢告を得て、法然の専修念仏の道に入り、晩年にかけては二〇〇首に及ぶ太子和讃を撰述している。親鸞は太子和讃において、太子を「和国の教主」として崇め、太子を自らの浄土教学の中に位置づけている。そもそも親鸞の太子信仰は、常行三昧堂の堂僧として念仏行に励んだ比叡山において、太子を天台高僧の一人と位置づける天台の太子信仰を根底に育まれたことはいうまでもない。そして実際親鸞は、かたわらに「皇太子」を祀って崇めており（『親鸞伝絵』）、また関東の地で親鸞とその弟子が拠点とした道場は、「太子堂」や善光寺如来を祀る「如来堂」と称されていたものが多い。

まずは真宗以前における太子像の種々相を確認しておきたい。鎌倉時代までに制作された太子像は、成人する前の太子のすがたを表した「童像」、成人後の太子を表した「霊像」に大別され、これ以外に年齢を特定しない太子のすがたがあり、これは観音の垂迹としての太子を象徴的に表していた。「童像」には二歳の事蹟を表した「南無仏太子」像や、父用明天皇の病気平癒を祈る十六歳の「孝養」像、同じく十六歳で物部合戦に臨む「馬上太子」像などがあげられる。成人後の「霊像」としては、二十二歳で摂政に就任した「摂政」像や、三十五歳の「勝鬘経講讃《しょうまんぎょうこうさん》」像などがある。このように年齢をほぼ特定できる太子像は、奈良時代に成立した聖徳太子絵伝から独立して制作されていた。また「童像」と「霊像」の呼称は、平安末期に四天王寺で祀られていた二種類の太子像を指し、四天王寺や法隆寺、広隆寺など太子信仰の拠点寺院では、成人前・後の二種類以上の太子像を祀っていたことが、史料や現存作例からうかがえる。

一方真宗寺院で祀られた太子像は、年齢を特定しない第三の太子像が多く崇められていた。真宗関係で現存する最古の太子像が、愛知・妙源寺本九字名号・三朝浄土教祖師先徳念仏相承図（光明本尊）（図120）における垂髪童形太子四随臣像である。親鸞の構想にさかのぼる本図で、太子は真向きの垂髪童形立像ながら、その図像は太子の御廟（磯長廟）所縁の壮年期の「廟崛太子」像を採用し、周囲には「勝鬘経講讃」図に描かれる四人の随臣が配される。本図の太子は和朝幅の冒頭、すなわち日本仏法（浄土教）の開祖という意味に加え、天竺震旦幅の勢至菩薩と対称の位置に表されることから、観音の垂迹《すいじゃく》という意味が込められ、中央の九字名号幅と合わせて阿弥陀三尊を表している。童形像ながら成人後の太子の複数の事蹟から採られた図像を用い、それが観音の垂迹であることを示しており、親鸞の深い見識と豊かな構想力が発揮されている。こうした真向きの垂髪童形立像は、ほかの一幅本光明本尊や、ここから独立した太子和朝先徳連坐像、そして童形太子六随臣像などに踏襲されていく。また現在の真宗寺院に掛けられる独尊の太子像は、本願寺の蓮如・実如期以降に、斜め向きの「孝養像」タ

▲図152　南無仏太子像　　愛知　雲観寺
　　　　木造　像高69.2　鎌倉時代
半田市の真宗大谷派寺院、雲観寺から新たに見いだされた南無仏太子像。「法隆寺西之院」在銘の懸盤とともに伝来した。表情から体軀のモデリング、袴の衣褶線までもが「法印湛幸」作の兵庫・善福寺像（重文）と酷似する注目すべき作例。

◀図153　◎聖徳太子孝養立像　　石川　松岡寺
　　　　木造　像高152.0　鎌倉時代
南都興福寺に伝来していた太子像で、廃仏毀釈に際して能登半島の真宗寺院・松岡寺に移安された。右手で柄香炉をとる通形の孝養像で、等身に近い堂々たる像である。豊満な面部に凛々しい表情を刻み、14世紀初頭頃の作になる。

▲図155　聖徳太子童形立像　　茨城　浄光寺
木造　像高80.8　室町時代

髪を角髪（みずら）に結い、袍衣を着て両手で笏をとる童形の太子立像。こうした像容の太子は茨城県内に散見され、12歳のとき、日羅から観音の垂迹として礼拝された姿とされる。本像では袴ではなく裙をはき、玉眼を嵌入、室町初期の作になる。

▲図154　聖徳太子童形立像　　広島　光照寺
木造　像高59.4　南北朝時代

袴をはき、左手は右腕に懸かる横被を押さえ、右手に笏を持たせるだけの小ぶりな童形太子像。近年、持物の笏を観音の表象と捉える説がある。ヒノキ材の寄木造で差首、玉眼を嵌入し、14世紀半ば頃の制作と想定される。

イプの立像が本山から下付され、以後定型化した形式である。

一方真宗系の太子彫像を特徴付ける端的な要素が、持物としての笏《しゃく》であろう。真宗以外の太子像で笏を持たせるのは、俗形の「摂政」坐像であるが、この摂政像は真宗では採用されず、代わって両手で笏を持つ俗形の「執笏童形」立像と、笏と柄香炉を持物とし、袍衣《ほうえ》に袈裟を着けた童形の「真俗二諦」立像が流布していた。前者は太子十二歳のとき、帰国する日羅が太子を救世観音の化身として礼拝したという事蹟にもとづき、後者は太子の着衣と持物で王法・仏法の「真俗二諦」を象徴するとされている。ただし童形の太子が柄香炉以外を持物とする先例は、すでに平安末期から存在していた。太子五〇〇回忌を期して、保安元年（一一二〇）に頼範が造立した広隆寺上宮王院「太子御影」像である。本像は実際の衣服を着せた着衣像で、寺では太子三十三歳のすがたと伝えるが、当初は角髪《みずら》を付けた童形像として造立されていた。また胎内には救世観音等を線刻した銅鏡を納めて、太子が観音の化身であることを表している。一方鎌倉時代には、着衣に加えて実際の頭髪を植え付けた童形の植髪着衣立像が造立され、これらは柄香炉以外に笏や経巻といった持物をとらせている。こうした太子像は童形像ながら年齢を特定できないすがたで、やはり観音の垂迹、すなわち「生身太子」として造立されたと想定され、真宗の「真俗二諦」像はこうした太子のすがたを採り入れたと判断されよう。

真宗では一方で、勝鬘経講讃像や南無仏太子像といった年齢を特定できる太子像も制作されている。前者は光明本尊や太子和朝先徳連坐像に描かれ、後者は単独の彫像として造立されている。こうした太子像は俗形ではなく、仏法を説くすがた・仏（阿弥陀）に帰依するすがたとして、真宗で選択されたと考えられる。また真宗で用いられた太子絵伝として、善光寺如来・聖徳太子・法然上人・親鸞聖人の四種絵伝と、太子の最小限の事蹟を描いた略絵伝が特筆されよう。これらは一章と三章を参照されたい。

（石川知彦）

▲図156　聖徳太子四随臣像　京都　佛光寺
絹本着色　123.4×40.8
室町時代

愛知・妙源寺本光明本尊（図120参照）右幅の太子四臣像を、1幅に独立させた室町後期の作例。本図の四随臣は、妙源寺本の恵慈法師に代わって阿佐太子が描かれる。四随臣は小さく添えられ、太子の偉大さが強調される。

第三章　教えの継承と教団の発展

第一節　教えの継承

一　覚如の教学

覚如は本願寺第三世で、文永七年(一二七〇)十二月二十八日に誕生、観応二年(一三五一)一月十九日に八十二歳で示寂している。本願寺教団の基盤を形成し、親鸞の精神と教義を継承しており、真宗教団の中心的行事である報恩講を始め(『報恩講式』)、親鸞の伝記(『親鸞伝絵』――後に『御絵伝』〈図絵〉と『御伝鈔』〈詞書〉に分かれる――)を作成している。十八歳の時に父覚恵とともに大谷影堂で如信から浄土真宗の要義を受ける。また十九歳の時に上洛中の河和田の唯円に法門の疑義を尋ねる。覚如の著述には『歎異抄』の影響が数多く見られる。また三十三歳の時に法然の伝記である『拾遺古徳伝』を著している。

覚如の著述の代表的なものは、『執持鈔』(五条・五十七歳)、『口伝鈔』(二十一条・六十二歳)、『改邪鈔』(二十条・六十八歳)である。『口伝鈔』では「先師」として如信をあげて「面授口訣」を明らかにしている。すなわち「三代伝持の血脈」(法然―親鸞―如信)が見られる。また『改邪鈔』にも「三代伝持の血脈」が示される。佛光寺の了源を強く批判し、『改邪鈔』の第一条には名帳を、第二条には絵系図をとりあげ邪義としている。『口伝鈔』は顕正を『改邪鈔』は破邪を示しているともいわれる。

覚如は四十一歳の時、大谷影堂の留守職《るすしき》の地位を確立した直後に、「鏡御影」(親鸞の絵像)を修復している。上部の賛銘に「正信偈」の「本願名号正定業」以下二十句の文、下部の賛銘に法然の『選択本願念仏集』の信疑決判の文と「正信偈」の信疑決判の文があったが、下部の賛銘は消されて蓮華を描き、上部の賛銘は「正信偈」の「憶念弥陀仏本願、自然即時入必定、唯能常称如来号、応報大悲弘誓恩」の文に書き換えて、「信心正因・称名報恩」義を示している。これは、浄土真宗の中心思想であるが、浄土宗鎮西義の多念の称名を批判するものである。覚如は一念と多念の関係を「信心正因・称名報恩」に重ねて解釈し、一念は「信心正因」で往生が決定し、多念はその後の「称名報恩」であると述べる。

また『口伝鈔』第十四条に「体失・不体失往生の事」と題して、浄土宗西山義を説いた善慧房証空の「体失往生」は身体が滅んで初めて往生する「臨終業成」(臨終来迎)であり、善信房親鸞の「不体失往生」は身体が滅ばなくても信心獲得の時に浄土へ生まれることが決定する「平生業成」と述べる。「不体失往生」や「平生業成」の言葉で、親鸞の説いた「現生正定聚」義を継承していったのである。

同じく『口伝鈔』第九条には、親鸞が浄土宗鎮西義

▲図157　覚如像（山科八幅御影のうち）
西本願寺
絹本着色　102.8×43.0
室町時代

▲図158　存覚像　良円筆
京都　常楽臺
絹本着色　101.0×40.8
南北朝・応安5年（1372）自讃

▲図159　蓮如像　　福井　最勝寺
絹本着色　93.0×40.3
室町・明応7年（1498）蓮如裏書

覚如は真宗独自路線を強調したが、覚如の子である存覚は大乗仏教・浄土教とのつながりを重視した。蓮如ははじめ存覚の著書を多く学び、その成果は『正信偈註』などにみえる。蓮如は覚如・存覚の教学を継承し、『御文章』などによって親鸞の教えを幅広い人々に伝えた。

を説いた聖光房弁長を最初に法然門下に導いたにもかかわらず、後に弁長は法然の意に背き、諸行往生の自力義を主張したと批判している。

　また善知識を重視しており、『口伝鈔』第十六条や『改邪鈔』第一条には、信心を獲得するには善知識を必要とすると述べる。さらに『口伝鈔』第二条や『改邪鈔』第八条に、善知識に会うためには宿善によると述べる。

　覚如は長男の存覚を二回にわたって義絶し、またそれを解いている。その義絶についての理由には四説ある。①法義上の対立であるとする説、②感情上の対立とする説、③留守職の問題であるとする説、④存覚の間諜《かんじょう》説。覚如は弟子乗専に対して数部著述を書き、存覚は了源に対して多くの著述を書いていることも興味深い。

　その他、神祇観については本地垂迹説を述べており（『御伝鈔』下巻第四段・第五段）、また叔父唯善との宿善・無宿善の諍論がみられる。（従覚著『慕帰絵詞』第五巻・乗専著『最須敬重絵詞』第五巻）

（林　智康）

二　蓮如の教学

　蓮如は応永二十二年(一四一五)二月二十五日東山大谷において、本願寺第七世存如の長男として誕生した。明応五年(一四九六)摂津(大阪)大坂石山に坊舎を建立して、西国へ教線を広めた。そして明応八年三月二十五日、八十五歳で山科において示寂した。

　蓮如は親鸞・覚如・存覚の教説を継承し、平易で明解な教義を述べ、今日の本願寺教団の基盤をつくった。蓮如の著述には『御文章』『正信偈大意』があり、蓮如の行実を記した言行録に『蓮如上人御一代記聞書』がある。また「南無阿弥陀仏」の六字名号を数多く書いて門弟や信者に与えたり、「正信偈和讃」を刊行して、勤行で読誦した。さらに『歎異抄』に注目した。『歎異抄』の古写本の中では蓮如本が最も古く、承元の法難(専修念仏教団弾圧)の時の流罪記録を記している。そして末尾に奥書として、『歎異抄』は浄土真宗の大事な聖教なので、真面目に法を聞く気のない者に対しては、たやすく見せてはならないと述べ、「釈蓮如」の花押がある。

　『御文章』は真宗の教えを説いた書状であって、蓮如自身は「文」と述べていたが、浄土真宗本願寺派(西本願寺)では、第十四世寂如が貞享元年(一六八四)に『御文章』と雅称して以来現在に至っている。真宗大谷派(東本願寺)では『御文』という。『御文章』は二百数十通現存するが、その中から重要なものを抽出して五帖八十通が撰定された。この編纂は第九世実如のもとで行なわれ、第十世証如の時に開版され、以後、勤行や説教(法話)の時にも読まれている。

　『御文章』の特色については次のようなものがある。

①「信心正因・称名報恩」(信因称報)……真実信心が往生浄土の本であり、信後の称名念仏が報恩行である。当時の浄土宗鎮西義では無信単行の称名が勧められ、さらに天台宗真盛派《しんせいは》の戒称一致の称名の思想が滲透していた。この無信単行の称名や戒称一致の称名に対して、信因称報義が明らかにされたのである。

②「たのむたすけたまへ」……衆生が弥陀に向かって救いを請求《しょうぐ》する義でなく、「たのめたすくる」という弥陀の本願招喚の勅命に信順する義である。

③「六字釈」……善導は「南無」は「帰命」、「発願廻向」の義、「阿弥陀仏」は「即是其行」とし、六字の三義(帰命・発願廻向・即是其行)はともに衆生の称名の上(約生)で語るが、蓮如は「帰命」だけを約生とし、「発願廻向」と「即是其行」を約仏で解釈する。

④「機法一体」……「機」は受法の機で衆生のたのむ機(信)を示し、「法」とは仏のたすくる法(行―名号)を指す。「一体」とは十劫の昔に「南無阿弥陀仏」の名号が成就された時に、本来機法の体が一つであるという意であり、「機法一体」は「行信不二」、体は一名号である。

　なぜ蓮如に「六字釈」や「機法一体」に関する文が多くあるかというと、六字の名号本尊に関わりがあると思われる。蓮如は当初、覚如以来本願寺で重んじられてきた「帰命尽十方無导光如来」の十字名号を中心に道場に掲げさせて、礼拝の対象にしていた。しかし寛正の法難で延暦寺衆徒が本願寺を破却し、「無㝵光宗」の邪義と非難したために、それ以後は「南無阿弥陀仏」の六字名号に統一して、一般大衆に向かって自筆でもって書き与えた。したがって「六字釈」や「機法一体」は「南無阿弥陀仏」が衆生を救うはたらきを持つことを示す教義的説明である。

その他の『御文章』の特色として、

⑤女性の往生を積極的に説く「女人往生」

⑥栄枯盛衰、愛別離苦を説く「無常観」

⑦「現生正定聚」を継承する「平生業成」

⑧神祇観や王法仏法観と関連する「掟（おきて）」

⑨親鸞の教えと異なる「異義異安心」

等がある。

（林　智康）

三　江戸の教学

一、江戸期の教学の性格

親鸞の教えが、組織的に教育・研究されるのは、江戸期に入り、学寮（後に学林と改称）の設置にはじまる。初期においては浄土三部経をはじめとするインド・中国・日本における親鸞以前の浄土教関係の文献、親鸞の著作、親鸞以降の覚如・存覚・蓮如の著作等について、一語一句を解釈することによって、その内容を明確にするという方法がとられる。その後漸次教学上の個別の問題（論題という）をテーマとした研究・教育が盛んになる。

文献の研究にせよ、個別テーマの研究にせよ、江戸期の教学においては、親鸞以前の文献の解釈に関して、親鸞が自身の著作のどの部分に、どのような訓点を付して引用しているかを重要視するとともに、親鸞・覚如・蓮如の著作にもとづいて考察された浄土真宗の教義との整合性がはかられる。

このような方法論がとられた結果、親鸞以前の文献そのものの内容を明らかにするというよりも、浄土真宗の教義が釈尊以降いかに展開してきたのか、親鸞に至っていかに全体があらわにされ体系化されたのか、親鸞以降いかに継承されてきたのかを明確にしようとする営みとなった。このような営みは、前代の思想にもとづく新たな思想の展開、またインド・中国・日本という文化の相違する地域への伝播による思想の変容を考慮しないという点では、近代の思想史的研究とは異なり、また親鸞・覚如・蓮如等の教学を同一視することや、親鸞以前の文献を親鸞の視点にもとづいて解釈するという点では、書誌学をもふまえた近代の文献学とも異なっている。また、梵本や親鸞真跡の写真版・コロタイプ等が容易に参照できる現代からみれば、江戸期の教学に限界があるのは当然である。

このような傾向は、明治期に西洋的文献学的方法や思想史的方法が紹介され、教学研究に導入されるまで続き、その意味で明治初期までの教学を江戸期の教学とすることができよう。ただし、江戸末期から明治にかけて、西方浄土と地動説との関係を論じる教学がみられることには、現代における科学と宗教との関係を問題にする視点の萌芽とみることもできよう。

江戸期の教学の特徴は以上のようなものであり、時代の変化や異なる文化への伝播にともなう思想の展開を無視したものであるということもできるが、逆に時代や文化の相違にかかわらず存在するものとしての宗教的真実に視点を定めた教学であると考えれば、現代においても、その意味を失っていないであろう。

二、江戸期における教学の展開

江戸期の教学の展開を概観すれば、当初教学に関する権限がただ一人に集中する能化制度がとられたが、能化を中心とする学林派と在野の学者との間に三大法論（承応の鬩牆《げきしょう》、明和の法論、三業惑乱）といわれる論争が起こり、第一第二の法論（承応の鬩牆、明和の法論）においては、学林派の教学が認められるのであるが、第三の法論（三業惑乱）においては、学林派の教学が非とされる。このことによって、後の教学に以下の二点の影響を及ぼす。

第一点は、学林派の教学が、阿弥陀仏への帰命は、身体行為（身業）としては礼拝、言語行為（口業）としては称名、精神行為（意業）としては一心に「たすけたまえ」と願うという形をとるという三業帰命というものであり、この三業帰命説が非とされることによって、以後の教学が衆生の積極性を語ることに慎重になったことである。このことは、仏からの一方的な救いが強調されることにつながる。

第二点は、教学の権限がただ一人に集中することの危険性を反省して、いわば集団指導体制をとることによって多くの学派が成立し、教学の多様化を惹起したことである。

それぞれの学派の提示する教学は多様であり、時に学派間に論争がおこると、論争を通じて、各学派の教学は精緻をきわめてゆく。江戸時代の教学の方法論としていわれているものに、「文によって義を立て、義によって文をさばく」というものがある。基本的には親鸞の著作の全体的な解釈にもとづいて、一応真宗教義を確定し（文によって義を立て）、その一応確定された真宗教義にもとづいて、親鸞の著作を含む浄土真宗の文献を解釈する（義によって文をさばく）ということである。この場合、一応確定された真宗教義にもとづいて解釈不能な文が存在するならば、一応確定された真宗教義に部分的な修正が必要となる。このような形で教学が構築されてゆくが、学派間の論争においては、文々句々の解釈の妥当性、教学と文々句々の整合性が問われるという試練にさらされることによって、精緻な教学が構築されてゆくのである。

それぞれの学派の教義理解の背景には、それぞれの問題意識があると考えられる。例えば、仏教の中の浄土真宗という意味で、浄土真宗の教義がどのように仏教の共通基盤にもとづいているかを明確にしようとする問題意識と、浄土真宗の教義が同じ仏教の中の他の教えとどのように異なっているのかを明確にしようとする問題意識とでは、それぞれを背景に持つ両者の教義理解に差異が生じてくるのは当然である。前者は真宗教義の普遍性を重視し、後者は真宗教義の特殊性・独自性を重視したものであるといえよう。当時の仏教では常識とされる一切衆生悉有仏性（命あるものすべては仏性という仏になる可能性を有している）について、前者は認め、後者は認めない。前者が仏教の共通認識を尊重するのに対し、後者は他力救済という真宗教義の特殊性を重視して、成仏の可能性を持たない存在を救済するのが阿弥陀仏の本願力であるとみなす。また、行について、前者が、衆生の行為を行とするという仏教の常識を重視し、称名念仏を浄土真宗の行とするのに対し、後者は本願力としての名号を浄土真宗の行とする。仏性については悉有仏性を大乗仏教の共通基盤とする説が現在有力であり、行については名号を行とする説が支配的である。ただし、仏性があるとしても、その仏性が役立つことは認めず、また名号を行としても、その名号は称名念仏として活動するという等、普遍性と特殊性との両面に配慮された形で現在に継承されている。現代においては学派はほぼ消滅し、学派の系統を受け継ぐ教育機関においても、その学派の教学が墨守されることはなく、江戸の教学は、より自由な形で現代に継承されているのである。

三、まとめ

江戸期の教学は、真跡本や古写本の参照が不可能であることや、また覚如・蓮如を親鸞と同一視し、親鸞教義を覚如・蓮如の著作で解釈するという時代の限界はあるものの、論争を通じての文献の緻密な解釈や精緻な論理構成等による成果は、貴重な先行研究であり、また現代の教学の母胎として尊重しなくてはならないであろう。

（内藤知康）

第二節　本願寺教団の成立と発展

大谷廟堂から本願寺へ

親鸞が示寂して十年、文永九年（一二七二）の冬、門弟たちは大谷の西にある覚信尼の住む地に墓を改葬して六角形の廟堂を建立した。この廟堂の様子は、『親鸞伝絵』の諸本により違いが見られるが、傘塔婆《かさとうば》の石塔が立てられ、その後宗祖の影像が安置された。以来「大谷廟堂」とした。この大谷の敷地は、覚信尼の夫である小野宮禅念の所有地で、文永十一年四月に禅念は大谷の敷地を覚信尼に譲り、覚信尼が相伝することとなった。覚信尼は禅念の没後にこの地を門弟に寄進し、廟堂・影像ともに大谷の地は、門弟の共有するところとなったのである。このように廟地の所有権を譲った上で、遠方の関東の門弟に代わって覚信尼は廟堂を護持する「留守職」の役割をになうこととなり、永仁三年（一二九五）には、親鸞の木像が堂内に安置された。

弘安六年（一二八三）十一月、覚信尼は門弟に書状を送り、先夫の日野広綱との間に生まれた長子の覚恵に留守職を譲ることを告げた。留守職を継承した覚恵は、覚信尼と小野宮禅念の間に生まれた唯善を東国から呼び寄せて同居するようになった。ところが、異父弟である唯善は留守職を望み、覚恵を大谷から追放するに至った。その後、覚恵は、発病して後事を長男覚如に託して、徳治二年（一三〇七）四月十二日に死去した。覚如は関東の門弟たちと事件を青蓮院に訴え、延慶二年（一三〇九）敗訴を予期した唯善は、廟堂の親鸞の遺骨と親鸞木像を奪い、廟堂を破壊して鎌倉の常磐に逃げ去ったのである。門弟たちは残された親鸞の遺骨をあつめ、木像を安置して廟堂を再建した。しかし、門弟たちは、この唯善事件の影響で覚如の留守職就任に同意せず、覚如は十二箇条の懇望状を門弟に示して、ようやく留守職に就任することとなった。

ところで、覚恵の長子覚如は、文永七年（一二七〇）十二月二十八日に誕生し、童名を光仙、諱《いみな》は宗昭と称した。覚如の伝記絵巻としては、次男従覚が中心となって『慕帰絵』を制作している。覚如は、三歳の時に母を亡くし、父覚恵とともに大谷に住した。覚如は天台の学僧慈信房澄海に五歳から八歳まで学んだ。その後、覚如は宗澄からも天台を学び、さらに興福寺一乗院の信昭の弟子である覚昭に師事し、弘安九年（一二八六）十月二十日に興福寺一乗院で出家得度し、受戒も行なったのである。覚如は、永仁二年（一二九四）、親鸞の三十三回忌のおり、『報恩講私記』を撰述し、翌年に親鸞の行実を著した絵巻物『親鸞伝絵』（上下二巻）を制作した。

覚如は、正和元年（一三一二）、本願寺第二世如信の十三回忌にあたって法要を陸奥国金沢で行なうため、前年から奥州に赴いた。そして、夏には大谷影堂に「専修寺」の額を掲げた。しかし、「専修寺」の寺号は、山門の反発を招き、秋に至って額を撤去せざるを得なくなった。「本願寺」という寺号が見えるのは元亨元年（一三二一）二月の門弟等愁申状案の冒頭にある「本願

▲図160　法然・親鸞・如信・覚如連坐像
滋賀　福田寺
絹本着色　83.4×41.3
室町・文亀2年（1502）実如裏書

札銘に「日本源空聖人」「本願寺親鸞聖人」「釈如信法師」「釈覚如」とあり、親鸞の師法然（源空）から覚如に至る本願寺の法脈を描き示す。札銘の文字を含め当初のすがたをよく残す。本願寺第9世実如による裏書に「釈実如（花押）／文亀二年［壬戌］四月十二日／福田寺常住物也」とある。

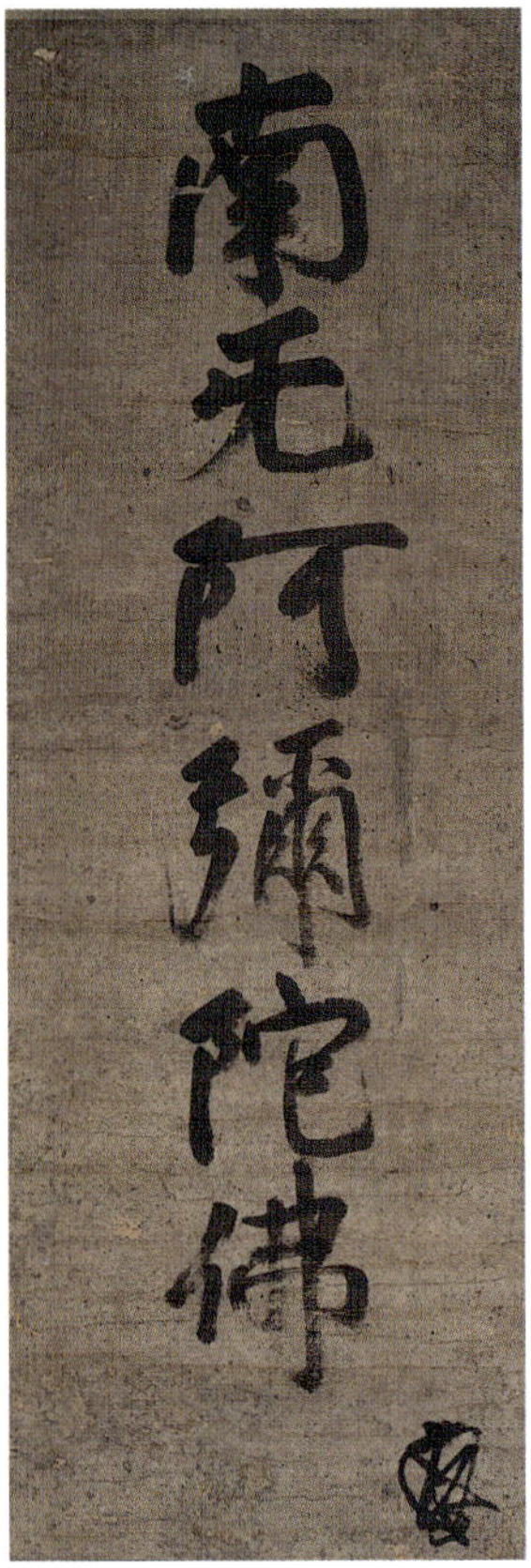

◀図161　六字名号　蓮如筆　　福井　興宗寺
絹本墨書　56.4×20.0　室町時代
「北陸お筆止の名号」とよばれ、吉崎時代最後の筆跡と伝えられている。
右下に蓮如の花押がある。

寺親鸞上人門弟等謹言上」である。この愁申状に添えて本所妙香院の許状が同時に提出されたが、そこにも「本願寺親鸞上人門弟等申」と記されている。

覚如は、元弘元年(一三三一)には『口伝鈔』を著し、法然→親鸞→如信の三代伝持の血脈(法脈)を明確にした。親鸞聖人の孫である如信から継承する自らの法脈相続の正統性を主張し、ここに、親鸞の子孫が代々相続する留守職と、念仏を相続する法脈相続の宗主の統合が成立したのである。他方で、関東の門弟たちは、独自の血脈(法脈)系譜を主張して、独立的な教団形成への道を歩むこととなった。

その後、建武三年(一三三六)四月に足利尊氏が九州で兵を挙げ東上して、五月二十五日に摂津に入った。そのため、後醍醐天皇は延暦寺に逃れ、京の都は騒乱となり、覚如は大谷を去って近江瓜生津《うりゅうづ》に赴いた。騒乱の中で大谷の本願寺は焼失した。そして暦応元年(一三三八)十一月、古い堂舎を買得して移築することとなった。

覚如時代の大谷には、親鸞の影像以外には、十字名号を本尊として安置していた。紙本に書かれた十字名号は、中央に籠文字で十字尊号を書き、下に蓮台、上下に覚如の筆で讃銘が書かれた。

覚如の後、第四世を継いだのは、次男従覚の子善如であった。善如は正慶二年(一三三三)に誕生し、諱は俊玄、童名は光養丸と称した。善如の子綽如は観応元年(一三五〇)の誕生で童名は光徳、日野時光の猶子となっている。この頃の本願寺は、天台宗の影響を強く受けていたが、善如は延文五年(一三六〇)『教行信証』の延書《のべがき》を書写した。その子綽如は第五世を継承し、越中井波に瑞泉寺を建立して北陸地方へ教線を広げた。その後巧如が第六世を継承し、第七世を存如が継承する。存如は、特に北陸から信濃地方を中心に教線を拡大し、本尊や聖教を授与していた。越前には綽如の子の頓円(鸞芸)が開創した藤島超勝寺、綽如の三子の周覚が開創した荒川興行寺が、加賀には巧如の子の瑞泉寺如乗が開創した本泉寺などがあった。本願寺は、存如の時に阿弥陀堂と御影堂の並立する両堂の伽藍配置となった。当時の敷地は約三〇〇坪と考えられている。

蓮如の活躍と教団の発展

蓮如は、応永二十二年(一四一五)に大谷の本願寺で存如の長男として誕生した。蓮如は、修学に励み多くの聖教を書写して存如を助け、ともに北陸地方を布教したり、また、関東の親鸞の旧跡を参拝したりした。長禄元年(一四五七)父存如が没すると、蓮如は四十三歳で本願寺第八世を継承した。蓮如には応玄という異母弟がいたが、存如没後に、応玄と生母は本願寺の継職を望み、蓮如と対立した。しかし一族の支持が応玄に傾いた際に、叔父の如乗らが支持して蓮如が継職するようになった。

蓮如は当初、本願寺が天台宗末寺としてその影響下にあった要素の払拭に努め、礼拝対象の名号本尊を「帰命尽十方无㝵光如来」として、近江に道場を創建していった。精力的な近江での蓮如の布教に対して、比叡山の衆徒は、蓮如を「無㝵光宗」の邪義をたてて他の諸宗を誹謗したなどと非難して、寛正六年（一四六五）二度にわたって大谷の堂舎を破却した。このため、蓮如は、堅田、大津、金ケ森の地を転々として、応仁の大乱や比叡山の迫害を避けて、文明三年（一四七一）、親鸞影像を大津南別所の近松に預けて長男の順如に守護させ、自らは越前の吉崎に赴いて、堂舎を建立した。蓮如は、吉崎を拠点に活発な布教を行ない、十字名号を差し控えて、墨書六字名号をしたためて門末に授与するとともに、仮名交じりの「御文《おふみ》」を発給して、浄土真宗の教えを人びとに伝えた。

さらに文明五年には『正信偈』と「三帖和讃」を開版し、門徒の朝夕の勤行に用いることとした。蓮如とその門弟の精力的な伝道により、吉崎には多くの人びとが参拝に押し寄せ、北陸地方の門徒化は飛躍的に進展した。その間、吉崎への参拝者の急増により、越前守護の朝倉氏や寺社などとの争論が起こることを警戒した蓮如は、「御文」で参拝の抑制を呼びかけた。

そのような中で、加賀の守護である富樫氏の後継をめぐって、富樫幸千代と政親との間に抗争が起こり、これに本願寺門徒も巻きこまれることとなった。さらに、室町時代前期から勢力を伸ばしていた高田派の門徒と対立するようになった。本願寺門徒は富樫政親を支持し、高田門徒は富樫幸千代を支持した。ここに加賀一向一揆が始まったのである。

蓮如は、一揆の拡大を見届けて、文明七年八月に吉崎を退出して、若狭・小浜を経由し、丹波路から摂津を通って河内出口に至った。蓮如は、河内、和泉、紀伊の地に布教し、文明十年に山城山科に坊舎の造営を始めた。文明十二年には御影堂が竣工して、大津近松から親鸞影像を迎え、ここに寛正六年比叡山の宗徒に破却された大谷の本願寺は、再興されることとなったのである。その後、文明十三年、佛光寺経豪は多くの寺院や門徒を率いて本願寺に帰参し、興正寺を再興して蓮教と称した。これ以来興正寺は、本願寺の傘下において活動することになり、本願寺の教線は、北は蝦夷地（北海道）から南は九州に至るまで飛躍的に拡大することとなった。その後、長享二年（一四八八）、北陸門徒は加賀の守護富樫政親を滅亡させ、「百姓の持ちたる国」ともいわれる地域国を作り上げた。蓮如が活動し、真宗門徒の拠点となった場所は、山科、大坂石山、近江堅田、越前吉崎、堺など、商人・職人が住む都市をなし、和泉、貝塚、富田林など真宗寺院を中核とする寺内町を形成した。

蓮如は延徳元年（一四八九）本願寺の寺務を五男の実如に譲り、自らは山科本願寺の東方に南殿という隠居

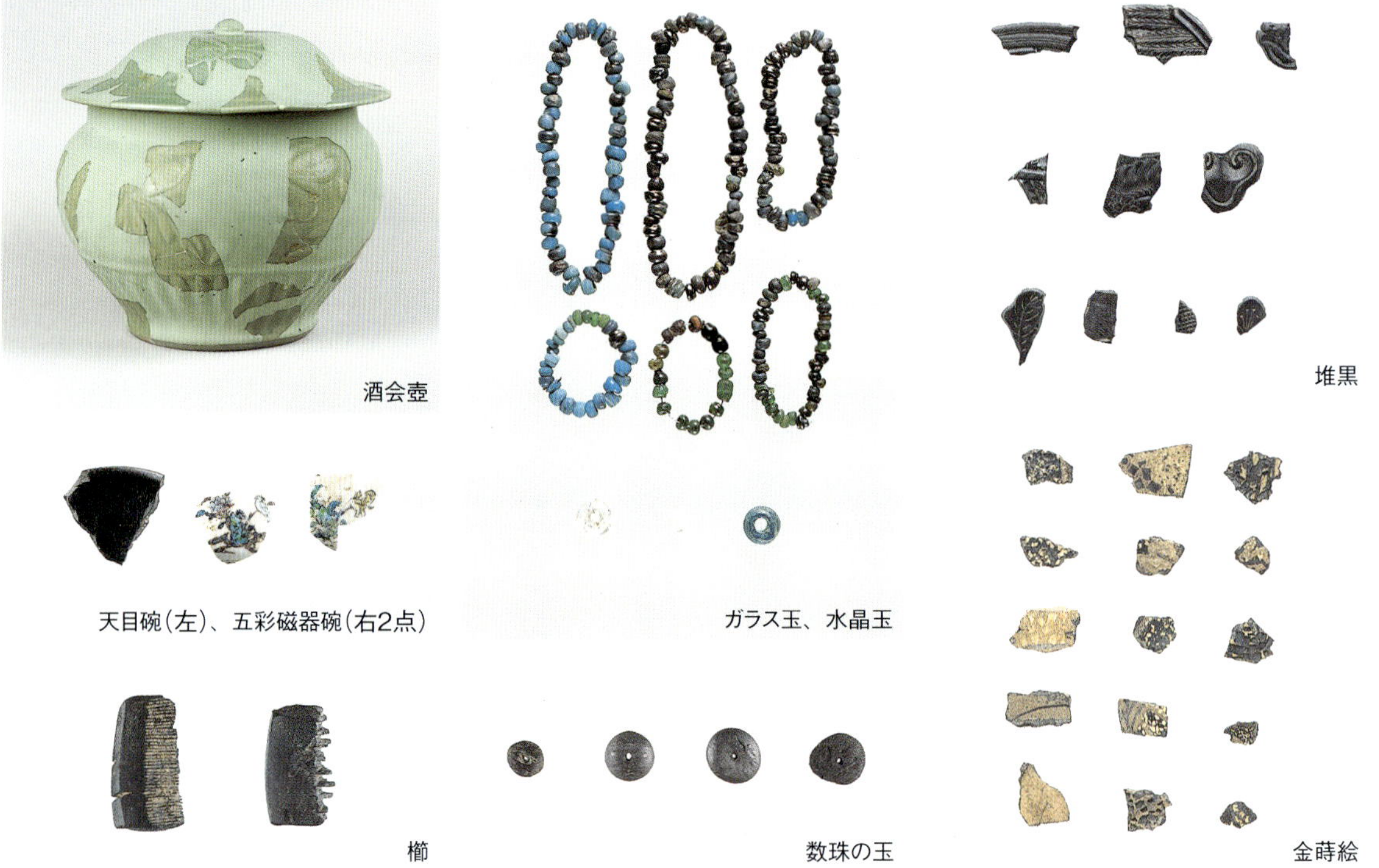

▲図162　山科本願寺出土遺物　　京都市考古資料館
山科本願寺の中心部である「御本寺」跡からの出土品。景徳鎮産の五彩磁器、酒会壺と称される龍泉窯の青磁壺、木地に黒漆を何層にも重ねて彫刻を施した堆黒など、「仏の国」とも称された当時の本願寺の隆盛がうかがえる。

所を造営してここに住んだ。さらに明応五年（一四九六）には、摂津大坂に至って新たな坊舎を建立した。蓮如は、晩年になっても伝道に尽力して、活動を続けた。しかし、明応八年三月二十五日、山科において八十五歳で没した。

蓮如の後を引き継いだ第九世実如は、名号を多数書いて門末に下付するとともに、蓮如によって名号を下付された先に阿弥陀如来の絵像を下付し、確実に本願寺系の道場を拡大した。さらに実如は、蓮如が制作した多くの御文の中から八十通を選んで五冊にまとめて、いわゆる『五帖御文』の編集を完成した。

また、実如は本願寺の組織化を行なった。蓮如には多くの子供がいて、彼らは各地方に赴き、既存の真宗寺院を継承し、さらに新たな寺院を建立したりして教団の発展に貢献した。そして、寺院を本願寺を中心として組織化するため、「一門一家」の制度を整備した。大永五年（一五二五）に実如が没すると、すでに没していた実如の次男円如の子である証如が本願寺第十世を継承した。しかし、この時証如はわずか十歳であったため、外祖父の蓮教と母慶寿院がしばらくの間補佐することになった。

北陸の一向一揆が盛んになった頃、近畿地方においても一向一揆が活発化し、各地の勢力と衝突することとなる。蓮如以来親しい関係にあった細川晴元と対立して、天文元年（一五三二）八月、細川氏と近江の六角定頼および法華宗徒によって山科本願寺が焼かれた。蓮如によって創建されて以来五十四年で、証如は祖像

◀図163　顕如像　　大阪　願泉寺
絹本着色　105.3×48.8　室町・文禄2年（1593）教如裏書
本願寺第11世顕如（1543～92）の肖像画で、顕如が大坂を退去した後に一時滞在した貝塚御坊願泉寺に伝わった。裏書から顕如を迎えた卜半了珍が願主となり、没した翌年に長男教如の花押を得て制作されたことがわかる。背後一面に押された金箔は後補になる。

を奉持して摂津の大坂坊に移ることになった。

証如は、細川・六角両氏と講和して、さらに公家をはじめ武家や有力寺社とも交流を深め、また一向一揆の勢力に制圧されていた加賀を勢力下においた。そして、天文十八年には朝廷より権僧正の位に任じられ、本願寺の社会的地位を上げた。大坂の本願寺には、周辺に多くの商工業者が集まり、「寺内町」が形成された。

本願寺の寺内町の起源については、蓮如が越前に創建した吉崎御坊の門前にできた「多屋」と呼ばれる各寺院の施設という説や、山科本願寺の寺内に形成された町という説がある。大坂に形成された寺内町は、戦国時代の争乱の中で商工業者が自身の権利を守るという点から重要視され、近畿地方を中心に各地にも創られた。

天文二十三年（一五五四）八月、三十九歳で証如が没すると、長男の顕如が本願寺第十一世を継承した。本願寺は蓮如の時以来、社会的な地位を向上して、証如によって権僧正に進み、永禄二年（一五五九）十二月には顕如は、正親町天皇から「門跡」の勅許を受け、本願寺は仏教寺院としての地位を確保するに至った。寺院勢力として確固たる地位を形成した本願寺は、政治的統合を目指す大名勢力と衝突することとなった。

元亀元年（一五七〇）、天下統一を目指す織田信長は三好衆を討つために河内・摂津に進出した。大坂に拠点をおいていた本願寺は信長と対立して、九月に直接武力衝突に及んだ。信長が大坂の本願寺に迫ると同時に、伊勢の長島の願証寺との対立が表面化して、元亀二年九月には、信長は長島に籠城した門徒を全滅させた。

信長の勢力拡大に対抗すべく、顕如は信長に対抗する戦国大名諸勢力と連携して、甲斐の武田氏、越後の上杉氏、安芸の毛利氏などと親交を深めた。特に毛利氏からは、籠城中の本願寺に対して海上から兵糧を送るなどの支援をえたが、信長軍による攻撃に抗することができなくなった。

このような中で、信長との講和について正親町天皇からの斡旋があり、顕如は和睦を受け入れることになった。顕如は、天正八年（一五八〇）四月九日に親鸞影像（木像）とともに大坂本願寺を退出し、翌日には紀伊鷺森の坊舎に移った。これより先に顕如は、毛利氏の領国安芸に移転する計画をたてていた。しかし宇喜多直家の離反で中止となった。鷺森の坊舎は、信長との交戦に際して本願寺を支援していた主力門徒である雑賀衆《さいかしゅう》の中心であった。ところが、長男の教如をはじめ下間頼龍らは大坂の地を信長に渡すことに対して、信長の表裏別心を恐れて籠城の継続を主張した。これにより父子が対立し、教如らは大坂に残って信長に対する交戦を続け、各地の門徒にその支援を要請する書状を送った。このため、顕如は教如を義絶した。しかし、教如は、信長軍の攻勢の前に顕如が退出した大坂を確保することが困難になったため、同年八月二日に大坂を退出し、鷺森に移った。この直後に大坂本願寺の坊舎は焼失した。蓮如が明応五年に大坂に坊舎を構えてから八十五年目であった。

教如は、大坂から鷺森に移ったが、顕如から義絶されていたため、すぐには赦されなかった。このため教如は越前や美濃などを転々としていたといわれる。ところが天正十年六月、信長が家臣の明智光秀に京都の本能寺において攻められて倒れ、豊臣秀吉が政権を把握すると、本願寺と友好関係をつくり、堺坊舎の寺領を還付した。顕如と教如は和解することになった。顕如は、天正十一年七月に紀伊を退出して、和泉貝塚に移った。それは雑賀衆の動向を事前に予知していたからである。貝塚には卜半了珍《ぼくはんりょうちん》がいて坊舎を構えて、本願寺に帰依していた。

戦国の世を越えて

信長の後を引き継ぎ天下統一を目指した豊臣秀吉は、天正十二年(一五八四)八月大坂本願寺の跡に築城をはじめ、城下町の整備に取り組んでいた。秀吉は本願寺に対して、天正十三年五月大坂天満の地を寄進した。このため顕如は、阿弥陀堂の創建を進め、八月には貝塚から天満に移った。さらに顕如は天正十四年に御影堂を建立し、八月には秀吉が御影堂をみるために来寺した。その後、秀吉は、京都の市街地計画の一部として天正十九年には本願寺に京都移転を命じ、同年八月には寺基を京都の六条堀川に移し、両堂を整備した。

文禄元年(一五九二)十一月二十日に顕如が突然発病し、二十四日に没した。五十歳であった。すると、長男教如が本願寺を継承した。ところが、翌文禄二年になって、顕如の室如春尼は、顕如が生前の天正十五年に本願寺を三男准如に譲ることを書いた「顕如譲状」が発見されたと秀吉に訴え出た。このため秀吉は、教如を大坂城に呼び出して詮議し、教如に十年継職し、その後に准如に継承することを勧めた。教如とそれを支持する坊官らがこれを受け入れなかったため、秀吉はただちに教如の隠退を命じ、三男准如の本願寺継職を認めた。これが本願寺派本願寺(西本願寺)である。

慶長三年(一五九八)に豊臣秀吉が没すると、全国的に大勢は徳川家康に傾いた。教如は、家康との関係を深めていった。そのような中で、慶長五年に起こった関ヶ原の戦いで、家康はその覇権を決定的なものとした。すると教如は、家康とさらに親密となり、ついに慶長七年二月、家康から京都東六条の寺地を寄進され、ここに新たに本願寺を別立することとなった。これが大谷派本願寺(東本願寺)である。さらに寛永十年(一六三三)には、徳川家光によって東洞院以東の六条から七条の間の地を寄進され、ここに寺内町が形成さ

◀図164　禅源像　　京都　高林庵
絹本着色　162.1×97.5　室町時代
佛光寺派歴代の肖像画は、第7世了源以降、独自の形式が引き継がれていった。すなわち浄土三部経を載せた前机を置き、豪華な背屏を負って坐すすがたを描いた大幅が、各所に伝わる。本図は佛光寺高林庵の開基で、大永2年（1522）に没した禅源を描いた遺品である。

れた。東本願寺は宗学の奨励と僧侶養成のために寛文五年（一六六五）寺内の東坊の中に学寮を創建した。その後宝暦五年（一七五五）高倉五条の地に独立した高倉学寮が開かれて、僧侶養成の機関を整備したのである。

京都六条の地に移った西本願寺は、顕如によって伽藍の整備が行なわれたが、元和三年（一六一七）十二月、失火のため御影堂と阿弥陀堂の両堂をはじめ、ほとんどの建物が焼失した。この後諸堂舎が再興されることになった。現在の御影堂は、寛永十三年（一六三六）に、阿弥陀堂は宝暦十年（一七六〇）に再建したものである。

徳川幕府は政治的安定とともに諸宗寺院法度を発布し、様々な制度を整備して、本山と末寺を組織化し、統制した。またキリシタン禁制のもとで寺院と檀家との関係を形成した。寺請制度・寺檀制度・宗門改などである。ちなみに法度では、出家の手続き、住職の資格、本末（本山と末寺）関係、伽藍・寺領などを規則にあげた。寛永九年には「本末帳」の作成を命じた。

西本願寺では、親鸞の教えと僧侶の養成のために宗学が盛んとなり、寛永十六年（一六三九）に寺内に学寮を創建した。建物は能化《のうけ》が講義する惣集会所（講堂）と所化《しょけ》が寄宿する所化寮からなり、寮には六十人が収容できた。学寮の建設費は京都三条銀座の野村屋宗句が寄進し、さらに能化と事務職員の一人の手当の基金も寄進した。同十九年には河内の光善寺准玄が初めて講義を行なって以来、講義が続けられた。講義の期間は初めは夏安居《げあんご》の期間であったが、後には延長された。僧侶養成と宗学奨励のために学寮が整う中で、江戸時代には三度に及ぶ法論が起こった。承応の閲牆《げきしょう》、明和の法論、三業惑乱などである。

また、江戸時代前期には本願寺派では寺院数が飛躍的に増加して、元和九年（一六二三）段階の一〇〇〇か寺が、元禄七年（一六九四）には八〇〇〇か寺に及んでいる。さらに江戸後期の文化三年（一八〇六）には九六九九か寺、安政元年（一八五四）には一〇六六九か寺となった。それは、近世社会でのイエの展開、寺檀制度などにより地域社会での真宗の定着を飛躍的に促進する拠点となるものであった。

（赤松徹眞）

▲図165　親鸞・蓮如連坐像　　滋賀　慶先寺
絹本着色　95.7×50.3
室町・文明7年（1475）蓮如裏書

裏書に「大谷本願寺親鸞聖人之御影／釈蓮如（花押）／文明七歳［乙未］五月十六日／江州野洲郡山賀／願主　釈道乗」とある。裏書に親鸞の影とのみ記すことは、蓮如による親鸞・蓮如連坐像の裏書の通例である。親鸞への敬意を示すとともに、蓮如が親鸞の教えを体現していることを表そうとしたといえる。

▲図166　親鸞・如導連坐像　　福井　専照寺
絹本着色　114.3×64.9　江戸時代

如導は、越前における専修念仏の指導者で、三門徒派本山専照寺の開基。『慕帰絵詞』では「自余修学の門徒」ながら覚如の教えを受けた者の筆頭に如導を挙げている。親鸞が正面向きで表される点は、連坐像の中でも特異といえる。専照寺第17世証如（1678〜1761）の裏書がある。

▲図168　如信坐像　　茨城　願入寺
木造　像高68.0　江戸・元禄13年（1700）

如信（1235～1300）は親鸞の孫で本願寺第2世。父善鸞とともに建長4年（1252）頃より東国に赴いた。のち陸奥国大網を拠点に布教活動を行い、多くの門弟を得た。本願寺第3世覚如に宗義を伝授し、覚如は親鸞・如信・覚如と続く血脈の伝持により本願寺の正当性を主張した。

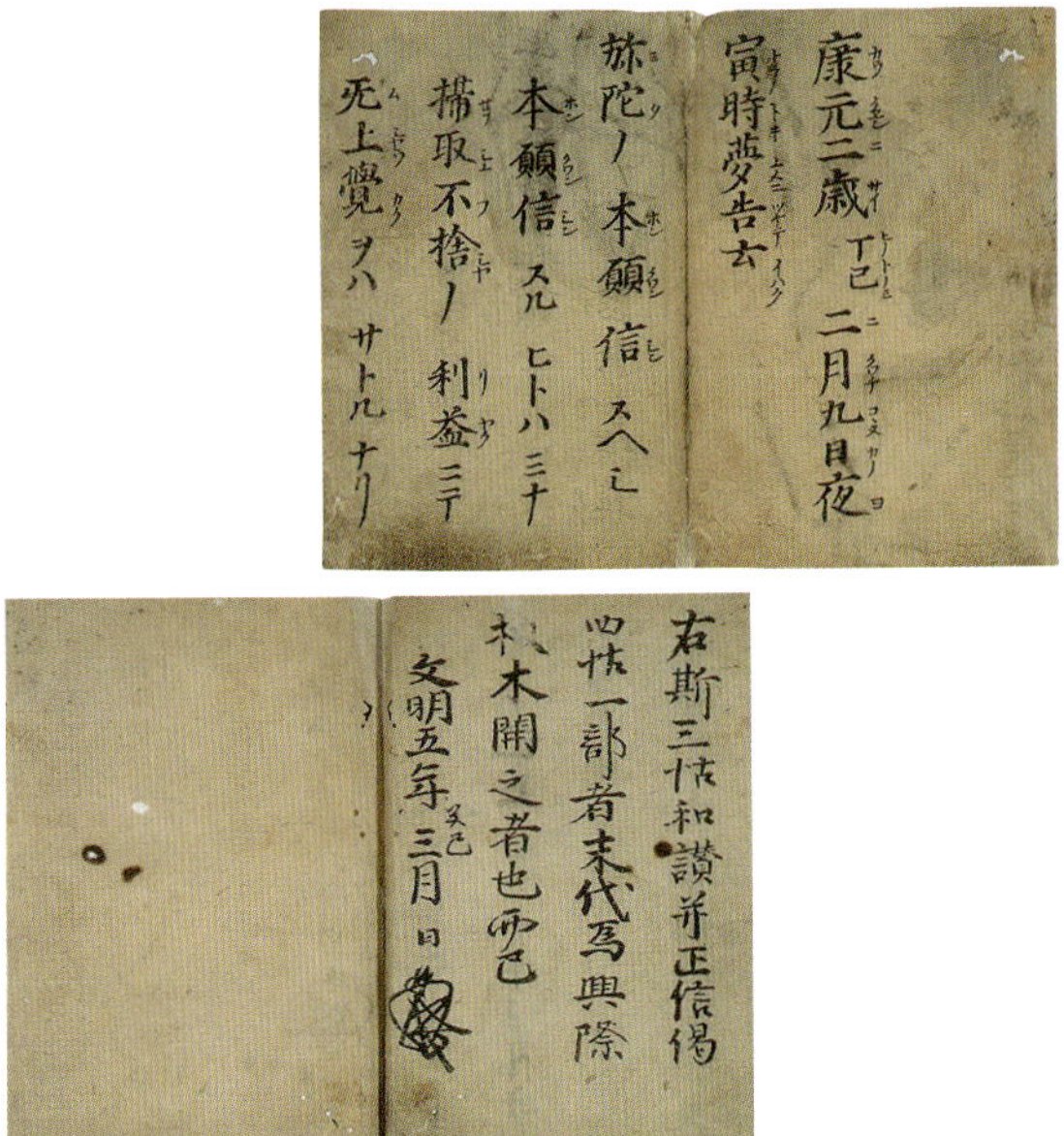

康元二歳丁巳二月九日夜
寅時夢告云
弥《ミ》陀《ダ》ノ本《ホン》願《グワン》信《シン》ズベシ
本《ホン》願《グワン》信《シン》ズルヒトハミナ
摂《セフ》取《シユ》不《フ》捨《シヤ》ノ利《リ》益《ヤク》ニテ
无《ム》上《ジヤウ》覚《カク》ヲバサトルナリ

右斯三帖和讃并正信偈
四帖一部者末代為興際
令板木開之者也而已
文明五年癸巳三月　日（花押）

▲図170　文明版三帖和讃のうち正像末和讃　　龍谷大学
紙本墨刷　17.8×12.0　室町・文明5年（1473）刊記

文明5年、越前吉崎に滞在中の蓮如は、親鸞撰述の『正信偈』と『三帖和讃』（浄土和讃、高僧和讃、正像末和讃）の4帖一部を開版した。それまでは筆写により伝えられていた真宗聖教典籍の、版行の初例である。

▲図167　慶円坐像　「きやうけい」作　　愛知　本證寺
木造　像高87.7　南北朝・貞和3年（1347）

本證寺初代慶円（?～1272）は、寺伝に、下野国（栃木）の豪族で鎌倉幕府の功臣小山朝政の子で、建久5年（1194）比叡山で出家し、慈円を師として性空と称したが、親鸞の教化をうけて慶円と改称したという。親鸞門弟交名牒では念信の弟子、あるいは慶念の弟子に慶円があり、これと同一人物とする説が一般的で、16世紀末成立の光教寺顕誓「反故裏書」では顕智の弟子としている。

▲図169　乗専坐像　　奈良　圓光寺
木造　像高81.4　南北朝時代

乗専（1274～1357）は、もとは禅宗を学んだが、元亨元年（1321）覚如に拝謁して弟子となり、法名「乗専」をいただいた。本像は寺伝に乗専が63歳のときに造らせたものという。真宗出雲路派の本山毫摂寺は、乗専が京都の出雲路に開いた寺に始まる。また正慶2年（元弘3年・1333）には吉野に布教し、このとき結んだ草庵が圓光寺である。

真宗法系略図

で示した真宗十派および、本書の内容に関わる法系を略図した。

○囲み数字は本願寺派の歴代を表す。

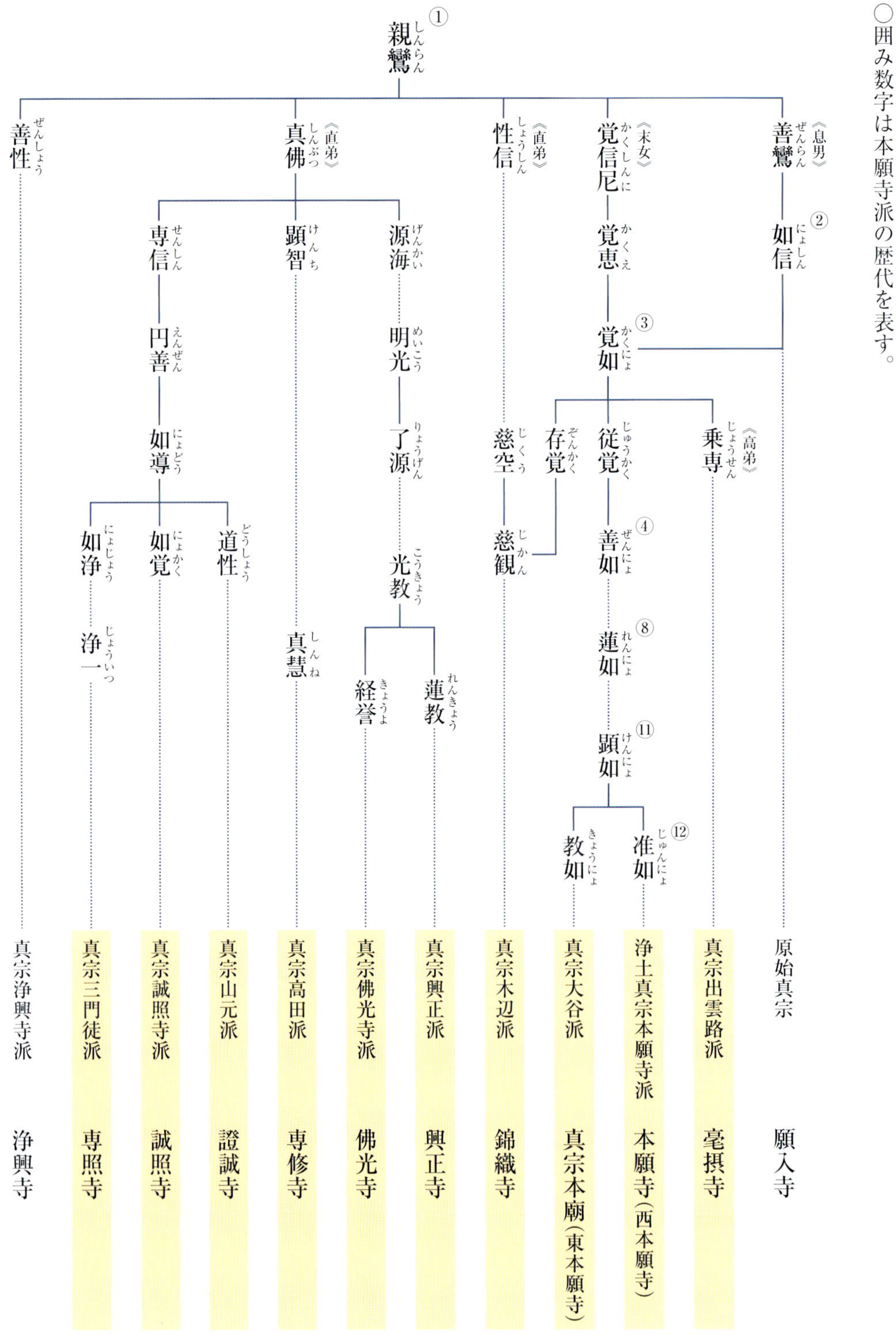

◀図171　十字名号　覚如讃・蓮如裏書　　西本願寺
紙本墨書　139.0×31.0　室町時代
蓮如による文明17年（1485）の修理裏書があり、それによると覚如の時代から本願寺に本尊として安置してきたものという。親鸞が門弟に授与した十字名号を模して、覚如により作られたと推測される。

第三節　真宗美術のひろがり

一　阿弥陀

真宗の本尊は、親鸞の考えを背景として、阿弥陀仏への帰依《きえ》と、その教えの継承を図示することを二つの柱としながら幅広い展開をみせた。

親鸞には、阿弥陀の存在を文字をもって表現した自筆の名号《みょうごう》本尊が複数現存する。名号の重視は真宗の一つの特色となっている（一八六頁コラム参照）。若いころ比叡山で修行した経験をもつ親鸞は、それまでに造られてきた様々な阿弥陀のすがたを知っていたはずである。そんな中であえて文字という抽象度の高い表現を選択したことは、造形化された個別の姿形にとらわれることなく本質を伝えようとする、一種の見識であったといえよう。

とはいえ、栃木・専修寺《せんじゅじ》の本尊は、親鸞が信濃（長野）善光寺《ぜんこうじ》から勧請《かんじょう》した一光三尊の善光寺如来の彫像と伝え、滋賀・錦織寺《きんしょくじ》の本尊は、霞ヶ浦から出現した坐像で、親鸞も常陸（茨城）滞在時に礼拝したと伝える。歴史の長い真宗寺院の本尊には、真宗以前からの様々なすがたの阿弥陀像が安置される例も多い。親鸞の名号の重視は、決して他の阿弥陀表現の否定につながるものではなかったであろう。

のちに本願寺第八世蓮如《れんにょ》は、定まった形式の名号や絵像の本尊を各地の道場や門徒に本願寺から直接下付する体制を築き、以後の本願寺に受け継がれた。しかし蓮如以前の真宗の本尊は、光明本尊や連坐像、七高僧像などの展開と密接に関わりながら、多彩な様相をみせている。

現存作例には、名号や阿弥陀像の周囲に阿弥陀仏の光明の働きを象徴する十二光仏をあらわす例（長野・長命寺、新潟・照光寺の十字名号、福井・誠照寺《じょうしょうじ》の阿弥陀如

▲図173　十字名号(登山名号)　　滋賀　本福寺
絹本着色　157.0×86.7
室町・長禄4年(1460)蓮如裏書

蓮如考案の十字名号の代表作。寛正6年(1465)の比叡山衆徒による本願寺弾圧の際、本福寺法住はこの名号を比叡山根本中堂に掛けて論陣を張り、十字名号を掲げることを承認させたという逸話がある。寛正法難以降、蓮如は十字名号の下付を控え、墨字の六字名号を多用するようになる。

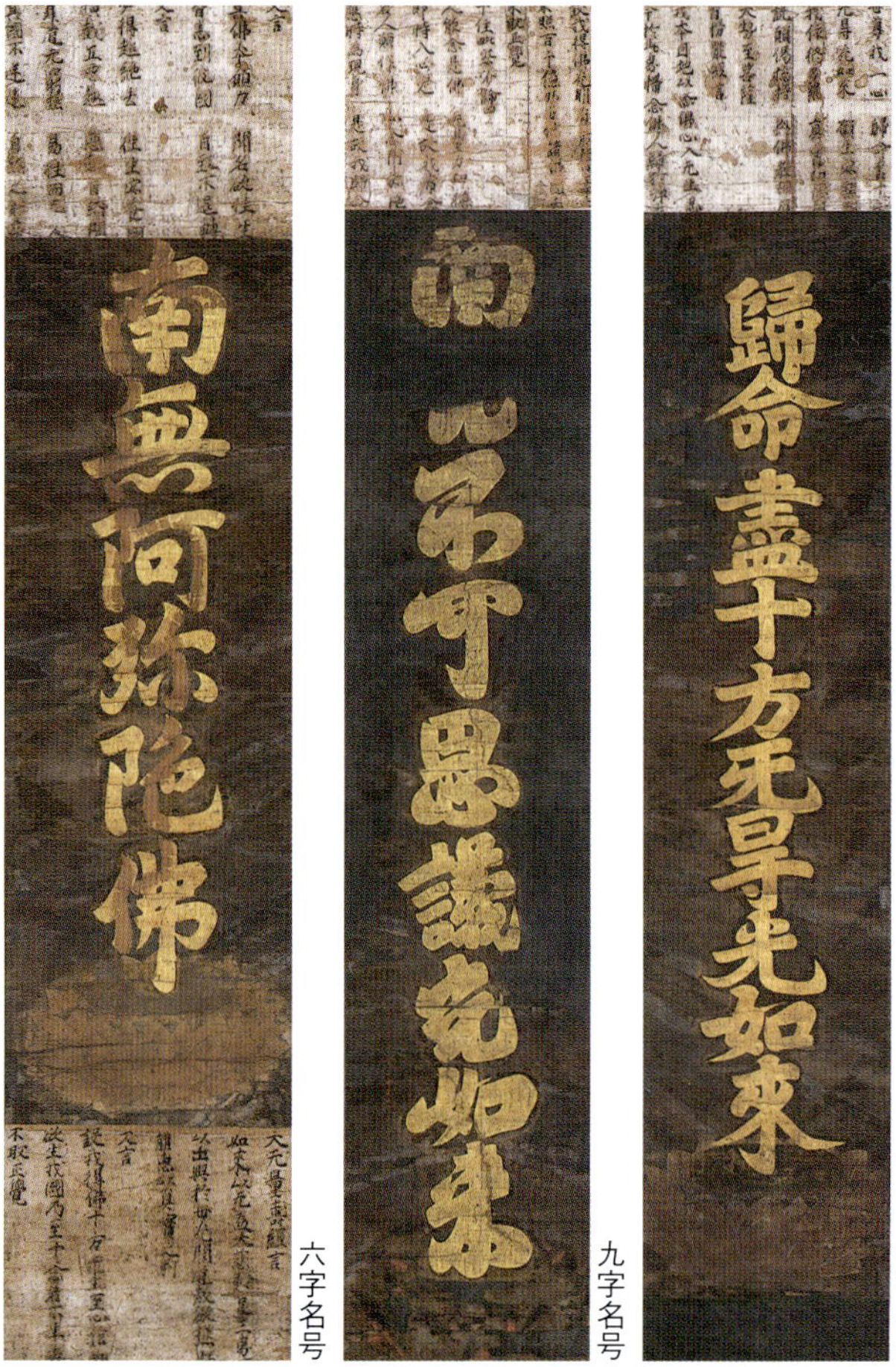

六字名号　九字名号　十字名号

▲図172　十字、九字、六字名号　　広島　高林坊
絹本着色　(十字)126.7×23.9　(九字)127.0×23.9
(六字)120.0×23.9　室町時代

十字、九字、六字の名号を3幅一具で伝来する貴重な作例。各幅とも名号部と讃銘部の画絹は続いておらず、讃銘中にも切り継ぎがある。3種の名号を並列する発想は、光明本尊や、阿弥陀の絵像の左右に名号幅を掛ける道場本尊の例などにも通じる。

来像ほか)、阿弥陀の誓願《せいがん》にちなんだ四十八化仏を配する例(大阪・顕証寺ほか)、左右に釈迦・阿弥陀の遣迎《けんこう》二尊(西本願寺の九字名号、大阪・萬福寺の六字名号ほか)、僧尼の供養者(西本願寺の十字名号、三重・専修寺の阿弥陀来迎図ほか)、七高僧や親鸞のすがた(大阪・寶光寺)、高僧連坐像(広島・照林坊、福井・秘鍵寺ほか)を添える例などがある。さらに名号や阿弥陀像、連坐像等を組み合わせた三幅対として安置することも多かった(広島・高林坊、茨城・喜八阿弥陀堂ほか)。

道場の本尊は原則的に掛幅であったが、それらが寺号を与えられ寺院となると、木仏が安置される。多くの道場が寺院化した江戸時代には、本願寺の仏師渡辺康雲が、各地の木仏本尊に名を留めている。

(松岡久美子)

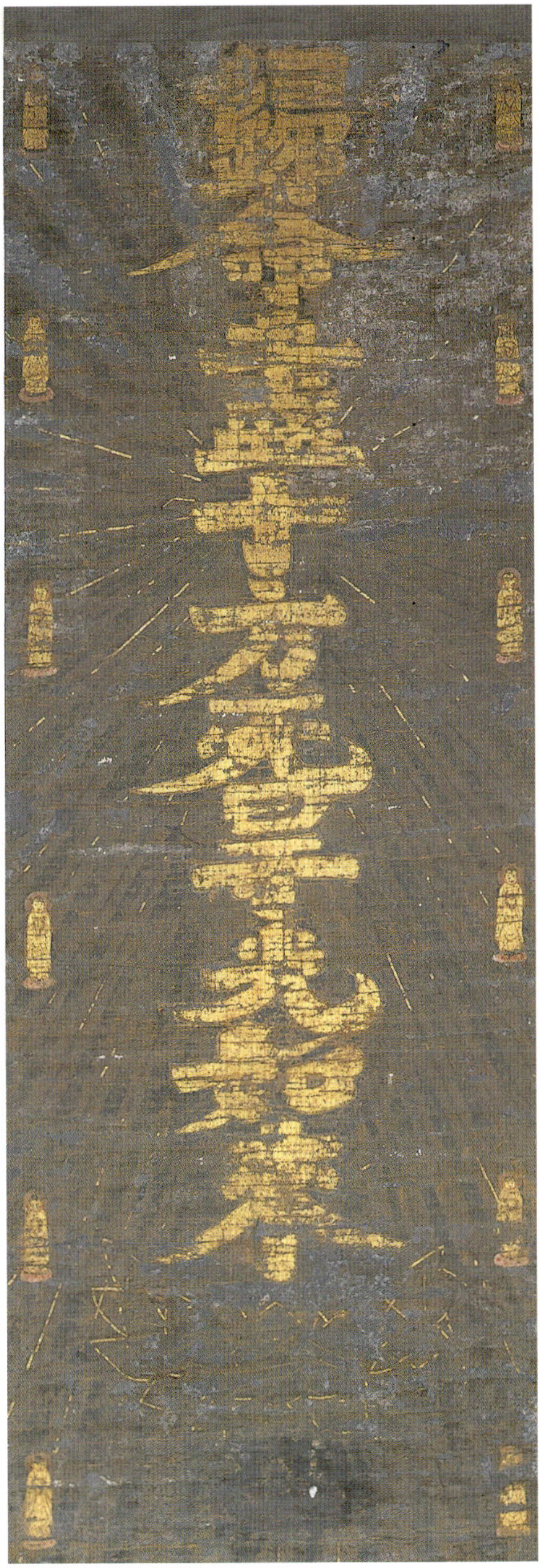

▲図174　十字名号幷十二光仏像　　新潟　照光寺
絹本着色　95.4×34.2　室町時代

阿弥陀仏の光明の働きを象徴する十二光仏を十字名号の周囲に配した数少ない作例。

▲図175　阿弥陀如来幷十二光仏像　　福井　誠照寺
絹本刺繍　102.2×38.7　南北朝時代

寺伝に藕糸（ぐうし＝蓮糸のこと）で表されたものといい、「一尊十二光藕糸曼陀羅」と称される。

▲図177　十字名号幷六化仏像　　新潟　西入寺
絹本着色　100.9×35.4　室町時代

名号の上方に六化仏を配する。六化仏の典拠は明らかでないが、阿弥陀絵像とともに六字名号を表す例があること、時衆で南無阿弥陀仏の六字を称えると6軀の黄金仏が応ずるといわれたことなどを勘案すれば、やはり阿弥陀に関わる造形といえる。

▲図176　阿弥陀如来幷四十八化仏像
大阪　顕証寺
絹本着色　107.6×37.0　室町時代

阿弥陀の四十八願を象徴する48の化仏を阿弥陀如来像の周囲に配した作例。

▲図179　阿弥陀来迎図幷僧尼像　　三重　専修寺
絹本着色　76.5×38.1　室町時代

名号や阿弥陀のすがたを中心に、僧尼の先徳を配した作例はしばしば認められる。光明を放ち雲にのる正面向きの阿弥陀来迎像の下、高麗縁の上畳に坐し、念珠を手にする2人が同じ高さに描かれる。2人は夫妻と推測され、彼らが阿弥陀に帰依していることや、阿弥陀に救いとられる様子を表そうとしたものと解される。

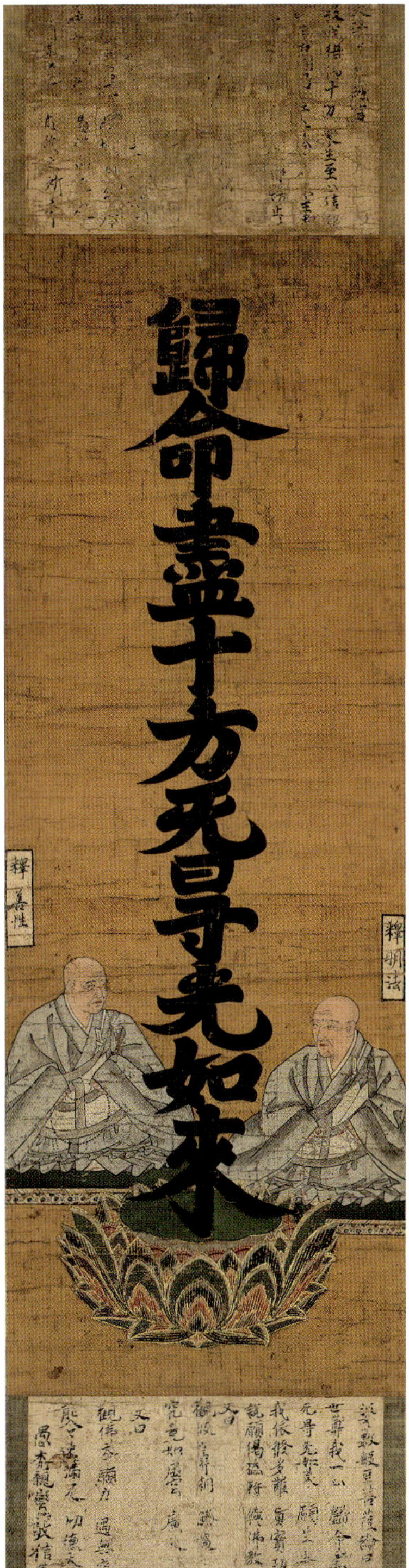

▶図178　十字名号幷二僧像　　西本願寺
絹本着色　146.5×37.5　南北朝～室町時代

本図では、向かって左の「釈善性」が右の「釈明法」より少し高い位置に描かれ、連坐像の通規から師弟関係が推測される。発想としては、広島・照林坊の連坐名号（図195）や福井・秘鍵寺の六字名号連坐像などの、名号を中心とする高僧連坐像へと連なるものといえる。

◀右図180　阿弥陀如来像(阿弥陀来迎図)
福井　本専寺
絹本着色　127.0×52.3
室町時代

◀左図181　阿弥陀如来像(方便法身尊像)
龍谷大学
絹本着色　122.3×58.4
室町時代

文明2年(1470)蓮如による修復裏書がある。
「奉修覆方便法身尊形／大谷本願寺釈蓮如(花押)／文明二歳[庚寅]二月十二日／和州吉野郡下淵円慶門徒／同郡十津河野長瀬鍛冶屋／道場本尊也／願主　釈浄妙」

親鸞が臨終の来迎を否定したことをうけ、真宗では来迎を暗示する飛雲や足を踏み出したすがたを避け、正面向きで全身から光明を発する阿弥陀の絵像が生み出された。龍谷大学本はその一例である。本専寺本は、飛雲を残し光明が上半身のみを包むなど、伝統的な来迎像から真宗独自の形式が生み出されるまでの、過渡的な様相を示す例といえる。

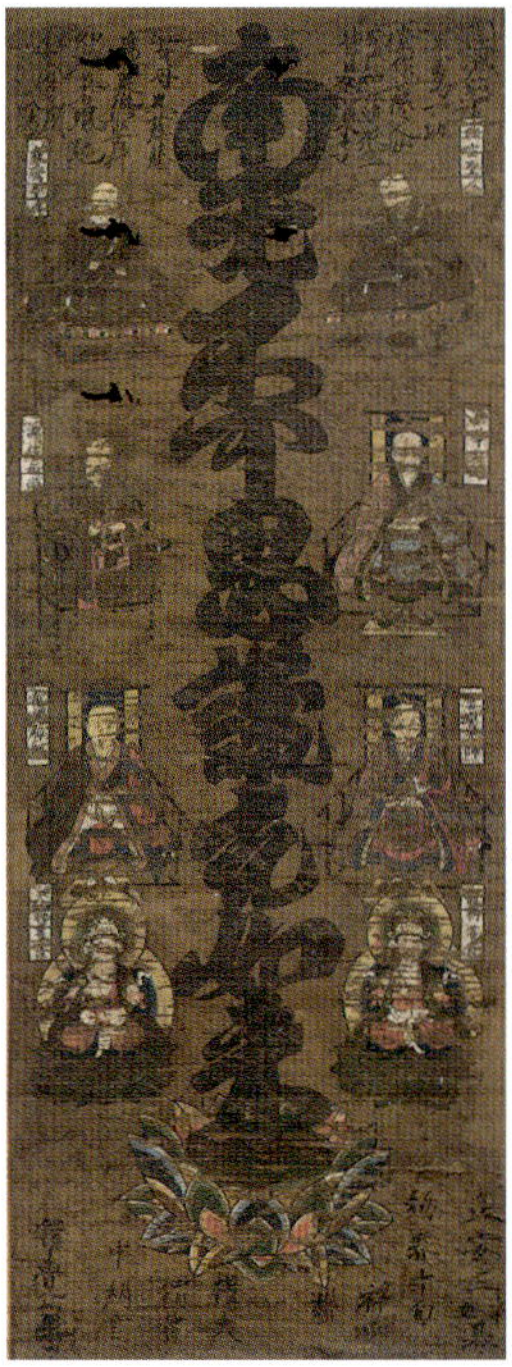

◀右図182　九字名号并浄土七高僧・親鸞聖人像
大阪　賓光寺
絹本着色　98.5×36.8
室町時代

◀左図183　六字名号并釈迦阿弥陀二尊像
大阪　萬福寺
絹本着色　128.3×78.3
南北朝時代

金字の六字名号の左右に釈迦・阿弥陀の遣迎二尊を描いた特異な作例。萬福寺と同じ堺市の報恩寺に伝わった六字名号中心の光明本尊から、名号と二尊のみを残した作例とも受けとれる。

▲図184　善導大師像
茨城　喜八阿弥陀堂
絹本着色　94.7×33.2
室町時代

阿弥陀如来并十二光仏像
茨城　喜八阿弥陀堂
絹本着色　81.4×35.7
室町時代

聖徳太子勝鬘経講讃像
茨城　喜八阿弥陀堂
絹本着色　68.4×35.7
室町時代

十二光仏を添えた阿弥陀如来像を中幅に、天竺震旦の代表として善導大師と、和朝の代表として勝鬘経講讃太子とを左右幅とした3幅対。室町後期における真宗の道場に祀られる本尊で、定型化以前の時代性と地域性を感じさせる魅力的な作。

◀右図185　阿弥陀如来坐像
福井　誠照寺
木造　像高52.5　平安時代
螺髪や衣文を省略した穏やかな彫り口をみせる一木造の像。真宗寺院に阿弥陀の坐像を安置する例は珍しいが、やはり有縁の古像を迎えたものとみえ、上野別堂の本尊として伝来した。

◀左図186　◎阿弥陀如来立像
滋賀　浄光寺
木造　像高78.3　鎌倉時代
このようなすがたの阿弥陀彫像は、鎌倉時代半ばには広く普及した。本像を伝える浄光寺は、平安時代より栄えた天台寺院蓮台寺の故地にある。天台系の浄土信仰のもとに造像された像が、有縁の真宗寺院の本尊に迎えられたものと推測される。

◀図187　阿弥陀三尊立像
茨城　円福寺
木造　像高(阿弥陀)158.8、(観音)135.5、(勢至)140.0
鎌倉・徳治2年(1307)
中尊の像内墨書銘より徳治2年に親鸞高弟であった性信の弟子能一が本願となる像と知られる。真宗では、阿弥陀の本願にあらゆる人を浄土に迎えとると述べることを根拠に、臨終の来迎によって極楽往生が定まるのではなく、信心が定まった段階で極楽往生もまた定まると説いた。本像の観音が通例の蓮台(往生者の魂を浄土へ運ぶ)ではなく蓮茎を持つことも、このような背景において理解される。また両脇侍の冠や着衣の形式には真宗でも大切にされた長野善光寺の本尊阿弥陀三尊像の姿の影響が見て取れる。

二　光明本尊、高僧連坐像、絵系図

　とかく画一化され単調なイメージを抱きがちな真宗美術にあって、前項で述べた名号本尊《みょうごうほんぞん》を中幅として、左右幅に三朝浄土教祖師先徳念仏相承図《さんちょうじょうどきょうそしせんとくねんぶつそうじょうず》を配した愛知・妙源寺《みょうげんじ》本光明本尊三幅（図120）は、格別な存在であった。本図は三河（愛知）の平田道場で祀られた本尊で、親鸞在世中に構想・制作されており、後の真宗美術の展開に与えた影響は看過できない。中幅が名号本尊として多様な展開をみせたほか、左右幅は真宗における師資《しし》相承を図絵する三朝浄土教祖師先徳連坐像《れんざぞう》として、東国門徒を中心に多数制作された。また中幅と右幅を融合させ、金字六字名号の左右に先徳連坐像を配した広島・照林坊《しょうりんぼう》本といった変わり種も出現している。

　一方妙源寺本三幅を一幅に集約して、魅力溢れる画面に仕立てたのが、いわゆる光明本尊である。鎌倉末期の福島・光照寺本は、十字名号を中心に左右に三朝浄土教祖師先徳連坐像を配した美作で、聖徳太子は六随臣《ずいしん》を従えた勝鬘経講讃《しょうまんぎょうこうさん》像とするなど、光明本尊定型化以前の過渡的な様相を呈している。これにもう二種

▲図188　光明本尊　　滋賀　正厳寺
絹本着色　165.7×107.2　室町時代

九字名号を中心とした通規の光明本尊で、上下の讃銘や諸尊の短冊型の墨書も完存する。東近江市の正厳寺は佛光寺派の真宗寺院で、右上には了源系の和朝先徳像を配す。鮮明な彩色が残り、光明本尊で随一の美しさを誇る。

▲図189　三朝浄土高僧太子先徳連坐像
茨城　無量寿寺
絹本着色　108.7×46.3　南北朝時代
下段の聖徳太子童形像・六随臣像と、上段の和朝先徳高僧像の間に、割り込むかのように天竺震旦の諸尊を配す。14世紀半ば頃の制作で、『存覚袖日記』所載の連坐像に相当するとの意見があり、定型化以前の様相を呈する。

の名号と、釈迦・阿弥陀の二尊が加わって光明本尊が定型化するわけで、ほぼ室町時代を通じて七十本ほどの現存作例が知られている。そして和朝先徳として描かれる像は了源《りょうげん》系や明光《めいこう》系が多く、東国出身の門徒が全国に広めたと考えられる。ところで光明本尊には未解明な問題が多いが、中でも釈迦・阿弥陀二尊を配した理由は判然としない。そもそも遣迎《けんごう》二尊像の遺品は、愛知・祐福寺《ゆうふくじ》本など法然門下の証空《しょうくう》以下の西山流《せいざんりゅう》で流布したが、真宗美術への影響という観点からすれば、善光寺如来絵伝の新仏出現に際して、釈迦・阿弥陀二尊が同時に光明を放ったという場面（『善光寺縁起』巻第一）も考慮する必要があろうかと考える。

妙源寺本の三朝浄土教祖師先徳念仏相承図は、天竺《てんじく》震旦《しんたん》浄土教祖師連坐像、太子和朝先徳連坐像、あるいは聖徳太子六随臣像などとして、独立して流布していった。こうした念仏相承連坐像は、長野・東野阿弥陀堂伝来本（南北朝時代、上松町教育委員会蔵）の存在から、東国門徒のみならず本願寺の法流でも用いられていたことが知られるが、蓮如以降の本願寺では、定型化した三朝七高僧像・聖徳太子像を全国に下付する体制が整えられていった。一方了源・明光門流では、本願寺覚如の長子存覚が作成した「序題」を付し、女性を含む僧俗の肖像を描き連ねた巻子本の絵系図《えけいず》（一流相承系図）が流布した。これは道場に集う門徒の結束を促すことを目的に制作され、中世後期の門徒の実態を直に伝えてくれる。

（石川知彦）

▲図191　太子勝鬘経講讃像并震旦和朝
高僧先徳連坐像　　滋賀　福田寺
絹本着色　108.1×41.6　室町時代

画面下半に聖徳太子勝鬘経講讃像を表し、上方に善導と源信以下性信まで5人の高僧先徳を描く。室町初頭頃の作で、通常の垂髪童形太子を勝鬘経講讃太子に置き換えた、震旦和朝太子高僧先徳連坐像とみなすことができる。

▲図190　和朝太子高僧先徳連坐像
長野　長命寺
絹本着色　109.7×39.3　室町時代

聖徳太子六随臣像と、源信以下の和朝先徳像を下から順次配す。親鸞までの配置は通例と同じで、上方には「釈善性」以下西念までを描く。なお西念は、寺伝では親鸞の直弟子で長命寺の開山としている。

▲図193　和朝高僧先徳連坐像
龍谷大学
絹本着色　95.3×36.0
室町時代

法然を筆頭に親鸞、性空、教念と続く連坐像。下方に尼僧3人が描かれている点は特異である。題箋は「源空聖人」「親鸞聖人」「釈性空」「釈教念」「釈教性」「比丘尼基乗」「比丘尼教明」「比丘尼大乗」。下方の6名は、3組の夫婦の僧尼であろうか。

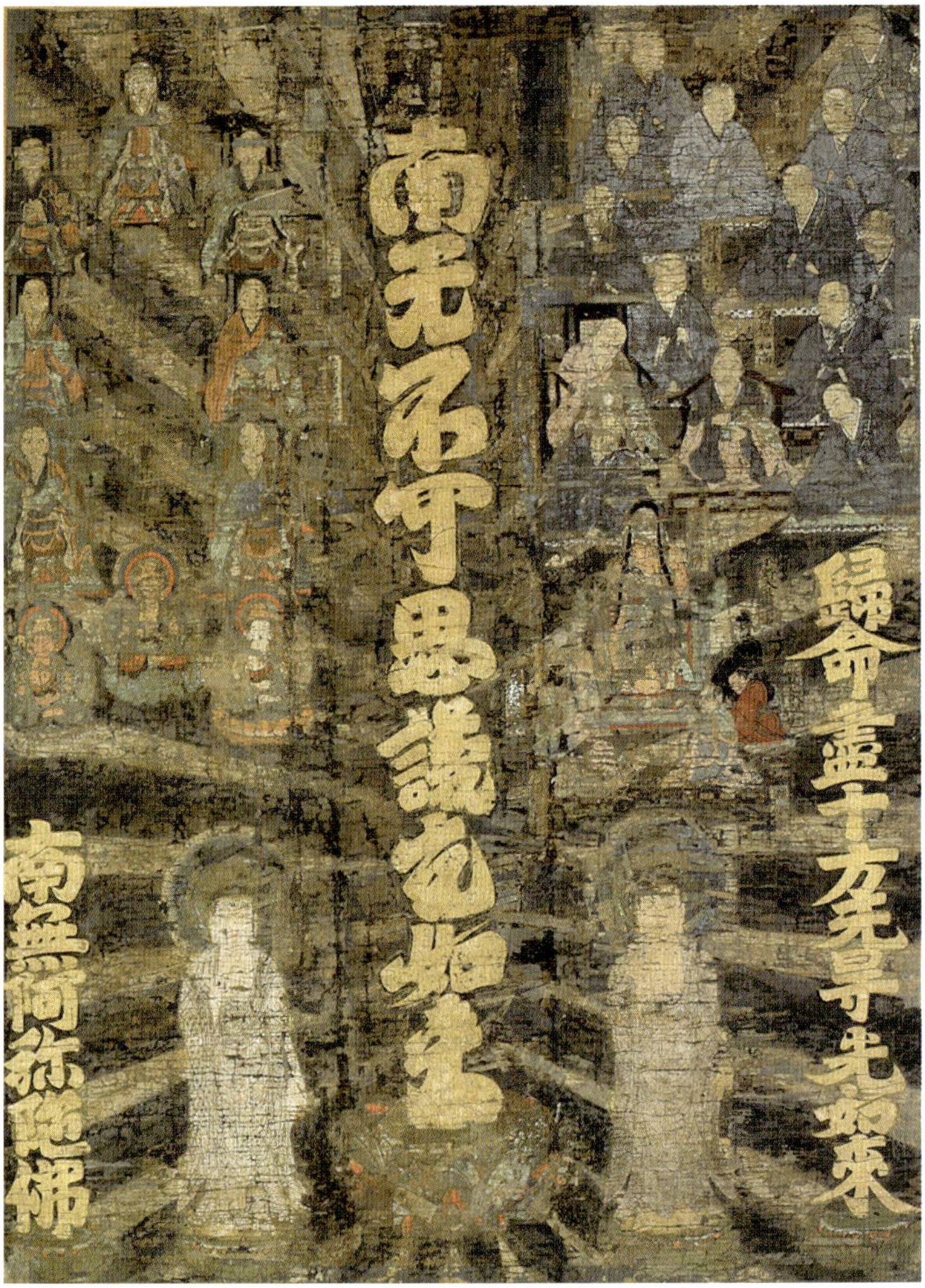

▲図192　光明本尊　　龍谷大学
絹本着色　118.8×88.0　南北朝時代

九字名号中心の通規の光明本尊で、福井市の真宗寺院から寄進された。上下の讃銘や左右が切り詰められ、表面の剝落が目立つが、部分的に発色の良い顔料が残る。やはり了源系の和朝先徳像を配し、制作は南北朝時代にさかのぼる。

▲図195　六字名号幷高僧連坐像
（連坐名号）　広島　照林坊
絹本着色　123.9×45.0
南北朝時代

金字の六字名号の左右に法然、親鸞以下の和朝の先徳14名を描く。名号本尊としては、光芒が下方に長く伸びるのは異例である。堺市の萬福寺本（図183）、寶光寺本（図182）とともに、自由な創意にもとづく貴重な名号本尊である。

▲図194　阿弥陀如来・和朝太子高僧先徳連坐像　　長野　上松町教育委員会
絹本着色　（阿弥陀幅）98.0×37.6　（和朝幅）108.3×36.7
南北朝～室町時代

木曾谷の東野阿弥陀堂に伝来した遺品で、和朝太子高僧先徳連坐像の右上には本願寺第3世の覚如が描かれ、本願寺派の連坐像とわかる。もう1幅天竺震旦幅が制作されていたとも想定され、本願寺派における蓮如以前の本尊を考えるのに重要な作となる。

▲図196　絵系図　　滋賀　光明寺
紙本着色　縦42.2ほか　室町時代

竜王町の真宗佛光寺派寺院、光明寺に伝来した絵系図で、当寺の次第相承を表した一群のほか、俗人を含む各地の門徒の系図を表した一群が伝わる。当寺の僧尼の系図では、存覚が起草した序題は失われるが、佛光寺の了源・了明、そして当寺の開山である空寂以下の僧尼が朱線で結ばれていく。実際の制作は室町後期にくだるが、幼くして亡くなった子息までも描かれ、門徒の絵系図に描かれる俗形像ともども興味は尽きない。

三　絵伝と伝絵

真宗伝来の美術作品のうち、特に絵画史において注目されるのは、親鸞や法然、聖徳太子など、真宗の発展や教義に深く関係した先徳や偉人の一代記、あるいは高田派が本尊とした善光寺如来の縁起・利益を描いた説話画の存在である。一般的にこれらのうち、巻子形式のものは「伝絵」、掛幅形式のものは「絵伝」と呼ばれる。

真宗における伝記絵は、本願寺第三世覚如（一二七〇～一三五一）が、偉大なる曾祖父・親鸞への報恩謝徳の念から、生涯をかけて制作した親鸞の伝絵（西本願寺本『善信聖人絵』、専修寺本『善信聖人親鸞伝絵』など）がその嚆矢として知られる。覚如が活躍した十三世紀後半から十四世紀にかけては、真宗以外の宗派でも祖師の伝記絵が積極的に描かれた時代で、覚如も多分にその影響を受けて絵画制作に着手したと考えられる。覚如によって形成された親鸞伝絵はその後、詞書は『御伝鈔』、絵は四幅本の絵伝に展開し、親鸞伝／伝記絵のスタンダードとして、宗派内で確固たる地位を築いた。

初期段階では伝絵が中心であったが、後年になると、一度により多くの人が鑑賞できる大画面の絵伝が主流となった。そして絵伝に描かれた図様の内容や教理を、門徒に向けてわかりやすく説明する〝絵解き〟がなされ、布教活動の一助をなしたと言われている。また絵伝は、道場や寺院での儀礼の際に、堂内に掛けて空間を荘厳する役目もある。親鸞聖人絵伝は、現在も全国各地の寺院で毎年厳修される「報恩講」の折に、本堂余間に掛ける慣わしがあり、門徒にとってはもっとも親しみ深い存在となっている。

さて、中世においては、上記の親鸞聖人・法然上人・聖徳太子・善光寺縁起の、四つの主題の絵伝がとりわけ重要視された。すなわち僧侶らは、これら四種の絵伝を用いて、日本への仏教伝来から浄土宗の興り、そして浄土真宗の誕生までの流れを、絵伝の図様と絵解きの語りを媒介に、門徒に説き示したのである。このほかにも中世には、覚如の伝記絵巻『慕帰絵』全十巻（西本願寺所蔵）や、東国で活躍した荒木門徒の高僧・源誓（一二六四～一三六〇）の生涯を描いた、源誓上人絵伝全二幅（東京藝術大学とアメリカ・シアトル美術館に分蔵）といった、刮目すべき優品が次々に生み出されている。

さらに近世に至ると、真宗中興の祖である第八世蓮如（一四一五～九九）の絵伝が、蓮如が布教にあたった地方を中心に、門徒を主体として自主的に描かれるようになった。また近世以降には、定型の四幅本親鸞絵伝のほかに、茨城・願牛寺本や滋賀・錦織寺本など、地方独自の伝承を含めた個性豊かな親鸞絵伝が作られた。

まだポスターやテレビのない時代、絵伝はそれらに匹敵する、きわめて有効な視覚メディアとしての役割を担っていた。表現の巧拙はあれども、いずれも先徳の偉業を語り継ごうとする門徒らの篤心によって、これらの説話画が伝承されていったのである。

（村松加奈子）

▲図197　◎聖徳太子絵伝　　茨城　上宮寺
紙本着色　37.8×1705.2　鎌倉・元亨元年（1321）

めずらしい絵巻形式の聖徳太子絵伝。詞書1段、絵14段からなる。かつて元亨元年の奥書が存在していたことが知られる。太子の700回忌を記念して制作されたものであろう。基本的な図様は、おおむね真宗伝来の太子絵伝と共通する。

▲図198　◎親鸞聖人伝絵 巻上　　大阪　天満定専坊
紙本着色　33.4×879.5　南北朝・延文5年（1360）

もと上下2巻の伝絵であったが、上巻8段のみ現存する。詞書は、覚如の子息・存覚による。存覚の著書『存覚袖日記』にも、本作を指すと思しき伝絵についての記述があり、具体的な制作環境をうかがうことができる。図版は六角堂にて親鸞が観音より夢告をうける場面。

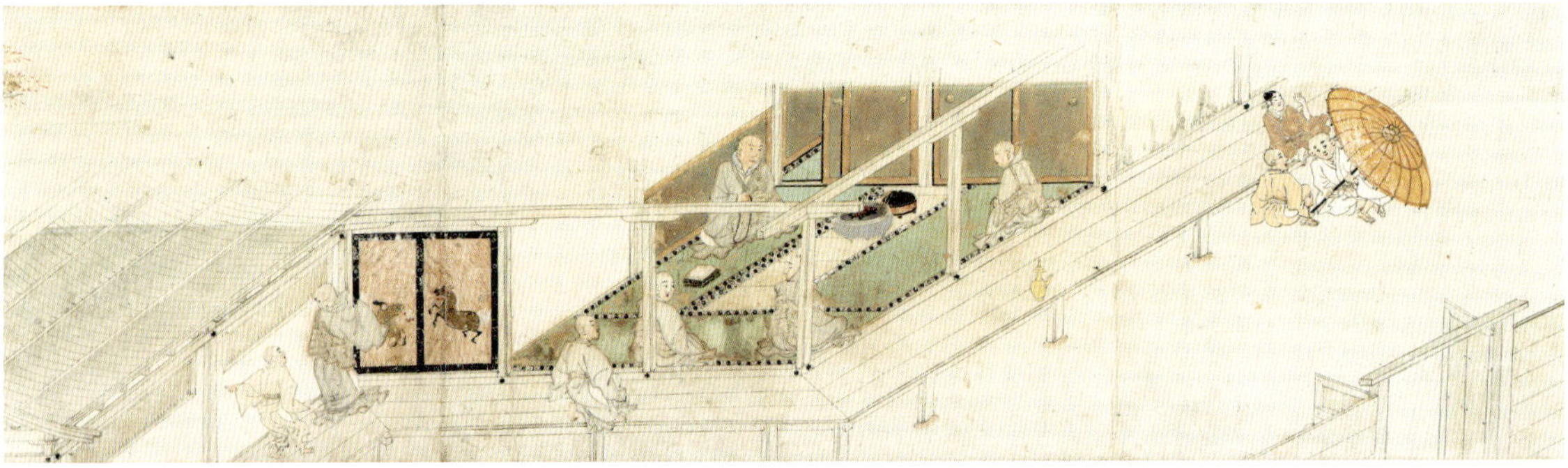

▲図199　◎慕帰絵 巻第3　　西本願寺
紙本着色　32.0×839.9　南北朝時代　観応2年（1351）

本願寺第3世覚如の生涯を描いた絵巻物。発願者は覚如次子の従覚。画匠は藤原隆章・隆昌、詞書は時の能書家の寄合書による。数少ない覚如の伝記絵であるとともに、南北朝期の風俗を詳細に描いた絵画史料としても有名である。図版は18歳の覚如が如信に面会して教えをうける場面。

▲図201　蓮如上人絵伝 第1幅　　滋賀　石山寺
紙本着色　175.6×87.6　江戸時代

本願寺第8世蓮如の85年の生涯を3幅にわたって描く。絵画の表現はきわめて素朴で、地方の門徒が自主的に制作したものと思われる。羅列的な画面の構成からは、当時流通した絵入り版本の影響がうかがえる。

▲図200　聖徳太子絵伝 第5幅　　石川　本誓寺
絹本着色　147.0×101.7　室町時代

一般的な太子伝に加えて、善光寺縁起や法然・親鸞伝の四種絵伝の要素を備えた、きわめて真宗的な要素の強い太子絵伝。四種絵伝が主題を越えて、一連の仏法伝来と興隆の物語として、真宗門徒に受容されていたことが理解される。

コラム　名号本尊と親鸞の阿弥陀仏観

仏教の長い伝統においては、木像あるいは絵像を本尊とすることが主流である中で、親鸞は名号を以て本尊とした。親鸞真筆の名号本尊としては、「帰命尽十方無㝵光如来《きみょうじんじっぽうむげこうにょらい》」三幅（三重・専修寺蔵・二幅、愛知・妙源寺蔵・一幅）、「南無尽十方無㝵光如来」一幅（三重・専修寺蔵）、「南無不可思議光仏」一幅（三重・専修寺蔵）、「南無阿弥陀仏」一幅（西本願寺蔵）が現存しており、親鸞は特に「帰命尽十方無㝵光如来」の十字名号を依用したといわれる。

親鸞が名号を本尊として用いたことについては、覚如の『改邪鈔』に、

　本尊なをもって観経所説の十三定善の第八の像観よりいでたる丈六八尺随機現の形像をば、祖師あながちに御庶幾御依用にあらず、天親論主の礼拝門の論文、すなはち「帰命尽十方無碍光如来」をもって真宗の本尊とあがめましましき。

とあることからもうかがわれる。また、親鸞真筆の名号本尊が現存していることからもその事実は明らかである。

さて、ではなぜ親鸞が名号本尊を依用したのかということについては、これまでの研究では主に二つの視点からその理由が述べられている。一つは社会的要因によるとするものである。それは、親鸞のもとに集った念仏者たちは一般民衆が中心となっており、それら一般民衆からなる念仏集団は経済的な理由により大きな堂舎や伽藍を持つことができなかった。つまり、質素な念仏道場には、手軽で実用性のある名号本尊が適していたとするものである。

しかし、この説には異論も多く、礼拝の対象である本尊の形態を、いかに経済的理由があったにせよ、そう軽々しく変えてしまうはずはないとの指摘もある。

そこで、親鸞の名号本尊依用は、社会的要因というよりも、親鸞の教義理解にもとづくものであるという指摘がなされる。親鸞は『教行信証』化身土巻に次のように述べている。

　つつしんで化身土を顕さば、仏は『無量寿仏観経』の説のごとし、真身観の仏これなり。

ここで親鸞は『観経』で説かれる真身観の仏を化身土の仏としている。『観経』では真身観の仏は高さ六十万億那由他恒河沙由旬《おくなゆたごうがしゃゆじゅん》と示されるが、親鸞は仏身を数量で限定されるような仏を化仏であるとした。覚如の『教行信証大意』にも以下のようにある。

　観経の十三観は定散二善のなかの定善なり。かの定善のなかに説くところの真身観なるがゆゑに、かれは観門の所見につきてあかすところの身なるがゆゑに、弘願に乗じ仏智を信ずる機の感見すべき身に対するとき、かの身はなほ方便の身なるべし。すなはち六十万億の身量をさして分限をあかせる真実の身にあらざる義をあらはせり。これによりて聖人この身をもて化身と判じたまへるなり。

このように、数量で限定されるような仏を化仏とされたことで、親鸞が本尊としてその高さ大きさの定まる絵木像を用いなかった理由もこの点にあると思われる。

さて、それでは親鸞において真仏とは何であるかといえば、『教行心証』真仏土巻に次のように示される。

　真仏とは、大経には「無辺光仏・無碍光仏」といへり。また「諸仏中の王なり、光明中の極尊なり」とのたまへり。以上、論には「帰命尽十方無碍光如来」といへり。

ここで親鸞は真の仏とは「無辺光仏」「無导光仏」「帰命尽十方無导光如来」であるとしている。

ところで、親鸞の阿弥陀仏の仏身理解、阿弥陀仏観を語る上で欠かせないものに、二種法身による仏身理解がある。二種法身《ほっしん》とは法性《ほっしょう》法身と方便《ほうべん》法身とをいう。法性法身とはさとりそのものであり、衆生の感知するところではなく、一方、方便法身とは仏の智慧から慈悲への展開として衆生にあらわされた仏身であるとされる。『一念多念文意』には、

方便とまふすは、かたちをあらわし、御なをしめして、衆生にしらしめたまふをまふすなり。すなはち阿弥陀仏なり。この如来は光明なり。光明は智慧なり。智慧はひかりのかたちなり。智慧またかたちなければ不可思議光仏とまふすなり。この如来、十方微塵世界にみちみちたまへるがゆへに無辺光仏とまふす。しかれば世親菩薩は尽十方無碍光如来となづけたてまつりたまへり。

とあり、親鸞は衆生にあらわされた方便法身とは、仏の智慧の展開であって、それは光明であり、決して色量が限定されるようなものではないとしている。その智慧はかたちがない故に、「不可思議光仏」「無辺光仏」「尽十方無导光如来」と申すのであるとしている。そして、方便法身とは「御なをしめして」とあるように、本願力の救いの名のりであり、それがまさに「帰命尽十方無导光如来」「南無不可思議光仏」「南無阿弥陀仏」という名号そのものであるという理解がここに示されている。これによって親鸞が絵像や木像ではなく、名号をもって本尊とした理由が明らかとなっている。

また、親鸞が絵木像を本尊としなかったことについては、絵・木像の本尊の阿弥陀仏は主に来迎仏のすがたをとっており、臨終来迎を否定した親鸞にあっては絵木像を本尊とはしなかったとの指摘もある。

いずれにしても、親鸞の名号本尊の依用については、社会的要因というより、まずその教義理解が根底にあったといえるのである。

（大田利生）

▲図202　十字名号　　福井　本覚寺
紙本墨書　113.4×37.2
室町時代
親鸞による紙本墨書の十字名号の形式を踏襲した作例。蓮如の筆跡と推測される。

第四章　受け継がれる親鸞の教え

第一節　受け継がれる親鸞の教え

学寮から龍谷大学へ

学寮前期――能化時代――

龍谷大学の創立は寛永十六年（一六三九）、西本願寺境内地に設立された学寮（宗学研鑽機関）がその淵源である。

親鸞を宗祖とする本派本願寺教団では、早くは南北朝から室町期にかけて、宗祖血脈の覚如や存覚らによって「宗学」が勃興していたが、幕藩制仏教が形成されはじめた江戸初期には、諸国より好学の宗門僧侶が上洛し、本山寺中の寺々に散在して「宗学」の研鑽に励むなど、いやがうえにも組織的な教育機関設立を求む気運が高まりつつあった。

こうした中で、篤信門徒の京都三条銀座の年寄・野村屋宗句は、末寺僧侶のための学寮創設を念願していた西本願寺第十三世良如宗主の意向を体して、学寮の建築費とその運営資金一切を寄進し、ここに真宗他派にさきがけて学寮の創建となったものであるが、これはまさに幕藩制仏教教団としてのあり様を先取りした良如の先見性を示すものであった。学寮施設としては、講義が行なわれる惣集会所（講堂）と所化（学生）の寄宿する所化寮が設けられ、寮は二階建ての三十室で約六十人の所化を収容できる規模からの船出であった。

ところで、翌年四月から光善寺准玄を能化（学頭）に任命して講義を開始したのだが、ほどなく本山の都合で学寮は二度移築することになり、その上、永照寺西吟を次期能化に抜擢したことによって、学寮をめぐる教学紛争や興正寺との本末抗争が発生して、明暦元年（一六五五）には学寮は一旦破却を余儀なくされる事態となった。

学寮破却後は仮の黌舎《こうしゃ》で講義は続けられたが、正式に学林と改称して東中筋学林町に再興なったのは、元禄八年（一六九五）のことであった。能化職もいつしか知空が踏襲し、さらには若霖→法霖が継職するに至り、修学のための諸制法も制定された（若霖「衆寮条約七か条」、法霖「制法五か条」）。学林も大坂の広岡九右衛門などの篤信家の寄進によって諸施設が徐々に整備され、やがて学林の全盛期を迎えることになった。学生数も年を追うごとに増加し、寛延・宝暦年間（一七四八～六四）には約四九〇〇人、明和年間（一七六四～七二）には約八〇〇〇人となり、天明・寛政年間（一七八一～一八〇一）には約一〇四〇〇人を数えるまでに拡大・発展した。

しかしながらこうした学林の隆盛ぶりは、宗学の発展・充実とは必ずしも正比例せず、能化法霖の没後、〝明和《めいわ》の法論〟を機に、「学林教学」に対する在野学匠の監視が強まり、能化功存による学林専横ぶりが顕著になるにつれ、在野学匠の反発も深行し、やがて「学林教学」が一掃され、能化制度が廃止される契機となる〝三業《さんごう》惑乱〟事件が勃発するに至ったのである。

学林後期——年預勧学時代——

学林において約一八〇年間存続した能化職が廃止され、年預勧学《ねんよかんがく》による集団指導体制にかわったのは、「三業惑乱」事件の反省によるものであった。この制度的改革は学林の講座活動を飛躍的に前進させた。学寮以来の学林の講座は、仏教教団の「夏安居《げあんご》」（雨安居）の伝統にしたがって夏期の九十日間が中心であり、それ以外に随時ひらかれていた秋・冬・春講の「夏間《げかん》」は軽視されていた。ところが集団指導体制の確立により、勧学はじめ教授陣が常駐、学林は年間を通じて機能するようになった。

勧学・司教・主議・助教・得業からなる学階にはそれぞれ定員が定められ、その昇階にあたっては登科制度が採用された。天保七年（一八三六）に定められた登科規定によると、登科には「選試」が行なわれ、学林で行なわれる「黌試《こうし》」と、本山での「殿試《でんし》」とに分けられていた。「黌試」では宗学を扱う正学試と、他学科・国語科・儒学科・暦学科・書学科の五科が課せられていた。この規定は難度が高く、以後、幾度かの改正を経て学階と登科制度は整備されていった。

しかし、この学階と登科制度の整備は、本学宗学界にいたずらに学問の緻密性・厳密性を要求することとなり、大胆な発想や自由な学風の発展を阻害する結果を招いたことは否定できない。研究態度・方法・学説・思想などをめぐっては、概して固定化への一途を辿ったことは否めない。

天明八年（一七八八）、京都市中に大火が起こり、東中筋学林町にあった学林施設も講堂・閲寮・衆寮・食堂などが類焼し、大きな痛手を受けた。しかし復興も早く、新講堂の落成はあとまわしになったものの、これを機に学林の地所拡大がはかられた。また、幕末維新期にも兵火で学林施設を消失したが、その都度再建・増設され、学林は功罪とり混ぜて宗派の中心的教学機関としての役割を果たし続けてきたことは特筆されてよい。

明治維新と学林制度の改革

明治維新によって学林は学制の近代化を迫られ、大改革を断行した。明治八年（一八七五）、西本願寺では学校制度を採用し、その翌年には新たな学制を発布して、最高学府としての大教校の施設を本願寺旧下間邸址に新築することになり、さらに全国枢要七か所に中学校、各県に小学校を設置するという、近代的な学校制度を導入した総合的な教育システムが構想された。これは慶応三年（一八六七）から西本願寺第二十一世明如宗主のもとで着手されていた学林改革の具体化がはかられたもので、それは島地黙雷・赤松連城らをヨーロッパに派遣して西洋の教育事情を視察させた上で立案されたものであった。黙雷は視察先から、教部省下の宗教政策＝「教部ノ排仏」を批判するにあたって、西欧的な政教分離・信教自由論を展開し、また留学を終えた連城が学林改革に際して、宗学以外の普通学（僧俗共学と西欧的学問）の採用を推進するなど、「西欧」を積極的に導入した。この進取の気風は、やがて明治十二年（一八七九）五月の洋風建築による大学校の校舎（現在の大宮学舎本館と南北教室棟）の落成につながった。

大教校・普通教校の設立

明治以降における宗学の進展は、明治八年の学林改正を端緒とし、翌九年の大教校設立にはじまる新しい本学の学校制度を母胎としてもたらされた。従前の学林安居制度に代わる近代学校組織の導入という維新期宗門における開明的な学制改革は、本学の学校制度史上の一大画期となった。

新学科課程においては、伝統的な宗・余乗（真宗学・仏教学）の専門学に加えて一般諸学（普通学）を採用し、両者の調和・融合をはかろうとした。こうした教学方針にもとづき成立した大教校にはじまる学校時代の本学は、この後、宗門における一般諸学採用の是非をめぐる進歩的思潮と復古的思潮の葛藤の中で、制度更改を繰り返し、紆余曲折を経ながらも、しだいに整備されていった。大教校は明治二十一年（一八八八）に大学林となり、さらに明治三十三年（一九〇〇）には仏教大学へと改組転換された。この二年後に東京の芝に設けられていた分教場が高輪仏教大学となったが、明治三十七年（一九〇二）には、仏教大学に統合、欧米の大学を範とする講座制を採用した。翌年、この仏教大学は政府の専門学校令による学校として認可された。

龍谷大学の成立

「仏教大学」と称していた本学が、現在の龍谷大学と名を改めたのは大正十一年（一九二二）である。その経緯は、大正七年に制定された単科大学令に伴い大正九年に、仏教学、仏教史、宗教学、宗教史、哲学、心理学、倫理学、教育学、社会学、印度学、支那学、国学、英文学の各講座を設けて、単科大学としての内容を整えて認可を待つばかりとなっていたが、大学には宗教・宗派に関する名称を付してはならないという指示があり、「仏教大学」の名を改める必要が生じたのである。「龍谷」という名称は、本願寺の別称とされる「𧮪《おおたに》」の字を二つに割ったものを用いていたもので、本学に「龍谷」の文字が冠されていたのは、すでに江戸時代の正式文書に「龍谷学黌《がっこう》」の語がみられることから龍谷大学と改称したのである。大学昇格の認可が達せられたのは、この年の五月二十日であったが、翌二十一日が親鸞の誕生日であったため、この日の降誕会《ごうたんえ》法要につづいて祝賀の式典を行ない、以来この五月二十一日を創立記念日としてきた。

戦後の本学は、昭和二十四年（一九四九）に、文学部（四年制）からなる新制大学として認可され、翌昭和二十五年には短期大学部を開設、昭和二十八年（一九五三）には大学院文学研究科修士課程、昭和三十年（一九五五）には同博士課程が設置された。その後、時代の要請もあって次々に学部を増設し、親鸞の教えを建学の精神として、目下、理系を含む九学部一短期大学を有する一大総合大学に発展し、現在に至っているのである。

（平田厚志）

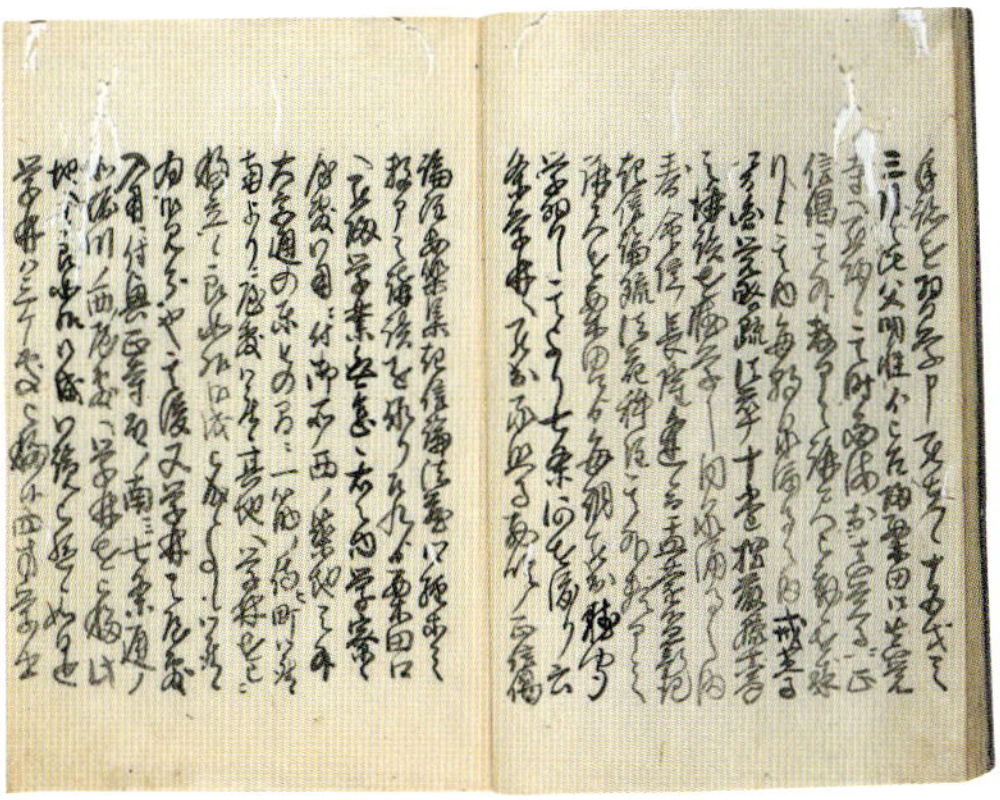

▲図204　光隆寺知空師追日記　　龍谷大学
　　　　紙本墨書　28.0×19.8　江戸時代

西本願寺境内に創建された「学寮」は、明暦元年（1655）、幕命によって破却された。その後、元禄8年（1695）、知空を中心にその門下の性海・峻諦・若霖等によって「学林」の復興をみた。この日記には、学林の由来や復興の様子が記されている。なお、この日記は、大正11年（1922）、梅上尊融（元西本願寺執行長）によって、龍谷大学に寄贈されたものである。

▲図205　本願寺大教校慶讃会舞楽之略図　　龍谷大学
　　　　紙本多色摺　36.3×48.5　明治12年（1879）

大教校の新築を祝い3日間にわたって行われた式典のうち、初日の「慶讃会」は奈良・東大寺の大仏開眼法要と同じ四箇法要にのっとって行われた。本図はその舞楽の様子を描くもので、式典後3日間にわたる一般公開時に、1枚3銭5厘で参拝者に配られた。

▶図203　西吟像　　龍谷大学
　　　　絹本着色　109.9×28.7　昭和27年（1952）

初代能化、西吟（1605～63）の像。学寮の成立により学問が組織的に行われることになったが、その責任者が能化職である。讃に名のみえる知空は2代能化。龍谷大学本は光隆寺伝来本を模写したものという。

第二節　親鸞を慕うおもい

繰り返される大遠忌法要

故人に対する年回仏事は、一周忌に始まり三回忌・七回忌・十三回忌等が営まれ、両親等の重要な人々でも、五十回忌が行なわれるのは珍しいことである。ところが、宗祖親鸞聖人（以下親鸞）の他、著名な人物に対しては、一〇〇回忌・二〇〇回忌等の仏事が厳修されるのである。浄土真宗本願寺派本願寺（西本願寺、以下本願寺）では、宗祖の命日を重視し、一月九日から十六日まで七夜八日間にわたって法要が営まれる。これが「御正忌報恩講法要」である。そして、五十年ごとの年忌を「大遠忌法要」と称して、より大規模な法要が勤められる。本願寺で「大遠忌」という名称が正式に使われたのは、六五〇回大遠忌法要からで、それ以前は「御忌」「御遠忌」等と呼ばれていた。現在は、親鸞の年忌を「大遠忌」、中興の祖・蓮如の年忌を「遠忌」と呼んでいる。

親鸞の遷化は、弘長二年（一二六二）十一月二十八日（新暦一二六三年一月十六日）で、翌二十九日には遺骸を東山西麓にある鳥辺野の南、延仁寺において火葬された。翌三十日には、親鸞の遺骨を拾い鳥辺野の北側の大谷の地に納められた。当時にあっては、中陰や年忌の仏事が一般化しておらず、ただ親鸞の遺徳を偲ぶことから、遷化の命日に遺弟が集まり、念仏相続の場とした仏事であったと考えられる。そして、文永九年（一二七二）、親鸞の遺骨は吉水の北辺に改葬され、ここに仏閣を建て親鸞の影像（木像）が安置された。これが大谷廟堂である。その二年後の文永十一年は、親鸞の十三回忌に相当するが、仏事について伝えるところはない。

第三世覚如は、親鸞の三十三回忌を迎えるにあたり、永仁二年（一二九四）『報恩講式』を作り、報恩謝徳の法要である報恩講の形式を確立した。そして、翌年にも『善信聖人絵』二巻を著して祖徳の顕彰に勤めた。さらに覚如は、留守職（大谷廟堂を維持管理する役とそれに付属する権利）として、大谷廟堂で初めて迎える親鸞五十回忌を前に、延慶三年（一三一〇）に「親鸞聖人影像」（鏡御影）を修復した。

以下、明確に記録が伝えられている三〇〇回忌以降の大遠忌について概説する。

三〇〇回忌（顕如）

永禄四年（一五六一）、石山本願寺において厳修された。法要期間は三月十八日より二十八日まで十昼夜の間で、この十昼夜はその後の遠忌の慣例となった。遠忌の二年前の永徳二年には、顕如に門跡の勅許があり、法要も諸大寺に並ぶ格式を備え、法式には七条法服を着用し、登壇行進を行ない、初めて他宗他山も参拝して、盛大な法会が展開されたことが『私心記』に記されている。

三三三回忌（准如）

文禄三年（一五九四）、現在の西六条（堀川七条）において初めて勤修された。五十年ごとの規則性からはずれており、この遠忌の執行には、天正十九年（一五九一）に現在の地に寺基を移転したこと、文禄元年（一五九二）顕如の示寂、翌年の准如の継職など特別な時代背景があったものと考えられる。記録には「文禄三年卯月二日　御開山三百三十三年忌　御堂ニテ御能御座候」とあり、遠忌に伴う祝能が開催されたことを伝えている。

三五〇回忌（准如）

慶長十六年（一六一一）に三〇〇回忌の法式を踏襲して営まれた。法要の終了後、御影堂と阿弥陀堂の前に舞台を設け、二日間法楽の能を演じる予定であったが、駿河から徳川家康が上洛し二条城に滞在することになったため、予定を改め四月二十二日・二十三日に能を催すこととなった。

四〇〇回忌（良如）

寛文元年（一六六一）に先例に従い法要が営まれたが、先年の慶長元年（一五九六）の慶長伏見地震、元和三年（一六一七）の両堂・諸堂舎焼失などの災害にみまわれたにもかかわらず、良如の多大な尽力によって境内地の復興整備が進んだ。その中で、再建された新しい御影堂での法要であった。御影堂に安置された絵伝も、従来の四幅から八幅に改められ、絵表所の絵師徳力善雪が担当した。また、三月十六日に大谷本廟仏殿にて慶讃会が行なわれ、祖骨を仏殿に安置し参拝者に拝せられた。

四五〇回忌（寂如）

正徳元年（一七一一）に厳修された。法要（三月十八日から）に先立ち三月九日から十三日までの五日間に集会所にて法宝物の展観が行なわれた。この展観は遠忌において初めて実施されたものであるが、寂如の貞享三年（一六八六）、良如二十五回忌にも一般に法宝物の展示が行なわれている。また、元禄八年（一六九五）には、法隆寺の法宝物を白書院に陳列し、一般に拝観された。法隆寺では本願寺の好意に感謝し、「聖徳太子像」（本願寺蔵）一幅が届けられた。寂如の時に実施された法宝物の展観は、その後蓮如二五〇回忌（一七四八年）・同三〇〇回忌（一七九八年）や五〇〇回大遠忌等で行なわれ、現在に継承されている。

五〇〇回忌（法如）

宝暦十一年（一七六一）、寂如の時からの懸案であった阿弥陀堂の再建をはたし、両堂を具備した大伽藍内において営まれた。法宝物の展観は、法要の前年四月六日から十二日に行なわれた。これは、四五〇回忌においても法要直前まで一般公開していたため、大混雑が生じ、遠忌の一年前に繰り上げて実施されたといわれ、遠忌に向けての気運の高揚をはかるための意味合いもあったのであろう。

五五〇回忌（本如）

文化八年（一八一一）三月十八日の御逮夜法要に始まり、二十八日の日中までの十昼夜が、慣例通り行なわれた。

六〇〇回忌（広如）

文久元年（一八六一）三月十八日から二十八日の日中までの十昼夜にわたり勤仕された。阿弥陀堂や御影堂など諸堂舎の修復や内陣の彩色を担当した円山派一門の吉村孝文（了斎）を主任に書院の障壁画の新調や修復が行なわれた。ところで、全国から参拝に来る人のために、宿泊所を保証する印鑑も発行されていたという。また、境内地はもちろん、下京町々に火の用心を厳重する町触も出された。

六五〇回忌（鏡如）

明治四十四年（一九一一）、従来の慣例を改め法要を二期にし、第一期は三月十六日より二十五日まで、第二期を四月七日から十六日の計二十日間にわたって厳修された。この法要では、初めて全国より団体参拝を受け入れ、鉄道院と連携して専用乗降駅として「梅小路停車場」を建設した。また、御影堂前に約二千五百畳という広大な掛出しと呼ばれる臨時参拝席を設け、前方より後方を高くとるなど参拝者への配慮もなされた。慣例のように明治四十三年三月一日から四月三十日までは、「法物蒐覧会」が書院にて実施され、三十万人の拝観者が集まった。

七〇〇回忌（勝如）

昭和三十六年（一九六一）、六五〇回忌に従い第一期は三月十日より二十一日まで、第二期を四月四日から十六日の全期二十五日間の法要であった。御影堂前には、パイプ式の特設参拝席を設け、各所に三十台のモニターを設置し、法要を三台のテレビカメラで中継した。法宝物の展観は、全国八会場の巡回展が実施され、法要の期間中は本願寺において展観された。また、諸堂舎の修復や法宝物「鏡御影」の修復も行なわれた。さらに、法要の記念事業の一環として、『本願寺史』編纂を主目的とする本願寺史編纂所も設立された。

六五〇回忌・七〇〇回忌の総参拝数は、それぞれ一〇〇万人を超える法要であり、本願寺史上空前の大規模な事業となった。そして、平成十七年（二〇〇五）一月九日に、即如より「親鸞聖人七五〇回大遠忌についてのご消息」が発布され、平成二十三年（二〇一一）四月九日から七五〇回大遠忌が修行される。五十年ごとに迎える大遠忌法要は、親鸞の遺徳を鑽仰し、浄土真宗の教えを宗門の内外に広め伝える勝機である。今後

▲図206　境内に集まった参拝者と掛出し
（『宗祖大師六五〇回大遠忌紀念帖』　本願寺　1911年より）

その教えを、どのような〝かたち〟で広め伝え残すのか、蓮如は「今の人は古をたづぬべし。また古き人は古をよくつたふべし。物語は失するものなり。書したるものは失せず候ふ。」（『蓮如上人御一代記文書』）と言っている。過去の事象を顕彰し新たに道を知る、まさに温故知新ということではないだろうか。　（和田秀寿）

第三節　世界に広がる親鸞の教え

世界に広がる親鸞の教え

親鸞の教えは、今では日本国内だけでなく、世界各地で人々の信仰のよりどころとなっている。多くは、十九世紀後半以降、海外へ移住した日本人移民の子孫たちであるが、一方で非日系人の信徒の数も近年増えている。その信仰のすがたを目にするとき、世界に広がる親鸞の教えということを実感することになる。

親鸞の教えが歴史的に見てはじめて国外に紹介されたのは、十六世紀半ばに日本を訪れたキリスト教の宣教師たちによってであった。しかし、その後、江戸幕府は厳しい鎖国政策をとり、親鸞の教えが再び国際的な場面に登場するのは、日本が近代国家の道を歩みはじめる幕末・明治期以降のことである。

幕末期には、まず開国後のキリスト教解禁を視野に入れた対策を考えていた浄土真宗の側からキリスト教への接触がはかられた。例えば、原口針水らは、長崎で宣教師を介してキリスト教関係の典籍や天文・地理・生物といった科学書を入手し、明治元年（一八六八）には西本願寺の学林にキリスト教を排斥するための破邪学科を開設した。この学科は間もなく閉鎖されたが、伝統的な学林教育の中に普通学という近代的な学問が導入されるきっかけとなった。また、明治二十年には普通教校の学生を中心に、世界に親鸞の教えを伝道することを目的とする海外宣教会が結成され、英文雑誌『亜細亜之宝珠』を刊行した。この雑誌は、アメリカ、イギリス、インドなど世界中に配布されたが、明治初期に英語による海外伝道を志した浄土真宗の若者の気概と行動力には感嘆せざるをえない。

また一八九一年にフランスのパリでは、親鸞の木像を入手した宗教博物館（後の国立ギメ東洋美術館）の館長エミール・ギメが、博物館で報恩講を勤修し、当時のフランス大統領や知識人たちが出席した。この出来事は、ジャポニズムとも呼ばれる、欧州での日本趣味の高まりを示すものでもあるが、ギメは明治初めに日本を訪問した時に、西本願寺を訪問し、島地黙雷らに対し浄土真宗の要義を聞いており、親鸞の教えをかなり理解していたようである。

明治期には、親鸞の教えは開教という形で世界に広がった。この時期の西本願寺の海外開教には大きくいって二つあった。一つはアジア開教であり、もう一つはハワイ・アメリカ開教であった。西本願寺のアジア開教は、一八八六年のロシア沿海州ウラジオストックに始まり、一八九六年に台湾、一八九八年に朝鮮半島、一八九九年に清国、一九〇四年に中国東北部（満州）、また南方では一八九六年に南洋群島、一八九九年に昭南（シンガポール）で開教が開始された。伝道の対象は、主に在留日本人であったが、各地に敗戦までに合わせて三六八か所、西本願寺の別院・出張所などが設けられた。開教活動では、多くの日本人僧侶に加え、現地出身の僧侶も生まれたが、早い段階から国策への協力に活動の重点が置かれるようになり、日本の敗戦とともにそれらの拠点はすべて失われてしまった。近年、新たに親鸞の教えを信奉するグループがアジア各地に生まれているが、もう一度教団の過去の歴史を真摯に直視しつつ、そのような人々と深い信頼関係を今後築いていくことが望まれる。

一方、ハワイ・アメリカでの開教は、西本願寺の勢力が強い西日本出身者が多かった初期の海外移民の要請を受けて、同胞に精神的な支柱を提供するために、まず一八八九年にハワイのホノルル・ヒロに、そして一八九九年には北米のサンフランシスコに伝道の拠点が設けられた。開教使と呼ばれる僧侶たちを中心に、日系移民に対する差別と偏見とたたかいながら教線を拡張し、戦後も布教・伝道活動が仏教会あるいは何々本願寺と呼ばれる寺院を拠点に続けられている。現在、ハワイに三十六か寺、北米に六十か寺、カナダに十二か寺、南米に三十五か寺があり、メンバーの減少や開教使不足などの問題を抱えながらも、積極的な活動を行なっている。

また戦後、世界各地で親鸞の教えをよりどころとする非日系人のグループが世界各地に生まれている。その嚆矢をなすのはドイツのハリー・ピーパーで、『歎異抄』の親鸞の言葉に深く感銘し、一九五四年に渡欧中の大谷光照前門主より帰敬式を受け、ベルリンに「浄土真宗仏教協会」を創設した。その活動により、新たにイギリス、スイス、ベルギーにも浄土真宗のグループが生まれ、その活動が現在まで続いている。このように、翻訳などを通して、直接親鸞の教えにふれて帰依するグループが世界各地に生まれており、西本願寺では、オーストラリア、メキシコ、台湾、ネパールを開教地、ヨーロッパを新たな開教地区として位置づけて支援をしている。

今や、親鸞の教えは言葉や世代、国家や民族をこえて広く世界に拡がっており、「世の中安穏なれ」という七五〇回大遠忌のスローガンも、世界の中の親鸞という視点から考えていかなければならない。また、そのように親鸞の教えを世界的な視座から理解することは、私たちの自身の理解を深めるきっかけとなるだけでなく、世界の人々と広く教えを共有していることへの喜びにもつながっていくのである。

（嵩　満也）

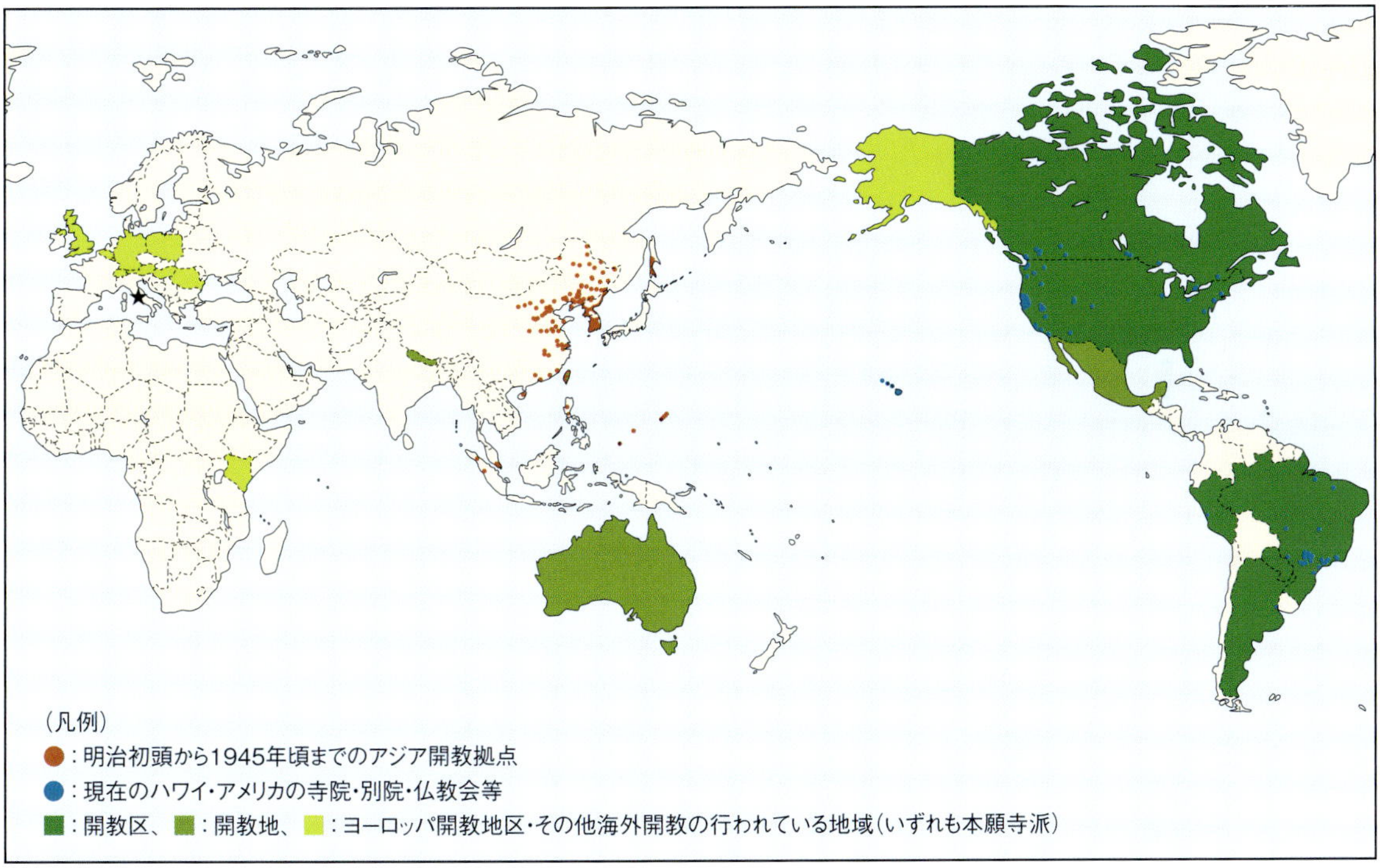

▲図207　世界に広がる親鸞の教え

①親鸞の教え、世界へ…ローマ(★)

1561年にイエズス会のポルトガル人宣教師ルイス・ビレラがローマに送った報告書に、本願寺の威勢や報恩講のことなどが記されている。親鸞の教えがはじめて海外に紹介されたのは、16世紀半ばに日本を訪れたキリスト教宣教師たちによってであった。

②明治期のアジア開教(●)…上海、ウラジオストック、釜山、ソウル、台北、中国東北部(満州)、シンガポール、ミクロネシアなど

東西本願寺教団によるアジア開教は明治初頭から行われたが、早い段階から国策への協力に重点が置かれるようになり、1945年の日本の敗戦とともに消滅した。近年、新たに親鸞の教えを信奉する動きがアジア各地で生まれており、過去の歴史を真摯に直視しつつ信頼関係を築いていくことが望まれる。

③ハワイ・アメリカでの開教(●)…ホノルル、ヒロ、サンフランシスコ、ロサンゼルス、ニューヨーク、バンクーバー、サンパウロなど

西本願寺の勢力が強い西日本出身者が多かった明治期の初期海外移民の要請に応えてはじまった。移民への差別や偏見と闘いながら教線を拡張し、寺院は日系人移民のコミュニティセンター的な役割も担ってきた。2010年現在、ハワイに36か寺、北米に60か寺、カナダに12か寺、南米に35か寺がある。

④新たに誕生する非日系人グループ(■、■、■)…ベルリン、ロンドン、ジュネーブ、アントワープ、香港など

近年、日本出身であるかを問わず、翻訳などを通して直接親鸞の教えに触れ帰依するグループが世界各地に生まれている。西本願寺では北米、カナダ、ハワイ、南米を開教区、オーストラリア、メキシコ、台湾、ネパールを開教地、ヨーロッパを新たな開教地区と位置付けて支援している。

文献紹介

入手可能なものを中心に、本書と関わりのある主なもののみを掲出する。

【第一部】

《図書》

中村　元編・丸山勇撮影『新編ブッダの世界』学習研究社　二〇〇〇年
中村　元『ゴータマ・ブッダ　釈尊伝(新装改訂版)』法藏館　一九九二年
　『ブッダ入門』春秋社　一九九一年
中村　元訳『ブッダのことば』(岩波文庫)岩波書店　一九八四年
　『ブッダの真理のことば・感興のことば』(岩波文庫)岩波書店　一九七八年
水野弘元『原始仏教入門―釈尊の生涯と思想から―(新装版)』佼成出版社　二〇〇九年
前田專學責任編集『シリーズ　仏典のエッセンス』日本放送出版協会　二〇〇七年
長尾雅人・梶山雄一監修『大乗仏典(新訂版)』全十五巻(中公文庫)中央公論新社　二〇〇一〜二〇〇五年
村上真完『仏教の考え方』国書刊行会　一九九八年
桂　紹隆『インド人の論理学―問答法から帰納法へ―』中央公論新社　一九九八年
奈良康明他編集委員『新アジア仏教史』全十五巻　佼成出版社　二〇一〇年〜
山崎元一・小西正捷編『世界歴史大系南アジア　先史・古代』山川出版社　二〇〇七年
山崎元一『アショーカ王とその時代―インド古代史の展開とアショーカ王―』春秋社　一九八二年
平川　彰『インド仏教史　上・下巻』春秋社　一九七四〜一九七九年
肥塚　隆・宮治　昭編『世界美術大全集　東洋編13　インド(1)』小学館　二〇〇〇年
田辺勝美・前田耕作編『世界美術大全集　東洋編15　中央アジア』小学館　一九九九年
宮治　昭『仏教美術のイコノロジー―インドから日本まで―』吉川弘文館　一九九九年
龍谷大学三五〇周年記念学術企画出版編集委員会編『仏教東漸―祇園精舎から飛鳥まで―』龍谷大学　一九九一年

《展覧会図録等》

東武美術館　奈良国立博物館　名古屋市博物館他編『ブッダ展―大いなる旅路―』NHK・NHKプロモーション　一九九八年
奈良国立博物館『特別展　ブッダ釈尊―その生涯と造形―』一九八四年

【第二部】

《図　書》

林智康・相馬一意・嵩満也・岡村喜史・安藤章仁・山本浩信編『親鸞読み解き辞典』柏書房　二〇〇六年
信仰の造形的表現研究委員会編『真宗重宝聚英』全十巻　同朋舎メディアプラン　二〇〇六〜二〇〇七年(軽装版)
本願寺史料研究所編『図録　親鸞聖人余芳』浄土真宗本願寺派　二〇一〇年
同朋大学仏教文化研究所編『誰も書かなかった親鸞[伝絵の真実]』法藏館　二〇一〇年
後小路薫『勧化本の研究』和泉書院　二〇一〇年
「親鸞　親鸞聖人七五〇回大遠忌記念」『別冊太陽』平凡社　二〇〇九年
今井雅晴監修『親鸞の風景』茨城新聞社　二〇〇九年
沙加戸弘『真宗関係浄瑠璃展開史序説―素材の時代』法藏館　二〇〇八年
津田徹英「中世真宗の美術」『日本の美術』四八八号　至文堂　二〇〇七年
真宗史料刊行会編『大系真宗史料　特別巻　絵巻と絵詞』法藏館　二〇〇六年
麻田慶雲『写真で読む親鸞の生涯』法藏館　二〇〇二年
『千葉乗隆著作集』全五巻　法藏館　二〇〇一〜二〇〇二年
小山正文『親鸞と真宗絵伝』法藏館　二〇〇〇年
平松令三『聖典セミナー　親鸞聖人絵伝』本願寺出版社　一九九七年
『龍谷大学短期大学部　仏教科創立四十周年　社会福祉科開設三十周年記念誌』
　龍谷大学短期大学部　一九九五年(酒井雄哉氏講演録を含む　第一章第二節参照)

《展覧会図録等》

大谷大学博物館『親鸞　その人と生涯』二〇一〇年
安城市歴史博物館『親鸞聖人像の原点　安城御影』二〇一〇年
茨城県立歴史館『親鸞―茨城滞在20年の軌跡―』二〇一〇年
朝日新聞社『本願寺展』二〇〇八年
岡崎市美術博物館『三河念仏の源流―高田専修寺と初期真宗―』二〇〇八年
九州国立博物館『本願寺展　親鸞と仏教伝来の道』西日本新聞社　二〇〇七年
東京国立博物館『西本願寺展』NHK、NHKプロモーション　二〇〇三年

あとがき

仏教という、身近ではあるが複雑多岐にわたるこの宗教について広く紹介することを目指し、龍谷ミュージアムは誕生しました。開館記念展「釈尊と親鸞」および本書が、その目標に向けた最初の試みということになります。

仏教の紹介といっても、そこには様々な切り口があるはずです。龍谷大学では、これまでに蓄積されてきた仏教研究に加え、新たな視点の研究を推進し、文化財科学の分野とも連携して、多方面から仏教にアプローチしていく予定です。と同時に、仏教が秘める知られざる魅力を一般の方々に向けて広く発信していきたいと考えています。龍谷ミュージアムの今後の展開にぜひご注目ください。

龍谷大学の創立三七〇周年記念事業の一環として開設準備が進められた龍谷ミュージアムですが、開館までの道のりは決して平坦ではなく、学内および浄土真宗本願寺派の関係各位をはじめ、様々な関係者のご尽力なくしては、決して成しえなかったでしょう。ここに改めて御礼申し上げます。

そして最後に、本書の編集・出版を担当された田中夕子氏をはじめとする法藏館のみなさま、デザイン・印刷を担当された日本写真印刷のみなさまに感謝いたします。

龍谷ミュージアム副館長　入澤　崇

執筆者・監修者（五十音順・所属は二〇一一年三月末日現在）

執筆分担は、各担当分の末尾に氏名を示した。
図版解説、挿図等については、執筆者の協力のもと龍谷ミュージアムにおいて執筆、作図した。

【第一部】
入澤　崇　いりさわ たかし　龍谷大学文学部仏教学科　教授
岩井俊平　いわい しゅんぺい　龍谷大学龍谷ミュージアム　講師
岩田朋子　いわた ともこ　龍谷大学　非常勤講師
岡田至弘　おかだ よしひろ　龍谷大学理工学部情報メディア学科　教授
岡本健資　おかもと けんすけ　龍谷大学文学部仏教学科　講師
桂　紹隆　かつら しょうりゅう　龍谷大学文学部仏教学科　教授（第二章監修）
佐藤智水　さとう ちすい　龍谷大学文学部史学科　教授
能仁正顕　のうにん まさあき　龍谷大学文学部仏教学科　教授（第四章監修）
長谷川岳史　はせがわ たけし　龍谷大学経営学部経営学科　准教授
三谷真澄　みたに まずみ　龍谷大学国際文化学部国際文化学科　准教授
宮治　昭　みやじ あきら　龍谷大学文学部仏教学科　教授（第三章監修）
若原雄昭　わかはら ゆうしょう　龍谷大学理工学部数理情報学科　教授（第一章監修）

【第二部】
赤松徹眞　あかまつ てっしん　龍谷大学文学部史学科　教授（第三章監修）
淺田正博　あさだ まさひろ　龍谷大学文学部仏教学科　教授（第一章監修）
石川知彦　いしかわ ともひこ　龍谷大学龍谷ミュージアム　教授
大田利生　おおたり しょう　龍谷大学文学部真宗学科　教授（はじめに、第二章監修）
相馬一意　そうま かずい　龍谷大学文学部仏教学科　教授
嵩　満也　だけ みつや　龍谷大学国際文化学部国際文化学科　教授
内藤知康　ないとう ともやす　龍谷大学文学部真宗学科　教授
中川　修　なかがわ おさむ　龍谷大学文学部史学科　教授
林　智康　はやし ともやす　龍谷大学文学部真宗学科　教授
平田厚志　ひらた あつし　龍谷大学文学部史学科　教授（第四章監修）
松岡久美子　まつおか くみこ　龍谷大学龍谷ミュージアム　講師
村松加奈子　むらまつ かなこ　龍谷大学龍谷ミュージアム　リサーチアシスタント
和田秀寿　わだ ひでとし　龍谷大学龍谷ミュージアム事務部　学芸員
和田恭幸　わだ やすゆき　龍谷大学文学部日本語日本文学科　准教授

釈尊と親鸞
——インドから日本への軌跡——

二〇一一年四月一日　初版第一刷発行
二〇一六年四月一日　初版第二刷発行

編　集　龍谷大学　龍谷ミュージアム
京都市下京区西中筋通正面下る丸屋町一一七
郵便番号　六〇〇-八三九九

発行者　西村明高

発行所　株式会社　法藏館
京都市下京区正面通烏丸東入
郵便番号　六〇〇-八一五三
電話　〇七五-三四三-五六五六

印刷・製本　日本写真印刷株式会社

ISBN978-4-8318-6015-6 C1015

©2011 Ryukoku Museum, Ryukoku University　*Printed in Japan*
乱丁・落丁本の場合はお取り替え致します。